LA VIDA
SECRETA
DE LAS PLANTAS

LA VIDA SECRETA DE LAS PLANTAS

MITOS, LEYENDAS Y BULOS BOTÁNICOS

Eduardo Bazo Coronilla

© Editorial Pinolia, S. L.
© Textos: Eduardo Bazo Coronilla, 2023

www.editorialpinolia.es
info@editorialpinolia.es

Colección: Divulgación científica
Primera edición: enero de 2023

Depósito legal: M-24148-2022
ISBN: 978-84-18965-51-7

Maquetación: Juan Granadino González
Diseño cubierta: Alvaro Fuster-Fabra
Impresión y encuadernación: QP Quality Print Gestión
y Producción Gráfica, S. L.

Printed in Spain - Impreso en España

ÍNDICE

INTRODUCCIÓN

«Todas las leyendas tienen base en los hechos»
David Gemmell

«Las leyendas permanecen victoriosas en la batalla de la historia»
Sarah Bernhardt

Por qué existen las leyendas? ¿Qué función cumplen estas narraciones? Y sobre todo, ¿por qué el tiempo apenas las altera? Estas son algunas de las preguntas que me hizo Curro Jr., regente del bar del barrio donde suelo tomar café cada mañana. Algunas de aquellas conversaciones son las que, a la postre, me lanzaron a escribir este libro. Mis conocimientos se restringen al área de la botánica, por lo que solo encontrará historias, más o menos fantásticas, donde diferentes integrantes del reino vegetal —concepto ya obsoleto— son los protagonistas. Asimismo, conversaciones similares con amigos filósofos me han hecho llegar a la conclusión de que el contenido de estos relatos incluye desde aspectos económicos hasta científicos de las sociedades, que se vertebraban alrededor de esta oralidad.

Estas narraciones místico-fantásticas guardan la semilla de un conocimiento ancestral o rudimentario. A lo largo de los veintitrés capítulos siguientes he ido desnudando cada leyenda, mito, estereotipo y/o bulo para encontrar su «corazón». Una vez alcanzado el germen, ofrezco una interpretación científica mediante las herramientas que me otorga la disciplina botánica. De esta forma, mientras avanzamos hacia el origen de cada uno de los *mythos* que se abordan, descubriremos algunos de los muchos secretos del mundo vegetal, entre los que habrá algunos un tanto macabros y otros bastante «verdes».

Para finalizar, he decidido desmentir algunas *fake news*. El motivo principal es que considero que, al igual que ocurre con los mitos o las leyendas, cumplen funciones similares: alimentan el sentimiento de pertenencia a una tribu, incluso si esta se define únicamente por el rechazo a la biotecnología de alimentos —principalmente si se aplica a nuestros cultivos—. Por este motivo, además de analizar narraciones orales de carácter tradicional u obras clásicas como *La Odisea*, de Homero, también he abordado el estudio de la desinformación que he percibido gracias a las redes sociales, medios digitales de noticias o foros. Guiado por lo dispuesto en la primera cita recogida en esta apertura literaria, me dispuse a encontrar esa pizca de veracidad… Un intento de arrojar luz sobre la niebla espesa de quienes retuercen y desfiguran las palabras, casi siempre con intereses espurios.

Antes de sumergirnos en la lectura, me gustaría compartir una cuestión de carácter taxonómico y nomenclatural: es difícil utilizar el concepto de especie natural que se aplica a las plantas espontáneas para las plantas ornamentales o los cultivos. Por ello, el Código Internacional de Nomenclatura Botánica (CINB) adoptó el Código de Nomenclatura de Plantas Cultivadas. Así, para referirnos al manzano siguiendo el CINB, escribimos *Malus domestica* y, para señalar una variedad o cultivo concreto, lo correcto es escribir el binomio anterior seguido del nombre del cultivar o varietal entre comillas simples. Por ejemplo, si quisiera hacer referencia a las manzanas de la variedad *Starking Delicious*, lo correcto sería escribir *Malus domestica* 'Starking Delicious'. Tras leer las recomendaciones de la RAE a este respecto y para evitar alargar innecesariamente el texto o hacerlo redundante, he optado por escribir las variedades entre comillas simples obviando el binomio precedente si lo mencionaba con anterioridad. Aun a riesgo de ser tildado de poca rigurosidad taxonómica.

Después de esto último espero que usted, estimado lector, sepa perdonarme y que este inconveniente no suponga ningún impedimento para el gozo y disfrute de este volumen. Espero que sea de su agrado y, de paso, que descubra el fantástico mundo de algunos representantes del reino vegetal. Lo que no es ningún mito, es que he depositado en él todo mi cariño.

La magia de los afrodisíacos y los filtros de amor

«Para las mujeres el mejor afrodisíaco son las palabras: el punto G está en los oídos, el que busque más abajo está perdiendo el tiempo»
Isabel Allende

«La magia solo dura mientras persiste el deseo»
Jorge Bucay

Por convenio, consideramos afrodisíaca toda aquella sustancia que sea capaz de despertar o incrementar nuestro deseo sexual. El término deriva de la diosa griega del amor Afrodita, divinidad relacionada también con la fertilidad y el erotismo. Dadas nuestras profundas raíces culturales grecolatinas, hacemos uso de afrodisíacos desde, al menos, la concepción de las Afrodisias, festival celebrado anualmente en la antigua Grecia el mes *Hekatombaion* —la entrada del verano—. Al no conservarse textos que hablen de esta celebración, no sabemos cómo se desarrollaría exactamente, pero parece que el culto consistía en mantener relaciones sexuales con las sacerdotisas que custodiaban el templo de Afrodita —ubicado en la cima del Acrocorinto— para mostrar adoración a la diosa. Por tanto, no es descabellado afirmar que es en este momento de la historia cuando surgen los afrodisíacos, un conjunto de comportamientos, alimentos y/o bebidas que tienen la reputación de volver las relaciones sexuales más satisfactorias o placenteras. Pero cuidado, esto no implica que podamos afirmar de manera categórica que fuesen los griegos los primeros en consumir productos con la esperanza de incrementar o mejorar su vida sexual. Posiblemente otras civilizaciones lo habrían hecho con anterioridad. Sin embargo, buena parte de los mitos que se mantienen en nuestro imaginario colectivo guardan vinculación con este período histórico. Recordemos las clases de mitología del instituto. ¿Recuerda que Afrodita, además de ser la diosa del amor, la fertilidad y el erotismo, tenía vínculos con el mar? Es por eso que se le solía representar rodeada de delfines, almejas o veneras, entre otros elementos de origen marino.

No es casual que escuchemos que las ostras nos hacen «mejores» amantes. Aunque con el precio que alcanzan en el mercado, lo verdaderamente difícil es llegar como mejor amante a fin de mes.

Empero los humanos no solo hemos buscado mejorar nuestras dotes amatorias con productos del mundo animal, sino también con los del reino vegetal. Sin ir más lejos, Afrodita se representaba junto a granados, manzanos o rosas. ¿Y qué regalamos cuando llega San Valentín? Rosas. En China y otros países asiáticos es frecuente que cuando dos jóvenes contraen nupcias, a la novia se le entreguen granadas (*Punica granatum*), que se consideran auspicio de buena fortuna y descendencia numerosa. Lo mismo ocurre en el judaísmo, que considera este fruto símbolo de fecundidad.

Curiosamente, circula información controvertida respecto a la granada. Los investigadores Fatemeh Mohammadzadeh y Raheleh Babazadeh, junto a otros colegas, publicaron en 2019 un artículo donde afirman que el extracto de piel de granada mejora la calidad y la cantidad de orgasmos en mujeres fértiles. Parece que la piel de granada tiene efectos tonificantes sobre el suelo pélvico, hecho que podría permitir alcanzar el orgasmo con más facilidad y de manera más satisfactoria. Aunque esta afirmación resulte deseable, resulta difícil confirmar la veracidad de un estudio de estas características. Más aún cuando todos los autores pertenecen a la misma universidad que publica la revista —*Mashhad University of Medical Sciences*—. Además, el artículo, titulado *The effect of pomogranate peel gel on orgasm and sexual satisfaction of women in reproductive age: A triple blind, randomized, controlled clinical trial* —El efecto del gel de cáscara de granada en el orgasmo y la satisfacción sexual de las mujeres en edad reproductiva: un ensayo clínico triple ciego, aleatorio y controlado— solo muestra en inglés un breve resumen o *abstract*, el resto está redactado en farsi, lo que dificulta un análisis detallado de la metodología seguida durante la investigación y los resultados en los que se cimenta su conclusión. Así, la cautela nos impide asegurar que el estudio es una farsa y el haberse redactado en una lengua minoritaria dificulta que otros grupos de investigación puedan reproducir el experimento y obtener resultados similares a los de nuestros colegas iraníes. Para poder validar las conclusiones es necesario que el experimento pase las pruebas de falsación, un protocolo que posibilita saber con detalle si la hipótesis de trabajo se contradice con los hechos. Si desconocemos el procedimiento seguido —materiales y método—, difícilmente podremos realizar un estudio como el planteado por Mohammadzadeh, Babazadeh y sus colaboradores que pueda respaldar o refutar su hipótesis de trabajo. Por tanto, lo único que podemos afirmar después de leer este artículo es que el tono del suelo pélvico influye en la respuesta orgásmica femenina, ¡algo que ya sabíamos! Los efectos de la granada en esta respuesta deben conservarse en cuarentena, aunque algo me dice que no tardarán mucho en ser descartados.

El consumo de granadas con finalidad reproductiva cumple además otra de las premisas que debe tener todo buen mito botánico: ser fiel a la hipótesis del *Signatura rerum* o Hipótesis del signo. Este procedimiento lógico afirma que en la naturaleza encontramos señales —casi siempre de origen divino— que nos informan sobre las propiedades medicinales de rocas, animales o plantas. Por ejemplo, la viborera (*Echium plantagineum*) presenta una flor acampanada con dos estambres exertos —que sobresalen de la corola— que recuerdan a los colmillos de un ofidio. Y si la flor recuerda a una serpiente es porque sirve como remedio ante su mordisco. De manera similar, si las hojas de una determinada planta son acorazonadas, según el *Signatura rerum* podremos afirmar que se trata de un remedio excelente para combatir la hipertensión arterial o cualquier otra dolencia cardíaca. Aunque resulte simplista, esta forma de razonar ha acertado —de chiripa— en algunas ocasiones, la probabilidad estadística es así de caprichosa. Sin embargo, no debe tomarse por cierto el refrán de «quien hace un cesto, hace un ciento».

Después de esta explicación, imagino que aún andará preguntándose qué nexo de unión podría existir entre la granada, la reproducción humana y la Hipótesis del signo, le doy una pista: el fruto del granado es esférico y, una vez abierto, expone múltiples granos rojizos mientras rezuma un líquido granate que recuerda a la sangre humana. No me cabe duda de que las mujeres ya lo han averiguado. Un vientre, óvulos, menstruación… ¿Se lo imaginan? Afortunadamente la granada es una fruta de temporada y el *Signatura rerum* demostró ser una falacia. De lo contrario, no podríamos comer granadas en la infancia por miedo a quedar «desbocados».

Por supuesto, hay ejemplos en los que el *Signatura rerum* y las creencias pseudocientíficas asociadas a esta forma de pensar son aún más evidentes. Como un fruto que asemeja el pubis de una mujer, ¿quién podría negarse a atribuirle propiedades afrodisíacas o que estimulen la sexualidad masculina? Aunque me estoy imaginando su cara de estupefacción, debo advertirle de que —aún— no me he vuelto loco.

Estoy refiriéndome al coco de las Seychelles (*Lodoicea maldivica*), una especie de cocotero endémico de este archipiélago. ¿Sabía que tiene el récord rovincia la semilla más grande de entre todas las plantas conocidas? ¡De media ronda los dieciséis kilos! Novedoso, ¿verdad? Pues se trata de uno de los muchos conocimientos botánicos que nos legaron los marinos lusos en su travesía hacia las «islas de las especias». Es más, fueron ellos quienes demostraron que consumir este sugerente y pesado coco no despertaba ninguna fogosidad amatoria entre el género masculino. Concretamente lo demostró Garcia de Orta (1500-1568), médico y naturalista portugués de origen judío que formó parte en 1534 de la expedición a la India comandada por Martim Afonso de Sousa. A su llegada se estableció en Goa (1538), donde permaneció hasta su muerte como médico de diferentes gobernantes y donde pudo investigar muchas de las plantas autóctonas, lo que le llevó a publicar en 1563 una obra titulada *Colóquios dos simples e drogas he cousas medicinais da Índia e assi dalgũas frutas achadas nella onde se rovin algũas cousas tocantes a medicina, pratica, e rovi cousas boas pera saber* —Conversaciones sobre medicamentos, drogas y materias médicas de la India, además de algunas de las frutas que se encuentran y donde se discuten asuntos relacionados con la medicina, la práctica y otras cuestiones de buen saber—. Como ven, el título es conciso.

En su «Coloquios», de Orta conversa a lo largo de cincuenta y nueve capítulos con Ruano, un colega imaginario que se encuentra de visita en la India. Es a él a quien le relata sus conocimientos botánicos y fitoterapéuticos sobre las plantas de India y buena parte del continente asiático. En su conversación 16, Ruano y de Orta hablan «Do coco commun, e do das Maldivas», momento en que Ruano dice lo siguiente:

> «Me dijeron que la reina, nuestra señora [Catalina de Austria], enviaba todos los años a buscar este coco, y se lo llevan de aquí; por tanto, no me negarás que debe ser una buena droga; porque puede ser que experimente mejoras físicas».

En las líneas sucesivas, Garcia de Orta le explica a Ruano que lo considera poco probable, pero sin dar muchos detalles. Al ser de origen judío, de Orta temía posibles represalias de la Inquisición, más aún cuando estaba tratando de desmontar una falacia como la Hipótesis del signo y, con ella, sus condicionantes divinos. Si Dios se manifiesta en la naturaleza para guiar al ser humano afligido que

busca remedio para sus dolencias, argumentar que semejantes parei-
dolias vegetales carecen de evidencia científica suponía jugarse el
cuello. De hecho, después de fallecido, sus restos fueron exhumados
y quemados en un auto de fe realizado en 1580. Habrá quien diga
que a diferencia de su hermana Catarina, que fue condenada a la
hoguera, tuvo suerte. Sin embargo, las aportaciones de Garcia de
Orta no han impedido que se siga vendiendo este coco en Seychelles,
a precio de oro y como un potente afrodisíaco. Dado que *Lodoicea
maldivica* es endémica de este archipiélago, su comercio está regulado
de manera estricta por el gobierno, puesto que solo se da de manera
natural en las islas de Praslin y Curieuse. Este hecho motivó que
la UICN —Unión Internacional para la Conservación de la Naturaleza— le otorgase la categoría «en peligro». La sobreexplotación
de cocos de Seychelles para suplir las carencias erótico-sexuales de
nuestra especie ha llevado a la casi extinción de una planta que no es
más que un delicioso fruto. ¿O debería decir que nunca debió dejar
de ser solo eso?

El coco de las Seychelles no es la primera especie —ni será la
última— que se encuentra en peligro de extinción por este tipo de
prácticas, quizá le suenen las orquídeas. Seguro que ha tenido alguna
en casa. Responden a nombres como *Phalaenopsis, Dendrobium, Catt-
leya, Vanda, Cymbidium, Brassia, Cambria...* El caso del género *Cambria*
es especialmente curioso, pues no se encuentra *per se* en la naturaleza, sino que la creó el florista Charles Vuylsteke en 1911 cruzando
Odontoglossum crispum, Miltonia spp. Y *Cochlioda noetzliana.*

Es interesante hacer notar que el nombre *Orchidaceae* evoca
indefectiblemente a Orchis, el lascivo hijo engendrado por el sátiro
Patellanus y la ninfa Acolasia. Según cuenta el mito, durante la
celebración de una bacanal violó a una sacerdotisa, lo que provocó que los allí presentes lo asesinaran y mutilaran, aunque hay
versiones en las que se afirma que fue devorado por las fieras. Sea
como fuere, después de morir Orchis, Patellanus rogó a los dioses
que devolvieran la vida al cuerpo de su hijo y estos aceptaron con
una salvedad: lo convirtieron en una orquídea. Este mito griego
no tardó en cuajar entre la población y, si alguien tan fogoso fue
transformado en orquídea por los dioses y las orquídeas son famosas por tener raíces tuberosas en forma de testículos..., seguro que
una planta así logra terminar con los problemas de índole sexual.
¡Como si fuera tan fácil! Sin embargo y una vez más, se juntaron el
hambre y las ganas de comer.

Esta idea se extendió gracias a la popularización que hicieron de ella múltiples naturalistas, entre ellos Pedacio Dioscórides Anazarbeo (40–90 d.C.), que afirmaba que las mujeres de Tesalia bebían el renuevo —raíz tuberosa tierna— de los satiriones con leche de cabra para despertar su deseo sexual. Los hombres, que determinaban el sexo de la prole —¡y dos narices!— elegían entre engendrar un varón, para lo que comían el tubérculo de mayor tamaño, o una hembra, para lo que ingerían el más pequeño. El hecho de que *De materia medica* de Dioscórides fuera uno de los libros de farmacopea más usados y traducidos hasta la Edad Media, facilitó que esta idea se fuese asentando entre la población. En términos similares a los de Dioscórides, John Parkinson (1567-1650), el botánico real de Carlos I de Inglaterra y autor del libro *Paradisi in Sole Paradisus Terrestris* (1629), defendió que las flores de las orquídeas eran tanto o más afrodisíacas que las raíces. Con una condición: para engendrar niños, los tubérculos debían ser consumidos por el hombre, ya que si los degustaba la mujer, el matrimonio era bendecido con una niña. Por supuesto, como buen hombre de su época creía que la Hipótesis del signo era cierta, porque ¿para qué crearía Dios a una planta con estructuras similares a los testículos humanos si no es para curar la impotencia?

La escena, aunque cómica, aparece recogida incluso en algunas de las obras cumbre de la literatura universal, como *Hamlet*. Huelga decir que no lo hace en los mismos términos en los que yo me he expresado. William Shakespeare (1564–1616) hace uso de su inconfundible pluma para poner de manifiesto esta creencia. La referencia al consumo de orquídeas como afrodisíaco aparece además en uno de los pasajes más reconocidos de su obra. Esto confirma que el escritor estaba al tanto del desarrollo científico de su época, por muy rudimentario, tosco o falaz que pueda ser actualmente. A continuación transcribo el momento en que la reina Gertrudis relata la muerte de Ofelia que, recordemos, decide quitarse la vida ahogándose en el lago:

«Sobre un arroyo, inclinado crece un sauce
que muestra su pálido verdor en el cristal.
Con sus ramas hizo ella coronas caprichosas
de ranúnculos, ortigas, margaritas, y orquídeas
a las que el llano pastor da un nombre grosero
y las jóvenes castas llaman «dedos de difunto».
Estaba trepando para colgar las guirnaldas
en las ramas pendientes, cuando un pérfido mimbre

cedió y los aros de flores cayeron con ella
al río lloroso. Sus ropas se extendieron,
llevándola a flote como una sirena;
ella, mientras tanto, cantaba fragmentos
de viejas tonadas como ajena a su trance
o cual si fuera un ser nacido y dotado
para ese elemento. Pero sus vestidos,
cargados de agua, no tardaron mucho
en arrastrar a la pobre con sus melodías
a un fango de muerte».

Shakespeare indica que Ofelia ya no se encuentra entre los vivos
y su cuerpo servirá de sustrato a las plantas, entre ellas a los «dedos
de difunto» —*dead men fingers*—, nombre con que se conocía en los
siglos XVI-XVII a *Orchis palmata* (actualmente *Dactylorhiza incarnata*),
una orquídea nemoral caracterizada por desarrollarse cerca de
lagos montañosos. Dicho de otro modo, el cuerpo noble de Ofelia
ha pasado a formar parte de la putrefacción y sirve de alimento a
flores que son bellas, pero también indecentes —por el uso que les
dan los jóvenes—. Qué forma tan encomiable de expresar la idea de
corrupción y descomposición del cuerpo humano sin hacer una sola
mención a la muerte, ¿verdad? ¿Cómo podía imaginarse el poeta y
dramaturgo británico que las flores que brotan del cuerpo de Ofelia pudiesen acabar en peligro de extinción por culpa del hombre?
De hecho, una pariente suya estuvo herida de muerte, el satirión
(*Orchis mascula*), cuyo epíteto mascula significa «masculino» en latín.
Les dejo que asocien ideas… Siendo honestos, la producción de
salep, una harina producida con la fécula de los tubérculos de esta y
otras orquídeas —similar al gofio— y muy consumida en Turquía,
junto con la destrucción de su hábitat, han ayudado a acrecentar su
declive poblacional.

Hasta la mandrágora (*Mandragora autumnalis*), una de las plantas
mágicas más famosas, se ha visto afectada por el ardiente deseo de
amar del ser humano. Y eso que la historia de esta planta está sal-
picada de misticismo y oscuridad. Si ha visto *Harry Potter*, recordará
que durante la clase de Herbología los niños debían aprender a realizar un filtro capaz de restaurar a los petrificados y, durante la clase,
Pomona Sprout recuerda a sus pupilos que se pongan los tapones,
ya que los gritos de una mandrágora madura podría matarlos. En
la misma secuencia advertimos como uno de los estudiantes más
osados —o despistados—, cae desmayado tras oír el llanto de una

mandrágora joven al ser desenterrada. Acto seguido, se muestra su raíz, cuyo aspecto es muy similar al de un bebé humano. Esta escena no deja de ser una recreación cinematográfica de una obra literaria de fantasía, pero esconde una explicación basada en la evidencia científica. Durante mucho tiempo se atribuyó a las raíces de esta planta —que muestran siluetas más o menos antropomorfas— la posibilidad de volver fértiles a las mujeres estériles, fenómeno que se acentuó especialmente en la Edad Media gracias a la popularización de algunas farmacopeas clásicas, como la ya mencionada *De materia medica*. Se llegó a decir incluso que las mejores raíces de mandrágora serían aquellas que hubiesen sido regadas con la orina de un ahorcado. Esto se debe a que todos los ahorcados mueren... Bueno, hasta Siniestro Total hizo una canción sobre este asunto. Los médicos y fisiólogos que han estudiado la erección *post mortem* saben que es fruto de las lesiones sufridas en la médula espinal tras el ajusticiamiento. Ocurre el mismo fenómeno de priapismo en aquellas personas que han sufrido traumatismos raquimedulares en la zona cervical, por ejemplo, fruto de un accidente de tráfico.

El origen de que el consumo de mandrágora mejora la vida sexual responde a creencias místicas y mitológicas en las que se pone de manifiesto que antes de ser plantas, las mandrágoras eran hombres y mujeres que, por culpa de una maldición, acabaron convertidos en esos singulares ejemplares botánicos. Conservando sus atributos sexuales, faltaría más. Este fenómeno también tiene una explicación racional: el conjunto de hojas y raíces da a la mandrágora un aspecto antropoide, ya que la raíz se bifurca a partir de un eje central y, aunque las ramificaciones pueden estar más o menos patentes —o incluso no existir—, la que no suele faltar es la bifurcación dicotómica terminal, es decir, la que otorga la semejanza con las piernas humanas. ¿Y qué hay en la unión entre nuestras extremidades inferiores? ¡Exacto, los órganos genitales! Es así como esta raíz resulta un magnífico remedio para poner fin a la infertilidad. Ojo, no es que lo diga yo, es que aparece incluso en la Biblia. El Génesis cuenta, entre otros, el mito de Jacobo, un hombre casado con dos de sus primas —Leah y Raquel— que engendra cuatro hijos con la primera y ninguno con la segunda. Según se recoge en el citado libro fue Rubén —hijo de Leah— en tiempo de la siega de los trigos quien halló mandrágoras en el campo y las trajo a Leah, su madre, y dijo Raquel a Leah: «te ruego que me des las mandrágoras de tu hijo». Y ella respondió: «¿es poco que hayas tomado a mi marido, sino que también te has de llevar las mandrágoras?» Y dijo Raquel: «pues dormirá contigo esta noche por las mandrágoras de tu hijo». Este breve pasaje refleja las disputas y desencuentros amorosos entre las dos concubinas. Recordemos que en más de una ocasión Jacobo había despreciado la compañía de Leah. De hecho, el nombre Rubén deriva etimológicamente de la expresión hebrea *Re'ūbēn*, literalmente «mira, un hijo». Si este estaba al tanto de los pormenores maritales entre sus padres o no, es algo que la Biblia no recoge, como tampoco expone el procedimiento seguido por el muchacho para hacerse con la mandrágora sin morir en el intento. La leyenda cuenta que todo aquel que tocase o intentase arrancar una mandrágora perecería en el intento. Por ello, nuestros ancestros —y las brujas— ahuecaban el terreno a su alrededor, de tal forma que las raíces perdieran sujeción y, cuando ya era accesible arrancarlas, se ataba el extremo de una cuerda de cáñamo a la planta y el otro al cuello de un perro. El animal, tras ser azotado —e intentando huir de su agresor— arrancaba la planta y caía al suelo sin vida. Huelga decir que no moría por haber entrado en contacto con la planta ni por el grito que esta pudiese soltar al ser arrancada —verdad, ¿Harry?—.Era el propio perro el que gritaba. El último aliento de un animal estrangulado por un dueño que creía tener, como Glauco, el don de la profecía.

Vayamos a lo que nos atañe, ¿despertaba el apetito sexual? ¿Era un remedio eficaz frente a la impotencia? La respuesta es simple: no. En primer lugar, la mandrágora es rica en alcaloides como la atropina y la escopolamina y, aunque farmacopeas clásicas afirmen que es seguro consumirla en pequeñas cantidades y que puede usarse como afrodisíaco, lo cierto es que tanto la escopolamina como la atropina son antimuscarínicas. ¿Qué quiere decir esto? Pues que reducen o suprimen los impulsos nerviosos mediados por la acetilcolina —principal neurotransmisor de nuestro sistema nervioso—. Estos dos principios activos se han utilizado como anestésicos a lo largo de la historia, dicho de otra manera, si la amndrágora hace perder temporalmente la sensibilidad, muy difícil es que despierte el apetito sexual. Todo ello sin contar que una sobredosis o mezclarla con alcohol podría suponer episodios de delirio o incluso la muerte.

Todo este tiempo hemos hablado del sexo y, aunque nadie niega que puedan mantenerse relaciones sexuales sin sentir amor —siempre y cuando ambas partes consientan—, el sexo es el acto final de una *opus magnum*, de difícil ejecución si la otra parte no responde a nuestras insinuaciones. Y darse amor no está mal, pero mucho rato, cansa. ¿Cómo hacemos entonces para que el chico o la chica que nos gusta se fije en nosotros? Opciones no faltan: podemos invitar a esa persona a cenar, al cine, a bailar... Cada uno pensará en un tipo de velada para intentar seducir a ese amor. La otra posibilidad es acudir a mitos y fantasías como los filtros de amor, que no escapan a la superchería. Una referencia histórica recurrente es el uso en el Antiguo Egipto del azafrán (*Crocus sativus*) como esencia aromática y seductora. Tanto es así que se dice que la mismísima Cleopatra perfumaba la leche de yegua en que se bañaba con esta planta para encandilar a los hombres con los que iba a reunirse. Lamentablemente nunca sabremos qué hay de cierto en esto. Lo que sí está claro es que el azafrán siempre ha estado en el tocador de las damas, las mujeres venecianas del siglo XVI, incluso recurrían a esta especia para otorgar a sus cabellos un color dorado. Para reírnos un poco, digamos que las venecianas inventaron hace muchos siglos las mechas californianas.

El motivo de considerar el azafrán un afrodisíaco y, por tanto, incluirlo en la receta de los filtros de amor, reside en la mitología griega. Según la cultura helena, esta flor es el fruto de un accidente cuyos protagonistas son Hermes, el mensajero de los dioses del Olimpo, y su amigo Crocus. Mientras jugaban con un disco, este impactó violentamente en la frente de Crocus, que fue herido de muerte. Hermes, en su sufrimiento, creó una nueva planta usando como materias primas la sangre de su amigo fallecido y los rayos del sol. La flor resultante tenía tres filamentos amarillos —del color del astro rey— y otros tres rojizos —del color de la sangre de Crocus— cargados de aroma y sabor. Esta planta, que hoy conocemos como azafrán, fue el resultado del amor que sentía Hermes por su amigo Crocus. Otras versiones afirman que Crocus fue un joven mortal convertido en planta por los dioses del Olimpo tras quejarse por no estar satisfecho con la historia de amor que mantenía con la ninfa Smilax que, por cierto, corrió una suerte similar, ya que la transformaron en zarzaparrilla. ¿Y cuál es el nombre científico de esta enredadera? ¡*Smilax aspera*! ¿A ver qué esgrimen ahora todos aquellos que abogan que el estudio de la Filosofía y la Mitología no sirve de nada? En Botánica nos permite conocer el origen etimológico de infinidad de géneros vegetales.

De una u otra manera, el origen del azafrán es una historia de amor/desamor y, como resultado, hay múltiples interpretaciones contemporáneas en las que un bebedizo puede conseguir el amor de la persona deseada. Curiosamente, para este mismo brebaje suele incluirse otra planta: la rosa. La rosa se considera la flor de la pasión y el amor y su creación aparece en al menos cuatro pasajes diferentes de la mitología griega, dos de ellos asociados a Afrodita. Esta visión es la que ha propiciado que en occidente esta planta se tenga como afrodisíaca o como demostración de amor verdadero. La Inglaterra decimonónica potenció y revistió este mito de un márketing del que hasta entonces había carecido.

Recordarán que en el Colegio Hogwarts de Magia y Hechicería la realización de filtros de amor estaban prohibidos, aunque eso no implicaba que no se pudieran conseguir de contrabando. Como en la vida real, vaya. Y, en ambos casos, los filtros de amor no funcionan —siempre y cuando no tengamos en cuenta el caso de Weasley—. Pero no funcionan ni estos ni ninguno de los afrodisíacos anteriormente citados. ¿Saben por qué? Porque el problema subyacente y en el que se sustentan todas estas supercherías es no querer investigar las causas de nuestra posible falta de deseo sexual. En lugar de acudir a terapia sexual por miedo o vergüenza, nos parece más racional creer en mitos y remedios mágicos. Harry Potter y la magia solo existen en la ficción. Así, el deseado efecto afrodisíaco o erótico del brebaje jamás aparecerá si, previamente, no hay una predisposición a ello. No se apure, el timador es consciente de las cartas que juega: el efecto placebo y las sensaciones. Verá, algunos de los elementos vegetales añadidos a los filtros de amor tienen efecto vasodilatador y, dado que esto favorece que la sangre fluya mejor por todo nuestro cuerpo, hace posible que experimentemos calor interno y lo asociemos con el afrodisíaco. Si este consumo coincide espaciotemporalmente con un incremento de nuestras ganas de mantener relaciones sexuales, lo que es una falacia pasa a tomar la categoría de verdad inmutable... con experiencias personales que la respaldan.

Supongamos que le encanta el picante y no teme ni a Scoville ni a su escala, por lo que cuando va a un restaurante mexicano a comer una enchilada y le indican que tienen salsa tabasco elaborada con chile 'Carolina Reaper', un cultivar de ají (Capsicum chinense) que ha alcanzado los 2 200 000 SHU —Scoville Heat Units—, sazona la comida y, a medida que come, nota cómo progresivamente tiene más calor, a pesar de que la temperatura no varía. Poco a poco sus mejillas se vuelven más rojas y empieza a sudar. Estos efectos se deben a la capsaicina, una oleorresina con actividad vasodilatadora. Sin embargo, nadie en su sano juicio consideraría estos chiles —o los *'Dragon's Breath'*— afrodisíacos. Ahora sustituya los *'Carolina Reaper'*, mucho más insoportables, por la picazón tolerable que provoca el cardamomo (*Elettaria cardamomum*). Seguro que ya entiende por qué este se considera uno de los afrodisíacos estrella por antonomasia. Y por supuesto, donde digo cardamomo puedo decir azafrán, bastaría con cambiar la molécula que origina esos «calores», en este caso por la picrocrocina.

Se habrán dado cuenta de que algunos mitos de origen griego o romano se han debilitado con el tiempo por ser inverosímiles, sobre todo cuando se ha demostrado que solo se basaban en tradiciones orales de carácter místico que se apoyaban en una forma elaborada de «lo que se come, se cría»: la Hipótesis del signo. en cambio, otros perduran gracias a constructos ilógicos que han tomado cuerpo de verdad apoyándose en la ciencia, bien sin saberlo, bien de forma deliberada. Aunque no se deja de vender y contar patrañas sobre cómo podemos enamorar a la persona deseada, las mentiras se desmontan fácilmente —casi siempre— en cuanto acudimos a la razón y la química. Vaya que si estos mitos se mantienen en la actualidad es porque, en primer lugar, los divulgadores no estamos haciendo adecuadamente nuestro trabajo y, en segundo lugar, porque nuestras leyes laxas favorecen este tipo de conductas mientras se tribute.

A todos nos han engañado alguna que otra vez, lo importante es no volver a caer en la trampa. Cuando alguien le venda algún milagro, desconfíe y pregunte a quien pueda ofrecerle información veraz y contrastada, por ejemplo a médicos, sexólogos, psicólogos, farmacéuticos o botánicos. Antes de que empiecen a creer que barro para casa les diré que hasta el mismísimo Leonardo da Vinci (1452–1519) erró en asuntos de amor: recogió en su *Codex Atlanticus* una receta con la que elaborar una bebida afrodisíaca a base de azúcar, zumo de limón y pétalos de rosa. Si hasta él se equivocó, qué no haremos nosotros, que no somos polímatas. Pero claro…, ¡bendita la trampa de la naturaleza para protegernos contra la extinción! Ya lo advertía El último de la fila en su canción *Aviones plateados*: «Y yo que decía por fin ahora la tengo. Y ya estaba de vuelta de to'. A ver si aprendo».

PARA SABER MÁS:

· Bazo, Eduardo. *Con mucho gusto. Un menú cuajado de historias botánicas.* Palencia: Cálamo, 2021.

· Bazo, Eduardo. «La Botánica me pone». *Desgranando Ciencia* 7, 2021. https://www.youtube.com/watch?v=IwkATTPFRkI (Consultado el 1-10-2022).

· Fleischer-Dogley, F., M. J. Huber y S. Ismail. «Lodoicea maldivica». *The IUCN Red List of Threatened Species*, 2011. https://www.iucnredlist.org/species/38602/10136618 (Consultado el 1-10-2022).

· Font Quer, Pío. *Plantas medicinales: El Dioscórides renovado.* España: Península, 2016.

· Hard, Robin. *El gran libro de la mitología griega. Basado en el Manual de Mitología Griega de H. J. Rose.* España: La Esfera de los Libros, 2009.

· McCartney, Eugene S. «Verbal homeopathy and the etymological story». *The American Journal of Philology* 48, no. 4 (1927): 326–343.

· Mohammadzadeh, Fatemeh, Raheleh Babazadeh et al. «The effect of pomegranate peel gel on orgasm and sexual satisfaction of women in reproductive age: A triple-blind randomized, controlled clinical trial». *The Iranian Journal of Obstetrics, Gynecology and Infertility* 22, no. 7 (2019): 66–76.

· Orta, Garcia da. *Coloquios dos simples e drogas da India.* Lisboa: Forgotten Books, 2019.

· Parkinson, John. *Paradisi in Sole Paradisus Terrestris.* Andesite Press, 2015.

· Porcel, Rosa. «La mandrágora: de la leyenda a la ciencia». *Naukas*, 2016. https://naukas.com/2016/07/08/la-mandragora-la-leyenda-la-ciencia/ (Consultado el 1-10-2022).

· Reinikka, Merle A. *A history of the Orchid.* Timber Press, 2008.

· Romero-Frías, Xavier. *The Maldive Islanders: A Study of the Popular Culture of an Ancient Ocean Kingdom*. Nova Ethnographia Indica, 1999.

· Shakespeare, William. *Hamlet*. España: Anaya, 2006.

· Nácar Fúster, Eloíno y Alberto Colunga Cueto. Sagrada Biblia. España: Biblioteca de Autores Cristianos, 2014.

ADORADORES DE LA BOTÁNICA

«— Hice un nuevo amigo.
— ¿Real o imaginario?
— Imaginario»
Donnie Darko, película de Richard Kelly

«Imagen fatal, ¿es que no eres tan sensible al tacto como a la vista?
¿O eres tan solo un puñal en mi mente, objeto falso,
creado por el ardor de la fiebre?»
Macbeth, de William Shakespeare

E n una ocasión, un compañero filósofo especializado en Teología me preguntó si alguna vez me había percatado de cuántas civilizaciones habían rendido culto a especies vegetales, arbóreas o no. El primer ejemplo de «adoración botánica» que me vino a la mente fue el árbol de Navidad. Cuando los primeros cristianos llegaron a las tierras más septentrionales de Europa, sus habitantes celebraban el nacimiento de Freyr, dios nórdico de la fertilidad y del sol, adornando un árbol perennifolio. Este abeto representaba el árbol del Universo o *Yggdrasil*, en cuya copa se encontraba la morada de los dioses (*Asgard*) y el *Valhalla*, el enorme y majestuoso salón en el que Odín esperaba a los caídos en combate. Salvando las distancias: lo mismo que ponemos cada Navidad en nuestras casas, solo que San Bonifacio ganó el correlato dialéctico gracias a la gran maquinaria propagandística que es el cristianismo. Ya sea por estética o creencia, raro es el hogar que no tiene un árbol al llegar la Navidad.

Así, me paré a hilar conceptos que quizá nunca me habría parado a entretejer y llegué a la siguiente conclusión: el culto a los árboles, tan presentes en el continente europeo o en el Creciente fértil, es más antiguo que el culto a los cereales o a cualquier planta domestica. La explicación, aunque sencilla, no es necesariamente evidente. Aunque el hombre consiguió cultivar cereales y árboles frutales, lo hizo en una etapa histórica posterior al período cazador-recolector, lo que implicaba que solo una deidad o fuerza superior «creó» los elementos vegetales y que, a la postre, aprendimos a cultivar y venerar. Con este razonamiento, esto último solo puede ser consecuencia directa —y última— de la divina creación del mundo, ¿no?

Visto con los ojos de un escéptico todo resulta más complejo, pero en el Antiguo Egipto esto suponía el *corpus* central de su religión y cultura. ¿Conoce las especies vegetales que conocían mejor los egipcios? Efectivamente, la vid y los cereales —avena, trigo, cebada y, en el Alto Egipto, algo de sorgo—. Según la tradición egipcia Osiris entregó estas especies al pueblo egipcio para, además de enseñarle a cultivarlas, indicarle cómo preparar cerveza y vino. Quizá ahora comprenda por qué Osiris era una deidad tan importante. En palabras del gran etnólogo y antropólogo británico James George Frazer (1854-1941): «un dios que alimenta así a su pueblo [y] le promete una eternidad en un mundo ulterior mejor, naturalmente había de reinar como supremo».

Sin embargo, Osiris fue más ambicioso y enseñó el cultivo y utilización de la vid y los cereales a todos los pueblos del mundo. Desde el momento en que este puso rumbo a territorios ignotos para instruirlos, su esposa y hermana Isis se encargó de la administración y del gobierno egipcio. Años más tarde, Osiris regresó a casa cargado de obsequios y muestras de agradecimiento por los conocimientos que compartió. Sin embargo, su hermano Set, que pretendía hacerse con el trono, tenía preparado otro tipo de regalo: mandó construir un sarcófago con las medidas exactas de Osiris y, en una fiesta en su honor, propuso regalárselo a quien cupiera exactamente en su interior. Para encubrir semejante magnicidio, participaron todos los que se habían unido a la conspiración hasta que Osiris quiso probar suerte. Una vez dentro, Set y sus aliados sellaron el sarcófago y lo arrojaron a las aguas del Nilo, donde flotó hasta quedar varado en Biblos, donde se dice que lo detuvieron las ramas de un brezo (*Erica spp.*). Otras versiones del mito indican que el árbol, durante su crecimiento, acabó «atrapándolo» en su interior e incorporando a su tronco el sarcófago. Sea como fuere, Isis intentó recuperar el cuerpo de su esposo y taló el árbol que custodiaba sus restos mortales. No obstante, debió dejar sin vigilancia el sarcófago en algún momento y Set aprovechó para descuartizar el cuerpo de Osiris. Fue entonces cuando el dios Ra, después de escuchar los lamentos de Isis, envió a Anubis a recoger los pedazos para unirlos y dotarlos nuevamente de vida. De esta forma, Osiris consiguió volver a la vida después de su muerte.

Con este mito los egipcios daban respuesta a una de las cuestiones más antiguas de la historia humana: la resurrección. Osiris había escapado del mundo de los muertos y vuelto a la vida igual que hacen las plantas en la naturaleza. El Antiguo Egipto era una sociedad eminentemente agrícola, por lo que sus pobladores ya habían advertido que durante otoño e invierno multitud de plantas y cultivos morían para reverdecer de nuevo con la llegada de la primavera. Las plantas tenían la facultad de volver a la vida y de dar frutos después de haber muerto. Por eso a nadie debería extrañarle que Osiris fuese considerado dios de la agricultura y los árboles, pues creían que su espíritu residía en cada uno de los integrantes del reino vegetal. Esta creencia motivó que los egipcios tuviesen totalmente prohibido dañar o talar árboles a menos que fuese estrictamente indispensable —previa venia divina mediante un ritual purificador—.

Los egipcios no han sido los únicos con deidades o seres que custodiaran la integridad de la flora. Los japoneses incluyen en su folklore a Kukunochi, un ser sobrenatural cuyo nombre está compuesto de la palabra *kuki* —tallo— o *kiki* —árboles—, la partícula posesiva *no* y el sufijo *chi*, que hace referencia a deidades. Literalmente es «el Dios de los árboles». Como no todo el mundo vegetal se compone de árboles, también rinden culto a Kayanohime, la diosa de las praderas y las plantas, a la que agasajan con unas verduras encurtidas: *tsukemono*. Atendiendo a la gran variedad de *tsukemonos* que encontramos en la gastronomía del país del Sol Naciente, me atrevo a inferir que debió ser una deidad muy importante. Entre otros productos, en su altar del Santuario Kayatsu podemos encontrar jengibre —*beni shōga* o *gari*, según el método de elaboración—, nabo (*nozawana*), rábano (*takuan*) y albaricoque japonés (*umeboshi*).

¿Pero qué serían los seres mitológicos y los dioses de la vegetación sin la primavera? En palabras del añorado Quino, «la primavera es lo más publicitario que tiene la vida». ¿Hemos olvidado que hasta el mismísimo término «flora» hace referencia a la diosa romana de las flores, los jardines y la primavera? ¡Cuántos poetas y músicos han cantado las bonanzas de este período de cosecha! Existen sociedades que siguen rindiendo culto a las labores agrícolas y a los frutos recogidos al llegar esta estación. Para comprobarlo no hace falta viajar muy lejos, solo poner rumbo a Murcia. En esta ciudad, pasada la Semana Santa —concretamente el martes de Pascua— tiene lugar la celebración del Bando de la Huerta, festividad que se remonta a mediados del siglo XIX. El Bando de la Huerta es una exaltación de

29

las tradiciones hortelanas ligadas a la cultura e historia de la ciudad. Igual que esta fiesta sirve de antesala de la primavera, también hay especies botánicas que nos indican el final del período invernal. Una de las especies vegetales más conocidas es la primavera. No, no es un juego de palabras vulgar.

Seguro que ha visto ejemplares de *Primula obconica* en macetas y arriates, presentan una roseta de hojas verdes de silueta semicircular que dejan paso a unas flores cuyas tonalidades van del salmón al azul —aunque pueden ser también blancas—. Esta planta es tan famosa que cultivares como el *'Libre Magenta'* han ganado el Award of Garden Merit, un galardón otorgado por la Real Sociedad Británica de Horticultura. Además, se trata de una planta tradicionalmente asociada a las hadas. Como lo lee. Y, por supuesto, son ellas quienes las protegen.

Las hadas se consideran criaturas fantásticas de apariencia sutil y suelen representarse como hermosas entidades femeninas provistas de unas alas similares a las de las mariposas. Según diferentes tradiciones orales, frecuentan zonas boscosas anejas a masas de agua —ríos, lagos, mares…—, lo que ha ayudado a considerarlas protectoras de la naturaleza. De esta forma y según nuestras raíces culturales, podemos hacer referencia a *lamias* —tradición vasca—, *sílfides* —tradición hermética europea—, *anjanas* —Cantabria—, *xanas* —Asturias—, *mouras* —Galicia—, *gojas* —Cataluña— o *dames d'aigua* —Islas Baleares—. Cada una de ellas está asociada a un elemento de la naturaleza. Por ejemplo, las hamadríades —hadas de la mitología griega— se asocian a distintas especies vegetales y, si hacemos daño o matamos una planta, hacemos lo mismo con la vida de su hada protectora. Gracias a Ateneo de Náucratis (170–223 d. C.) sabemos que al hada encargada de proteger las vides se le dio el nombre de Ampelos, Morea custodia las moreras, Kraneia los cerezos, Karya hace lo propio con los castaños, Balanos con las encinas, Ptelea defiende los olmos y Syke las higueras para que tengan abundante producción. En todo un alarde de originalidad, los botánicos usamos este mito a la hora de nombrar los frutos de las higueras, a los que conocemos con el término «sicono».

Más allá de nombres concretos, la mayor parte de las culturas coinciden en que las hadas firmaron un pacto con los hombres, según el cual los seres feéricos están obligados a compartir su fortuna con los humanos, a encargarse de la educación y el bienestar de sus vástagos —fuesen en común o no— y a proteger las cosechas y siembras. Un buen trato si el hombre solo debía evitar espiar al hada y evitar maltratar a la naturaleza. Solo en estos dos supuestos se desataría su ira. Un caso particularmente conocido es el de Melusina, hija de Elinás y el hada Presina. Según el poeta francés Jean d'Arras (siglo XV), Melusina rompió su compromiso con Raimondino después de que abriese con su espada una hendidura en la puerta tras la que ella se estaba bañando. Solo de esta forma pudo contemplar que el níveo cuerpo de su esposa culminaba en una cola similar a la de una serpiente. La historia del mito de Melusina ha sido contada innumerables veces, pero si quiere conocerla en detalle y averiguar el castigo que padeció su esposo le recomiendo leerla, aunque también puede optar por escucharla de voz de la soprano finesa Elina Siirala, cantante de la banda alemana de metal sinfónico y melódico *Leaves' Eyes*.

Numerosas tradiciones confieren propiedades mágicas a diferentes plantas que, además, gozan del favor de entidades protectoras. De entre todas ellas he destacado las primaveras por un motivo: tras largas semanas de bajas temperaturas, oscuridad y ausencia de cosecha, las flores de *Primula* emergían de las entrañas de la tierra. Más allá de añadir una nota cromática, anunciaban la llegada de tiempos más propicios para las despensas y, por tanto, no cuidar o dañar ejemplares de esta especie suponía una grave afrenta para el mundo feérico que podía castigarse con hambrunas o la muerte del agresor.

Si está renuente y piensa que las hadas no existen, debe saber que varias tradiciones orales británicas aseguran que para contactar con ellas hay que beber una infusión de hojas de prímula, tras lo cual estos místicos seres aparecerán ante el consumidor y le desvelarán la localización de inenarrables tesoros con los que hacer fortuna. Dicho de otro modo, las hadas revelan el destino a aquellos que se aventuran a relacionarse con ellas. Pista que también se encuentra en el origen etimológico de la palabra que, según múltiples lingüistas, deriva de la voz latina *fatum* o *fata* —destino—. El binomio hada-prímula se antoja indisoluble, ¿verdad? Vamos a intentar dar una explicación coherente a este fenómeno. Le advierto que no resulta tarea fácil.

No son pocos los historiadores y lingüistas que señalan que el origen del fenómeno feérico moderno es obra de William Shakespeare (1564-1616), quien transformó a estas criaturas en entes diminutos, etéreos y voladores. Sin embargo, se desconocen los motivos que le llevaron a cambiar la apariencia que tenían las hadas en el ideario colectivo. Hay estudiosos que afirman que fue únicamente para agradar más al público. Otros aseguran que el autor inglés creía que las hadas eran el resultado de replicar un cuerpo humano en un alma en miniatura. Esta tesis fue acuñada en 1691 por el eclesiástico, demonólogo y folklorista escocés Robert Kirk, autor de *The secret provincial* —La comunidad secreta—, setenta y cinco años después del fallecimiento del bardo, pero que tardó unos ciento veinticuatro años en publicarse por primera vez. En 1815 se encontró el manuscrito en la *Advocate's Library* de Escocia. Así, tanto uno como otro potenciaron el gusto de los británicos por los cuentos de hadas. A esta terna se debe incluir la figura de la jovencísima Cicely Mary Barker (1895-1973).

Cicely publicó en 1923 un libro maravilloso titulado *Flower fairies of spring*, a los que siguieron otros como *Flower fairies of summer*, *Flowers fairies of autumn* o *The book of the flower fairies*. El primer cuarto del siglo XX supuso una época dorada para el mundo feérico. A la publicación de obras como *Peter Pan* (1904) o *The coming of the fairies* (1922)—La llegada de las hadas— se sumó el hecho de que Elsie Wright, de dieciséis años de edad, y Frances Griffiths, de nueve años, habían conseguido fotografiar hadas en su jardín. El bulo fue de tal magnitud que llegaron a engañar al mismísimo Conan Doyle, que fue presa de la misma fiebre que había cautivado a toda la nación.

Ya que he mencionado la fiebre, hago un pequeño paréntesis para recordar que hasta el desarrollo de las farmacopeas modernas el ser humano ha buscado en el medio natural el remedio para todos los males. Carente de nociones químicas, el azar y la experiencia le llevaron a descubrir que la corteza de los sauces contiene un principio activo —ahora llamado ácido salicílico— que alivia los dolores y combate las fiebres. Hasta aquí la historia oficial, pero ¿sabe dónde más se encuentra el ácido salicílico? ¡En las primaveras! Aunque en una cantidad mucho menor que la de los sauces, además de servir como elemento ornamental, uno de los usos tradicionales de la *Primula veris* ha sido el de antipirético. Se recolectaban las hojas, flores y rizomas de la planta y se ponían a hervir. El preparado, según los manuales de la época, ayudaba también a combatir la tos y la alteración o agitación producida por la febrícula.

¿No encuentra una explicación razonable y científica en todo este entuerto? Le echo un cable. La neurociencia considera la visión de hadas como un fenómeno alucinatorio. De manera sucinta podemos decir que una alucinación no es más que la percepción de un sonido, olor, visión o sensación que exista sin un *input* que lo origine o desencadene. Dicho de modo más grosero, nuestros sentidos nos están engañando. La propia palabra *allucinatio* es la conjunción de dos voces, la griega *alyein* —errante— y la latina *leuk* —luz—. El interés por las alucinaciones no se ha restringido al folklore, la ciencia también ha querido darle explicación. Así las definía Oliver Sacks en su obra *Alucinaciones*:

> «Las alucinaciones siempre han ocupado un lugar importante en nuestra vida mental y en nuestra cultura. De hecho, podríamos preguntarnos hasta qué punto las experiencias alucinatorias han dado lugar a nuestro arte, nuestro folklore e incluso nuestra religión. [...] Los dibujos geométricos que se ven en la migraña y otras afecciones, ¿prefiguran los motivos del arte aborigen? Las alucinaciones liliputienses, ¿dieron lugar a los elfos, diablillos, duendes y hadas de nuestro folklore? [...] Los ataques extáticos, como los que sufría Dostoievski, ¿desempeñan algún papel a la hora de generar nuestra idea de lo divino?»

Siendo las alucinaciones uno de los muchos síntomas de un episodio febril y tratándose estas con infusiones de primavera... Era cuestión de tiempo relacionar los seres creados por el delirio con la planta que debía aliviar o remediar la dolencia.

Más allá de interpretaciones neurofisiológicas, considero que estos mitos trascienden por la existencia de un sentimiento de culpa, nostalgia, terror o duelo colectivo. ¿Se ha parado a pensar por qué los niños prefieren las fábulas y los cuentos protagonizados por hadas y seres fantásticos? Casi todos ellos tienen una moraleja, una experiencia vital que el niño descubre e interioriza poco a poco, casi al mismo tiempo que el protagonista de la narración. Ojo, que con los mitos ocurre tres cuartas partes de lo mismo. ¿Por qué fue castigado Sísifo? Si lo piensa, fue por traicionar a su superior, al todopoderoso Zeus.

Los mitos explican acontecimientos periódicos de la naturaleza, como el paso de las estaciones, y aunque nuestras sociedades hayan dado el paso del *mythos* al *logos* y la ciencia ofrezca respuestas razonadas y contrastadas sobre múltiples aspectos de nuestra vida cotidiana, seguimos disfrutando al imbuirnos en historias cargadas de fantasía. Quizá porque de algún modo, somos deudores de todos esos relatos orales. Adoramos la ciencia ficción, pero por más que nos empeñemos, ni Malcolm Wheeler-Nicholson ni Stan Lee inventaron nada. A DC y a Marvel les debemos el esfuerzo realizado en adaptar los héroes clásicos a un canon más contemporáneo y atractivo. A fin de cuentas, los mitos explican el presente como resultado del pasado, revelando aquello que estaba oculto. ¿No es eso lo que he estado haciendo a lo largo de estas páginas mientras me apoyaba en la Botánica? Y este no es un libro sobre mitología. ¿O sí?

PARA SABER MÁS:

· d'Arras, Jean. *Melusine; or, the noble History of Lusignan.* Pennsylvania State University Press, 2012.

· Arries, Javier. *Magia y religión nórdicas.* Planeta, 2019.

· Callejo, Jesús. *Hadas: Guía de los seres mágicos de España.* EDAF., 1995.

· Colombo, Paola S., Guido Flamini et al. «Phytochemistry of European Primula species». *Phytochemistry* 143 (2017): 132–44.

· Cortegianni, Jean Pierre. *El gran libro de la mitología egipcia.* La Esfera de los Libros, 2010.

· Frazer, James George. *The Golden Bough.* Oxford University Press, 2010.

· Kirk, Robert. *La comunidad secreta.* Siruela, 2009.

· Ozaki, Yei Theodora. *Fábulas y leyendas de Japón.* Quaterni, 2016.

· Sacks, Oliver. *Alucinaciones.* Barcelona: Anagrama, 2018.

· Loomis, Roger Sherman. *The Grail: from Celtic myth to Christian symbol.* Princeton University Press, 1991. https://archive.org/details/grailfromcelticm0000loom_j3u8 (Consultado el 1-10-2022).

La exclusividad

«La exclusividad en un jardín es un error tan grande
como lo es en la sociedad»
Alfred Austin

«Donde no hay propiedad no hay injuria»
John Locke

L os lingüistas definen el término «exclusivo» como aquello
reservado únicamente para el goce y disfrute de una persona o colectivo. A mi juicio, el término ha perdido buena
parte de su significado y la exclusividad se ha convertido en
un trofeo, un logro que desbloquear. ¿Una prenda puede ser exclu-
siva si inmediatamente después de lucirla un famoso se vende en
todas las superficies comerciales del país? No voy a negar que con
la edad me haya vuelto un poco picajoso, más aún en cuestiones de
moda donde, sin importarme lo más mínimo las últimas tendencias,
vuelco buena parte de la bilis acumulada. Que alguien me expli-
que por qué debería pagar más por un pantalón roto. ¿Solo por ser
«exclusivo»? Lo exclusivo sería zurcir esos agujeros con los que venía
la prenda de fábrica.

Voy a dejar a un lado este asunto porque solo manifiesto mi torpe
aliño indumentario, que diría Antonio Machado. Los botánicos no
solemos destacar por ser unos dandis, aunque de exclusividad sí
que sabemos un poco. Eso sí, circunscrita al mundo vegetal, donde
siempre han existido elementos y alimentos muy apreciados por su
rareza. en casos como la piña (*Ananas comosus*) que, dicho sea de paso,
quedan horrorosas en las camisas hawaianas y en las pizzas, su pose-
sión llegó incluso a dar origen a conflictos bélicos.

Las piñas, que no son originarias de Hawaii sino del Cerrado
brasileño, despertaron la envidia de los regentes del Viejo Mundo.
Cuentan las crónicas que Colón, durante su segundo viaje por las
Indias Occidentales (1493), encontró gran variedad de frutas y verduras en la isla de Guadalupe, exóticas a los ojos europeos. De entre

todas ellas, una con apariencia externa abrasiva y segmentada le llamó poderosamente la atención. Aunque similar a la piña de un pino, mostraba una consistencia carnosa parecida a la de una manzana. Semejante descripción debió hacerse tan viral en la época que hay lingüistas que afirman que dio origen al término inglés *pineapple* —literalmente, manzana de pino—.

La piña causó furor entre la tripulación de Colón, pero la garante de esta empresa comercial era la Corona de Castilla, por lo que para fascinar a los regentes patrios se cargaron en la bodega de la nave varias de estas frutas, con tan mala suerte que, salvo una, todas se pudrieron durante la travesía. Los Reyes Católicos quedaron encantados con su sabor y textura, tanto que llegarían a dar orden expresa de hacer acopio de esta fruta en los sucesivos viajes, obligando a hacer escala en los lugares donde creciera. Hasta el botánico y etnógrafo Gonzalo Fernández de Oviedo y Valdés (1478-1557) escribió sobre ella en el libro séptimo de su *Historia General de las Indias*, editado en Sevilla en 1535:

«Hay en esta isla española unos cardos que cada uno de ellos lleva una piña, la cual es una de las más hermosas frutas que yo he visto en todo lo que en el mundo he andado, a lo menos en España, ni en Francia, ni Inglaterra, ni Alemania, ni en Italia, ni menos en los estados de la Cesárea Majestad de Borgoña, Flandes, Tirol […], ni Olanda, ni Gelanda ni tampoco en Sicilia, […] Son hermosura de vista. Suavidad de olor. Gusto de excelente sabor. […] Algunas se han llevado a España pero muy pocas llegan allá y ya que lleguen no pueden ser perfectas ni buenas, porque las han de cortar verde y sazonarle en el mar y de esta forma pierden el crédito. Yo las he probado a llevar, y por no haberse acertado la navegación y tardar muchos días se me pudrieron y pudriéronse todas y prové a llevar los cogollos y también se perdieron. No es fruta si no de esta tierra u otra que a lo menos no sea tan fría como España».

Nadie puede negar que la piña es una fruta deliciosa. Le ruego que si tiene ocasión lea el texto completo que Fernández de Oviedo le dedica.

Fernando e Isabel consiguieron un nuevo y privilegiado estatus mundial al convertirse, según las crónicas del momento, en los primeros que probaron tan exquisito bocado sin desplazarse a América. Conste que, en este caso, el manjar descrito era lo de menos, lo verdaderamente relevante era la demostración de poder que suponía poseer algo que otros anhelaban, el control político y económico casi exclusivo de un «nuevo» continente. La descripción de Fernández de Oviedo comienza detallando minuciosamente dónde no se encuentra la piña ni fruta similar y lo que consigue con esto es definirla por quienes no controlan ni tienen acceso a la misma. Así, lo único que hizo este hecho fue despertar el interés o la envidia de otras casas reales europeas quienes, a partir de entonces, empezaron a invertir tiempo y dinero en traer piñas allende los mares con la intención de cultivarlas en su jardines, pues el coste y esfuerzo de tal empresa no se considerban un dispendio inútil, sino una muestra más de poder —y exclusividad, por supuesto—.

El primero de la lista de envidiosos en hacer crecer una piña en territorio europeo fue Carlos II de Inglaterra (1630-1685), más concretamente su jardinero real John Rose. Momento inmortalizado en el cuadro del pintor neerlandés Hendrick Danckerts titulado *El jardinero real John Rose presentando una piña al rey Carlos II*. Tal era la arrogancia del regente británico que, en plena guerra por la supremacía de las Antillas, se atrevía a recibir a los embajadores de España y Francia comiendo piña. Este gesto, aparentemente sano e inocente, era una sibilina forma de mostrar sus intenciones: Gran Bretaña era la potencia administrativa con mayor poderío en la zona y no estaba dispuesto a claudicar frente a aquellos que intentaban usurparle el control de las colonias.

Pero claro, ¿qué sería la opulencia y la exclusividad sin la figura de Luis XIV? El Rey Sol (1638-1715) y su padre, Luis XIII, intentaron con escaso éxito cultivar piñas. No obstante, podemos clasificar a Luis XIV como *influencer* —quizá el primero—, y su obsesión desembocó en una fiebre por la piña, convirtiendo el alimento en un signo de distinción y elegancia nacional. Para entenderlo es necesario acudir brevemente al contexto histórico.

El siglo XVII, como ya mencioné, fue una época políticamente convulsa, con múltiples potencias colonialistas disputándose el control de diferentes territorios de ultramar. Fruto de esas tensiones estalló la Guerra de los Nueve Años, conflicto por el que varias potencias europeas pretendían poner fin a las políticas expansionistas de Luis XIV quien, entre 1679 y 1689, había anexionado a su corona de forma unilateral territorios en las Antillas —aunque no solo— invocando como motivo antiguos tratados que consideraba aún vigentes. La contienda se saldó con la Paz de Ryswick, por la que Francia devolvía sus anexiones territoriales y, de paso, se quedaba con un fragmento de La Española, concretamente la zona que actualmente corresponde a Haití. Esto fue lo que dio acceso a Luis XIV a las piñas, que entraron en Versalles por la puerta grande. En definitiva, esta circunstancia propició que los petimetres y seguidores de las tendencias marcadas por el excéntrico regente quisieran copiar sus hábitos y costumbres, dando origen a un interesante comercio de piñas, que llegaron incluso a alquilarse para demostrar el poderío económico. Solo cuando las frutas estaban muy maduras o a punto de ponerse malas, el precio era lo suficientemente asequible para que los burgueses más modestos pudieran degustarlas. ¿Alguien conoce algún otro fruto al que se le haya podido sacar tanto rédito económico? Quizá el plátano (*Musa spp.*), pero los tejemanejes de la United Fruit Company y las intervenciones políticas desarrolladas por el gobierno estadounidense en la «cintura de América» no son objeto de este libro.

La exclusividad de la piña radicaba, por tanto, en su escasez, precio y dificultad de transporte, ¿qué me diría si le contase que se codiciaron otros frutos por motivos tan elevados como la eterna juventud? Para contextualizar voy a transcribir este poema de Mimnermo (siglo VII a. C.) en el que narra el viaje del Sol en sus dos fases —día y noche—:

«Helios, pues, consiguió su tarea para todos los días,
y jamás se le ofrece descanso ninguno, ni a él
ni a sus caballos, en cuanto la aurora de dedos rosáceos
abandona el Océano y asciende hasta el cielo.
A él sobre el mar lo transporta su lecho encantado,
cóncavo, moldeado por las manos de Hefesto,
de oro precioso, provisto de alas, sobre las ondas del agua;
durmiendo plácido viaja desde el país de las Hespérides
a la región de los Etíopes, donde su raudo carro y corceles
le aguardan, en tanto aparece la Aurora nacida del alba.
Y entonces se sube a su carro el hijo de Hiperión».

El poema hace referencia a la salida y a la puesta del sol, que tenía lugar en el país de las Hespérides donde, según la mitología griega, crecían unas manzanas de oro que otorgaban la eterna juventud quienes las consumían. Este dorado manjar fue el regalo de Gea a Zeus cuando se casó con Hera y se cuenta que tanto le agradó el regalo que mandó sembrarla en su huerta del oeste, encomendando a las Hespérides la tarea de cuidar el vergel divino con la inestimable colaboración de Ladón, un dragón de cien cabezas.

El resto del mito os sonará: Heracles, después de haber matado a su mujer e hijos en un arrebato de locura provocado por Hera, fue castigado a servir como esclavo durante doce años para el rey de Micenas, Euristeo. Este, como si dirigiese una empresa de trabajo temporal, le encomendó doce trabajos, entre los que debía limpiar las cuadras de Augías, capturar al jabalí de Erimanto o la cierva de Cerinia, expulsar a las aves del lago Estínfalo o robar el cinturón de Hipólita y las manzanas doradas del jardín de las Hespérides. Con semejantes tareas, podría decirse que Euristeo aprovechó su posición para sacar beneficio de un delincuente, algo que Disney no ha contado en la versión infantil del mito, donde además omite el «incidente» de violencia doméstica.

Apolodoro relata los acontecimientos con todo lujo de detalles en su *Biblioteca mitológica*: «cumplidos los trabajos en ocho años y un mes, al no aceptar Euristeo ni el del ganado de Augías ni el de la Hidra, como undécimo trabajo le ordenó hacerse con las manzanas de oro de las Hespérides». Asimismo, afirma que «estas manzanas no estaban en Libia, como han dicho algunos, sino en el Atlas, entre los Hiperbóreos. [...] Las guardaba un dragón inmortal, hijo de Tifón y Equidna, que tenía cien cabezas y emitía muchas y diversas voces. Con él vigilaban también las Hespérides, Egle, Eritia, Hesperie y Aretusa. Prometeo había advertido a Heracles que no fuera él mismo a buscar las manzanas, sino que enviase a Atlas y que sostuviera entretanto la bóveda celeste; así, cuando llegó al país de los Hiperbóreos, ante Atlas, lo reemplazó, según el consejo recibido. Atlas, después de coger de las Hespérides tres manzanas, regresó junto a Heracles. Y para no cargar de nuevo con el cielo dijo que él mismo llevaría las manzanas a Euristeo y ordenó a Heracles que sostuviera la bóveda celeste en su lugar. Heracles accedió, pero con astucia consiguió devolvérsela a Atlas. Aconsejado por Prometeo lo invitó a soportarla mientras él se colocaba una almohadilla en la cabeza. Al oír esto Atlas dejó las manzanas en el suelo y sostuvo la bóveda; entonces Heracles recogió las manzanas y se marchó. Algunos dicen que no las consiguió por mediación de Atlas, sino que las cogió él mismo después de matar a la serpiente que las custodiaba».

Atlas era el padre de las Hespérides, por lo que el hurto no levantaría sospechas. Pero ¿robó realmente las exclusivas manzanas de oro? Diodoro de Sicilia (siglo I a. C.) escribió una versión de los hechos diametralmente distinta, en la que expone que «los mitógrafos no se ponen de acuerdo; algunos dicen que en ciertos jardines de las Hespérides, en Libia, crecían manzanas de oro custodiadas sin descanso por un dragón espantoso; otros cuentan que las Hespérides poseían rebaños de extraordinaria belleza a los que, por licencia poética, les fue dado el nombre de ovejas de oro, [...]; otros, por su parte, dicen que los rebaños tienen un color especial, semejante al oro, y que por ello se les dio ese nombre y que Drákon era el nombre del pastor, hombre que sobresalía por su fuerza física y valentía, guardaba las ovejas y daba muerte a cualquiera que osase robar alguna de ellas».

El origen de semejante confusión agroganadera parece encontrarse en la voz griega *mela*, con la que los helenos hacían referencia a un rebaño de ovejas. Hay filólogos clásicos como Varrón que apuntan incluso que este término griego deriva del sonido que estos animales emiten. Asimismo, afirma que los latinos hemos acuñado el verbo *balare* —balar— después de acordar que el grito de este animal debía expresarse gráficamente como *be* en lugar del *me* con que lo hacían los griegos. A decir verdad, el origen de todo este entuerto se encuentre muy probablemente en la traducción. Me explico: durante la traducción al latín de estos mitos y leyendas algún escriba debió cometer una errata, por lo que la palabra griega *mêla* pasó a ser mala, que en latín hace referencia al fruto del manzano (*Malus domestica*). Robar manzanas de una huerta, por muy doradas que sean, tal y como expone Nono de Panópolis, no merecería ninguna alabanza; sin embargo, unas fecundas ovejas sí le resultarían más provechosas a Euristeo quien, además de lana con la que confeccionar diferentes prendas, tendría leche y carne Y, con suerte, corderos. En términos de rendimiento económico, el abigeato era, sin duda alguna, un delito más rentable para Euristeo.

Pero el asunto se puede enmarañar aún más. Numerosos autores clásicos han intentado otorgar una explicación coherente al mito del robo de las manzanas de oro que custodiaban las Hespérides, argumentando que en realidad no eran más que membrillos, naranjas o limones. Y otros filólogos y estudiosos clásicos han concluido que lo más probable es que fuesen naranjas, puesto que en griego antiguo este fruto era designado con el grafismo *chrisomilia*, donde *chrysos* significa oro y *melon*, manzana. Con el tiempo, el vocablo *melon* evolucionaría a la voz *mela*.

Así, cuando el texto fue traducido al latín ocurrieron simultáneamente dos fenómenos: por un lado, *mela* se tradujo como *mala* —manzana en latín— y, por otro, algunos convirtieron el término *mela* en *pomum aurantium*, influenciados quizá por el conocimiento del griego arcaico que llamaba a las manzanas *chrisomilia*. Con independencia de que consideremos cierta una u otra versión —o las dos—, ha sido la segunda la que tuvo más repercusión pues en alemán, la naranja amarga es *pomeranze*; en finés, *pomeranssi* y, en ruso, *pomeranets*. Curiosamente, el término español «naranja» deriva del sánscrito *naranga* —olorosa, fragante—, como el de los portugueses —*laranja*— o los italianos —*arancia*—, para quienes su verdadera manzana de oro es el tomate, al que Pietro Andrea Gregorio Mattioli describió en varias de sus obras como *mala aurea*, en referencia al color amarillento de los frutos aún inmaduros de esta solanácea.

El mito de Hércules y las manzanas se encuentra tan arraigado en nuestra cultura que está presente hasta en el lenguaje científico, acuñando términos como «hesperidio» o «hesperidina». Es más, para los botánicos ¡el hesperidio es el fruto característico de los cítricos!

En esta ocasión, la ciencia no ha podido desmentir por completo el mito de las manzanas doradas. La compleja simpleza del mito es tal que resulta difícil determinar qué era eso que custodiaban con tanto celo las Hespérides. ¿Eran manzanas doradas? ¿Cítricos? ¿Membrillos? ¿O eradio un rebaño de ovejas? Sea lo que fuere, como en el caso de la piña, las manzanas doradas han sido un símbolo de exclusividad recurrente en la mitología con el que se simbolizó la fuente de la eterna juventud, hecho que, sea dicho de paso, le ha hecho perder ese halo de exclusividad. A fin de cuentas, el mito de Heracles no es muy diferente al de Sun Wukong —Son Goku de *Dragon Ball*— y los melocotones de la inmortalidad, de los que dio buena cuenta.

¿Y qué me dicen de la leyenda protagonizada por Loki, Idunn y Thjazi? Además, en este mito también hay manzanas de por medio. En este relato nórdico, Loki, Odín y Hoenir se embarcan en un viaje lejos de Asgard y deambulan durante varios días sin nada que llevarse a la boca. Un buen día, ven una manada de bueyes, por lo que deciden cazar a uno y dar cuenta de él, sin embargo, por más que cocinaban la carne de la bestia, no lograban que dejase de estar cruda. En ese momento se muestra Thjazi, que había estado observando la escena desde un árbol transformado en águila, les confiesa que es él quien impide que la carne se cocine y les advierte de que no romperá el hechizo a menos que compartan el buey, lo que Odín, Hoenir y Loki aceptan a regañadientes. Pero Loki, que odia ser embaucado, ve que Thjazi ha consumido las mejores partes del buey, se hace con una rama y se abalanza sobre él. En ese momento, el águila emprende el vuelo sosteniendo entre sus garras la rama a la que iba agarrado Loki, quien atemorizado suplica que le haga bajar sano y salvo, petición a la que Thjazi se niega a menos que le entreguen a la diosa Idunn y sus frutos. Cuando llevan a la diosa Idunn a Thrymheim, los dioses de Asgard comienzan a envejecer, su piel se arruga, su fuerza disminuye y su pelo se cubre de canas.

Como en el mito de Heracles, la diosa Idunn —cuyo nombre se cree que significa «siempre joven»— también poesía unas manzanas rejuvenecedoras, lo que supuso el origen de prácticas paganas como enterrar cestas de manzanas, por ejemplo, en el barco funerario de Oseberg, que puede visitarse en el museo de barcos vikingos de Oslo. Hay quienes apuntan que las manzanas del mito de Idunn simbolizan la vida eterna.

La búsqueda de la eterna juventud ha sido algo común y recurrente en todas las culturas. Debemos entender las manzanas de oro, por tanto, como un exclusivo y codiciado objeto de deseo imposible de alcanzar. No han hecho inmortal a nadie salvo al propio mito. Nosotros, los humanos, estamos de paso y trascendemos en la medida en la que lo hacen nuestros actos. No obstante, ningún nutricionista le afeará el gesto si incluye manzanas en su dieta, que le harán tener una mejor calidad de vida. En una época en la que todos los productos que entran en nuestra cocina deben ser exclusivos, *realfooders* y *gourmets* —por sus precios, no por los supuestos beneficios que aportan a la salud del consumidor—, lo verdaderamente revolucionario es comer sin pretensiones, como aquellos hombres y mujeres que, con su sabia ignorancia, comprendieron que «una manzana al día mantiene al doctor en la lejanía», o la muerte según otras versiones.

Igual vivir para siempre no, pero mantenerse sano durante el tiempo que nos toque vivir tampoco está tan mal. No sé usted, pero yo sí que me apunto.

PARA SABER MÁS:

· Anónimo. *Selecta ex Homeri, Erinna, Euripide, Hesiodo, Mimnermo, Bacchylide… Cum vulgata versione emendata, ac variis partim scholastarum graecorum, partim doctorum recentiorum notis.* Palala Press, 2016.

· Belloc, H. *Luis XIV.* Continental, 1988.

· Bermejo, J. C. & González, F. J. *Los orígenes de la mitología griega.* Akal, 1996.

· Cencillo, L. Mito. *Semántica y realidad.* Biblioteca de Autores Cristianos, 1970.

· Cornford, F. M. *Principium sapientiae. Los orígenes del pensamiento filosófico griego.* Antonio Machado, 2005.

· Díez de Velasco, F. *Lenguajes de la religión. Mitos, símbolos e imágenes de la Grecia antigua.* Trotta, 1998.

· Díez de Velasco, F. *Introducción a la historia de las religiones. Hombres, ritos, dioses.* Trotta, 2013.

· Fernández de Oviedo, G. *Historia general y natural de las Indias, islas y tierra-firme del mar océano.* Imprenta de la Real Academia de la Historia, 1853. https://bibliotecavirtualmadrid.comunidad.madrid/bvmadrid_publicacion/es/consulta/registro.do?id=3766

· Hutton, R. *Charles II: King of England, Scotland, and Ireland.* Clarendon Press, 1989.

· Irving, W. *The life and voyages of Christopher Columbus: To which are added those his companions.* Ulan Press, 2012.

· Lindow, J. *Norse mythology: A guide to the gods, heroes, rituals, and beliefs.* Oxford University Press, 2002.

· O' Connor, K. *Pineapple: A global history.* Reaktion Books, 2013.

¡Eres una bruja!

«Las brujas son siempre mujeres.
No quiero hablar mal de las mujeres. La mayoría
de ellas son encantadoras. Pero es un hecho que todas
las brujas son mujeres. No existen brujos»
Las Brujas, de Roald Dahl

«La bruja representa nociones de una mujer femenina extraña,
poco convencional, aterradora y poderosa»
Kristen J. Sollée

Me reconozco un incompetente en materia artística. No obstante, como cualquier persona curiosa con interés en la cultura y en la historia, acudo a exposiciones y museos con el afán de aprender y así, de paso, pillo ideas para escribir sobre botánica, disciplina de la que verdaderamente sé algo. ¡Ojo!, no hablo de exposiciones de ilustración botánica, que se basa en registrar con precisión características vegetales tales como las estructuras reproductoras o los cortes transversales de frutos, muchos de los cuales solo pueden apreciarse con lupa o microscopio. Por eso es importante que se sigan realizando ilustraciones aun con cámaras fotográficas de tanta resolución. La fotografía no es milagrosa, puede llegar a deformar la realidad e incluso confundir a quien observe esa imagen. Sea como fuere, mis dotes para estas dos disciplinas son nulas. De lo que no cabe duda es de que estas páginas son fruto de una de esas visitas a museos o exposiciones.

Durante mi última estancia en Madrid, mucho antes de que la pandemia pusiese patas arriba al mundo, tuve la oportunidad de estar en el Museo Lázaro Galdiano, uno de los muchos museos estatales de origen privado que, con un afán casi enciclopédico, custodia más de doce mil piezas de cuantas disciplinas artísticas y técnicas se le ocurra. Destaca *El aquelarre*, de Francisco de Goya, pintado en 1798. El lienzo muestra un ritual de aquelarre presidido por el gran macho cabrío, una de las múltiples formas en las que puede presentarse el demonio y, a su alrededor, se disponen una multitud de brujas que le ofrecen un sabroso infante como ágape. El cuadro, que forma parte de un movimiento conocido como «lo sublime terrible», busca provocar desasosiego en el espectador utilizando tonos oscuros y una ambientación nocturna.

Goya representa un coro de brujas que acaban de invocar al demonio, sí, pero estas no aparecen ni provistas de sombreros puntiagudos ni volando en una Nimbus. Solo representa a un grupo de mujeres, de un heterogéneo rango de edad y belleza, en el campo —*larre*, en euskera— entregando a un neonato en sacrificio a un macho cabrío —*aker*, en euskera—. Entonces, ¿en qué momento se originó la idea tradicional de bruja que todos hemos interiorizado? ¿Es que las brujas son algo más que mujeres poseídas por el mal que se dedican a preparar pócimas en un caldero y sobrevolar el cielo nocturno con una escoba mágica?

Lo cierto es que sí y el culpable de que las brujas se representen con una misma iconografía es Pieter Bruegel el Viejo (1525-1569). En un grabado conocido como *Diuus Iacobus diabolicis praestigiis ante magum sistitur*, que podríamos traducir como «Santiago intentando detener al diabólico mago», donde Santiago se enfrenta a Hermógenes —encargo de Hyeronimus Cock, un importante editor flamenco—. Se trata del primer grabado conocido hasta la fecha en que aparecen estampas como la bruja volando a lomos de su escoba, la preparación de diferentes mejunjes en un caldero humeante o la Mano de Gloria que, recordemos, sería la mano amputada de un malhechor ajusticiado. El fin último de este trabajo de Bruegel el Viejo era poner fin a los autos de fe que se celebraban en Amberes. Asimismo, advertía del riesgo que corrían todas aquellas personas —principalmente mujeres— cuya vinculación con la pérdida de las cosechas fuese probada. Recordemos que a mediados del siglo XVI —y con anterioridad también— Europa se vio abatida por una fuerte hambruna. En esos momentos, muchas cosechas se perdieron irremediablementey la Iglesia y el Estado aprovecharon para, con su habitual piedad cristiana, achacar el fenómeno a actos de brujería. La otra opción era dar voz a aquellos que advertían de que se trataba de un episodio climático asociado a la Pequeña Edad de Hielo. Pero claro, «a toro pasado todos somos Manolete», ¿no?

En este contexto de efervescencia y lucha contra el misticismo de carácter demoníaco surge buena parte de la iconografía asociada a las brujas y la brujería. Llegados a este punto, vamos a desmontar algunos de los mitos y leyendas que han tenido que soportar sobre sus hombros las mujeres, acusadas con más frecuencia de pactar con el maligno. Habida cuenta de que muchas acusaciones de brujería guardaban relación con el misterioso poder de los brebajes que preparaban, ¿no siente curiosidad por saber qué se cocía realmente en los humeantes calderos de estas mujeres «libertinas»? Avanzo que la realidad dista mucho de parecerse a lo que Alaska relataba en *Brujas de ayer*.

Sabemos muy poco de estas recetas. Lo que ha llegado hasta nosotros es, en su mayor parte, una ristra de condimentos repugnantes. ¿Por qué? Pues verá, partiendo de la premisa de que el conocimiento otorga poder, ocultar la formulación de preparados poderosos mediante un código aparentemente horrendo podría servir como mecanismo de protección. Teniendo en cuenta que se enfrentaban además a una multitud enfervorecida y con afición crematística por todo aquello que se saliese del canon marcado por la Iglesia Católica, toda precaución se antojaba escasa. De hecho, pocos son los grimorios que han conseguido sobrevivir al fuego inquisitorial de la Baja Edad Media Europea. Uno de los más conocidos es el «Picatrix» (siglo XIII), una traducción del «Gāyat al-hakīm» que versa sobre cómo atrapar a los espíritus. Otro es el «Liber aneguemis» (siglo XI), atribuido apócrifamente a Platón y que se cree que podría ser la piedra angular sobre la que se asienta posteriormente la alquimia moderna. Pero mi favorito es el «Albanum Maleficarum» (siglo X), que recopila un conjunto de saberes que florecieron en Andalucía Occidental —Jerez de la Frontera y Sanlúcar de Barrameda, principalmente—, denominados artes cápricas. Según este texto, Capricúo fue un mago que vivió en el sur de Hispania y consiguió hacerse con la Sabiduría Suprema gracias a la intercesión divina, consiguiendo dominarla por medio del uso de artes oscuras —magia negra—. De esta forma, reunió todas sus experiencias y su conocimiento en un libro redactado en una lengua secreta que él mismo inventó. Lamentablemente, Capricúo tuvo un descuido durante uno de sus muchos rituales mágicos y acabó convertido en cabra para siempre. Por supuesto, en el imaginario colectivo de los hortelanos de Jerez y pedanías aún se sigue recordando la leyenda de la cabra del Montesabio.

No han sido pocos los botánicos e historiadores que han intentado averiguar qué ingredientes reales se encontrarían detrás de barba de viejo, cuerno de unicornio, cresta de lagarto o leche de gato y, en algunos casos, las investigaciones han dado sus frutos. Así, ahora sabemos que la barba de viejo haría referencia, muy probablemente, bien al liquen *Usnea barbata* o a la oleácea *Chionanthus virginicus*. Por su parte, el cuerno de unicornio no es más que la inflorescencia de *Chamaelirium luteum*, la cresta de gallo es *Rhinanthus minor* y la leche de gato... La leche de gato no es más que el látex que desprenden algunas euforbiáceas al quebrarse, como ocurre, por ejemplo, con *Euphorbia corollata* o *Euphorbia helioscopia*.

No sé si ha advertido que todas ellas tienen una cosa en común: se han utilizado en los remedios caseros contra el dolor, aunque la evidencia científica es desigual. Hoy día sabemos, por ejemplo, que el ácido úsnico de *Usnea barbata* se está ensayando por sus supuestas propiedades antibióticas. Según este razonamiento, no sería descabellado pensar que estas brujas fuesen en realidad curanderas. por otro lado, sin embargo, desconocemos si existe un principio activo en *Rhinanthus minor* que pudiera usarse con fines médicos. De momento, ignoramos por qué la incluían en sus elaboraciones.

Pero hasta el dramaturgo Francisco de Rojas Zorrilla (1607-1648) sabía a qué se dedicaban las brujas, como muestra el diálogo que mantienen en *Lo que quería ver el marqués de Villena* el sirviente Zambapalo con su señor:

«—Marqués: [...] Otros creen que vuelan las brujas.
—Zambapalo: ¿Pues no?
—Marqués: No, ignorante.
—Zambapalo: Yo pregunto, como es que soy un lego.
—Marqués: Úntanse todas.
—Zambapalo: ¿Y luego?
—Marqués: Provoca un sueño aquel unto,
que es un opio de beleño
que el demonio les ofrece
de calidad, que parece,
que es verdad lo que fue sueño
pues como el demonio espera
solamente engañar
luego les hace soñar
a todas de una manera;
y así piensan que volando
están cuando duermen más,
y aunque no vuelan jamás
presumen en despertando
que cada una en persona
el becerro ha visitado,
y que todas han paseado

los campos de Barahona;
siendo así que vive Dios
que se ha visto por momentos
durmiendo en sus aposentos
untadas a más de dos».

Las brujas cocinaban ungüentos que, presuntamente, las hacían volar. Conocemos también algunos de los posibles ingredientes que dejaron anotados en sus grimorios, pero buena parte de que el mito se haya ido desmoronando se debe a los estudios del doctor Clark. Este usó como inicio para su investigación el estudio del proceso judicial a una bruja inglesa, donde aparecían detallados los ingredientes para elaborar uno de sus muchos ungüentos mágicos: grasa de niño, jugo de agua de berraza (*Apium nodiflorum*), acónito (*Aconitum napellus*), cincoenrama (*Potentilla reptans*), dulcamara (*Solanum dulcamara*) y hollín. Comprobó que este ungüento producía excitación y arritmia cardíaca y concluyó que se trataba de una droga alucinógena resultante de mezclar belladona —que causa delirios— con acónito —que altera el ritmo cardíaco—. Así, esta pasta desencadenaba en todo aquel que la consumiese la sensación de volar sin necesidad de salir de la habitación. Un resultado similar es el que obtuvo el alemán Karl Kiesewetter (1854-1895) después de seguir las indicaciones transmitidas por el napolitano Giambattista della Porta (1535-1615) en su obra *Magiae Naturalis*, en la que afirmaba que «cayó en un sueño de veinticuatro horas durante el que vivió viajes excitantes, danzas frenéticas y otras aventuras misteriosas de este tipo». En efecto, las brujas «volaban», pero no en escobas. ¿De dónde podría salir entonces semejante falacia?

Para muchos, la escoba no es más que un símbolo de poder político que refleja la subordinación del género femenino a las órdenes y deseos del masculino. No olvidemos que, en última instancia, las brujas no eran más que mujeres que desafiaban los preceptos fijados por la sociedad y religión medievales y que se dedicaban al estudio de la medicina o la historia natural. ¡ellas fueron las primeras en estudiar medicina, farmacia o biología a distancia y sin necesidad de un tutor que guiara sus pasos! Las mal llamadas «brujas» aplicaban sus conocimientos de fitoterapia y medicina con el objetivo de calmar muchos de los dolores que les aquejaban frecuentemente. Entre ellos los dolores menstruales y un sinfín de dolencias que los médicos masculinos ignoraban por considerarlos poco importantes. Es lo que tiene que los hombres tengan la regla, que la consideramos «intrascendente». Esta práctica tenía que llevarse en secreto, puesto que ejercer la medicina sin titulación se penaba por ley. El historiador Jules Michelet (1798–1874) se refería de esta forma a las brujas en su obra *Historia del satanismo y la brujería*, reparando su memoria y creando algo de justicia entre tanta superchería y habladuría como se ha escrito:

> «Durante miles de años, el único médico del pueblo fue la hechicera. Los emperadores, los papas, los reyes, los más ricos varones tenían algunos sanadores de la famosa Escuela de Salerno, moros o judíos, pero el pueblo no consultaba más que a la entendida. Si no lograban curar le llaman, injuriándola, bruja. Las plantas que usaban aquellas mujeres en sus trabajos poseían, junto a la acción mágica que pretendían infundir con sus vocaciones y ritos, una verdadera acción curativa que aliviaba a muchos enfermos en sus dolencias; por ello las hechiceras han de tener, por derecho propio, un capítulo en la Historia de la Medicina».

Ya lo ha visto, para calmar sus dolores hacían uso de diferentes plantas tóxicas como, por ejemplo, el beleño (*Hyoscyamus niger*), la dedalera (*Digitalis purpurea*), la belladona (*Atropa belladona*) o el acónito (*Aconitum napellus*). En un primer momento, la ingesta de estas «pociones», además de «volar», les hizo sufrir unos desagradables efectos secundarios como vómitos, mareos y agudos dolores estomacales. Con el tiempo, probaron otras vías de administración hasta dar con la zona más efectiva por su alta irrigación vascular y en la que los efectos adversos se minimizaban: la vagina. Jordanes de Bérgamo, un investigador del siglo XV que trató el caso de las persecuciones a brujas, escribió lo siguiente sobre las zonas de aplicación de los ungüentos:

Pero el vulgo cree, y las brujas confiesan, que en ciertos días o noches, untan un palo o poste y lo montan en dicho lugar, o se untan en los sobacos y en otras zonas peludas.

Volar sí que volaban, solo que a bordo de los alucinógenos con los que trabajaban. Algo muy curioso es que la mayor parte de los ingredientes de estos calderos son plantas de la familia Solanaceae, algunas bautizadas con nombres tan sugerentes como hierba del diablo (*Datura stramonium*, el estramonio) o caramelo de bruixa (*Hyoscyamus niger*, el beleño negro). Ya se sabe, «unos crían la fama y otros cardan la lana». Y lo cierto es que no solo las brujas hicieron uso del beleño para conseguir aquello que ansiaban, ya fuese sanar o hacerse con el Imperio del prójimo, pues este no entiende de clases sociales. ¿Por qué lo recuerdo? Porque no debemos olvidar que conocidos nobles y regentes se han hecho con el poder sin derramar una sola gota de sangre gracias a él. Igual ahora está recordando cómo asesinaron al padre de Hamlet, ¿verdad? No se preocupe, que le ayudo a recordar:

> «Escúchame ahora, Hamlet. Esparcióse la voz de que estando en mi jardín dormido me mordió una serpiente. Todos los oídos de Dinamarca fueron groseramente engañados con esta fabulosa invención, pero tú debes saber, mancebo generoso, que la serpiente que mordió a tu padre hoy ciñe su corona. [...]. Dormía yo una tarde en mi jardín según lo acostumbraba siempre. Tu tío me sorprende en aquella hora de quietud, y trayendo consigo una ampolla de licor venenoso, derrama en mi oído su ponzoñosa destilación, la cual, de tal manera es contraria a la sangre del hombre, que semejante en la sutileza al mercurio, se dilata por todas las entradas y conductos del cuerpo, y con súbita fuerza le ocupa, cuajando la más pura y robusta sangre, como la leche con las gotas ácidas. [...] Así fue como, estando durmiendo, perdí a manos de mi hermano mismo, mi corona, mi esposa y mi vida a un tiempo».

Es verdad que Hamlet no es más que un personaje imaginario, pero este argumento no invalida que el beleño se usara incluso cuando acabó la caza de brujas. Entre 1643 y 1715 existieron, que conozcamos, tres famosas brujas francesas: la marquesa de Brinvilliers (1630-1676), la marquesa de Montespan (1640-1707) y Catherine Deshayes (1640-1680), más conocida como «La Voisin». Esta última llegó a regentar en Francia un lucrativo negocio de venenos, lugar al que acudían no pocas doncellas deseosas de enviudar o de granjearse nuevamente los favores de Luis XIV, como ocurrió con la marquesa de Montespan. Esta última vio cómo *mademoiselle* de La Vallière se convertía en la favorita de Luis XIV y enfermó de celos, lo que motivó que hiciese uso de los conocimientos de «La Voisin» para recuperar el favor del Rey Sol, con el que tuvo siete hijos reconocidos —hay quien apunta a que podría existir alguno más—. Lamentablemente, las prácticas oscuras de la Montespan salieron a la luz y muchos acabaron en la horca, ¡ella no! Eso sí, estas «brujas» eran más bien políticas, habida cuenta del interés con que se movían por la corte.

Entonces, ¿por qué denostamos la brujería y a todas aquellas mujeres que antaño la practicaban? Es cierto que una parte de esta práctica está plagada de supercherías y fantasías, pero también había hombres que la practicaban y apenas se les atacó. Hay una frase de la historiadora Lina Potter que me gusta mucho y que dice algo así como «en la Edad Media había solo cuatro cosas que una mujer podría ser, cinco como máximo: hija, esposa, madre, viuda y puta. Eso era todo. No había otros roles para ellas». por eso me resulta estúpido obviar que con la aparición de la «brujería» las mujeres añadieron una nueva faceta, al papel de madre, esposa y cuidadora, se sumó el estudio autodidacta y el conocimiento de la farmacopea y medicina medieval. Gracias a estas pioneras, algo del conocimiento que hasta entonces era exclusivo de la Iglesia se filtró hasta las capas más populares. Ya solo por ese motivo, la labor de las brujas debe ser conocida, loada y respetada. Así pues, ¡que vivan las brujas! ¡Que vivan las mujeres científicas del medievo!

PARA SABER MÁS:

· Birch, H. *Ilustración botánica. Técnicas contemporáneas para dibujar flores y plantas.* Editorial Gustavo Gili S. L., 2019.

· Caro Baroja, J. *Las brujas y su mundo.* Alianza Editorial, 2015.

· Casariego, R. Goya: *Obra gráfica completa.* Editorial Casariego, 2004.

· Castañega, M. *Tratado de las supersticiones y hechicerías.* Maxtor, 2020.

· Michelet, J. *Historia del satanismo y la brujería.* Leviatán, 2016.

· Müller, J. Bruegel. *Obra pictórica completa.* Taschen, 2020.

· Porta, G. della. *Natural Magick (Magiae naturalis): A neapolitane in twenty books.* Forgotten Books, 2018.

· Rojas Zorrilla, F. de. *Lo que quería ver el marqués de Villena.* Editorial Linkgua, 2010.

· Scott, W. *La verdad sobre los demonios y las brujas.* Editorial Humanitas, 1996.

· Torquemada, A. de. *Jardín de flores curiosas.* Castalia, 1982.

· Shakespeare, W. *Hamlet.* Cátedra, 2006.

· Somerset, A. *The affair of the poisons: Murder, infanticide, and satanism at the court of Louis XIV.* St. Martin's Press, 2004.

LA SUPRESIÓN DEL APETITO
¿EL MITO DE ESTAR SACIADO SIN HABER COMIDO?

«Pongo a Dios por testigo de que no podrán derribarme.
Sobreviviré, y cuando todo haya pasado,
nunca volveré a pasar hambre. Ni yo, ni ninguno de los míos.
Aunque tenga que mentir, robar, mendigar o matar.
¡Pongo a Dios por testigo de que jamás pasaré hambre»
Vivien Leigh, en *Lo que el viento se llevó*

«El mago hizo un gesto y desapareció el hambre, hizo otro gesto
y desapareció la injusticia, hizo otro gesto y se acabó la guerra.
El político hizo un gesto y desapareció el mago»
Woody Allen

Todo surgió una mañana de miércoles de ceniza, en una asociación local dedicada a la reinserción sociolaboral de drogadictos. Tras facilitarles el teléfono de un colega, mantuve una conversación con una chica que reconoció haber sufrido anorexia durante varios años, desde que conoció al que, hasta hacía poco, había sido su pareja. Influenciada por sus tóxicos comentarios, que le instaban a perder peso y mantenerse delgada para no perder su «amor», redujo drásticamente su ingesta calórica al tiempo que comenzaba a «tontear» con los estupefacientes, principalmente cannabis y cocaína. El cannabis tiene un efecto orexígeno o estimulante del apetito, mientras que la cocaína cumple un papel diametralmente opuesto, suprimiendo el apetito. Por tanto, la administración casi simultánea de ambas sustancias la arrojaba siempre a un mismo resultado: ni ganancia ni pérdida de peso.

Sin embargo, esto es una falacia tan antigua como el propio consumo de la coca en el mundo. Se lo conté a modo de fábula.

Existen registros arqueológicos en Perú y Bolivia que muestran su uso ceremonial con una antigüedad estimada en cuatro mil años —2000 a. C. aproximadamente—. La coca (*Erythroxylum coca*) es una de las plantas sagradas de uso más frecuente en toda Sudamérica. Así, su área de distribución se extendió desde los valles subtropicales de Bolivia y Perú, de donde se cree oriunda, al resto del subcontinente siguiendo el curso de los afluentes del Amazonas. Su amplia y rápida difusión —se cree que llegó a la provincia de Imbabura, Ecuador, antes del año 500— ha dado lugar a diferentes mitos sobre ella. Obviamente, cada cultura los ha ido moldeando a su antojo, pero se considera el más antiguo el aimara boliviano.

Según los aimaras, los pobladores primitivos del altiplano boliviano bajaron a las yungas, regiones de bosque y selva montañosa andina, con el objetivo de quemarla y dedicarla a la labranza. Se cuenta que las humaredas fueron tan densas que sobrepasaron en altura al Illampu y al Illimani, las dos montañas más altas de Bolivia, donde habita el dios Cuno. Cuno, dios de las nieves, las nubes, los truenos y las tempestades, se disgustó con la afrenta realizada a la Pachamama y desencadenó un terrible diluvio que destruyó todo cuanto encontró a su paso. Esto obligó a los escasos supervivientes de la tragedia a refugiarse en las cuevas de los declives andinos. Una vez la tormenta hubo cesado, débiles y hambrientos, salieron de sus refugios con la esperanza de encontrar algo que llevarse a la boca. Así, probaron a comer las escasas plantas que encontraban en su camino y, de entre todas ellas, las hojas del arbusto de coca hicieron desaparecer el hambre y restituyeron sus fuerzas. «Saciados» y repuestos, regresaron al altiplano para comunicar a los sabios el milagro de haber sobrevivido gracias a la «comida de caminante», el significado de «coca» en la lengua aimara. Por supuesto, estos sabios (*auquis*) otorgaron a la planta un origen divino, lo que desencadenó que su consumo se restringiera a sacerdotes, soberanos, amautas y chamanes o médicos.

Dejar algo valioso bajo el control de una élite conlleva problemas, derivados en buena parte de la desconfianza o el mal uso que puedan hacer de ello. ¿Recuerdan cuando Prometeo se enfrentó a los dioses olímpicos y entregó el fuego divino a los mortales? Pues con la coca vino a pasar lo mismo. Así se refieren a este mito los jesuitas que llevaron a cabo la misión a Ocros y Lampas en 1618, en la que debían extirpar la idolatría incaica de la población:

«Cuentan que antiguamente el sol comía coca, que son aquellas hojas que poco ha dijimos y que las huacas [ídolos] tuvieron de ellos gran envidia y trataron de hurtar al sol las semillas de aquellas matas para lo cual guardaron la ocasión en que él estuviese borracho y estándolo enviaron con Urau un recado a la luna, mujer del sol, a quien en su nombre le pedían su bolsa en la que guardaba aquellas hojas. Rehusó la luna el darle en la primera y en la segunda vez, pero en la tercera, con engaño obtuvieron lo buscado.

»Súpolo el sol cuando despertó lo que había pasado y determinó matar a Urau y hubiéralo hecho enseguida si no fuera porque intercedió una india de buen parecer, lo cual dio tiempo para que Urau huyera y vino a parar a Canta, lugar a tres jornadas de Lima, a donde los indios le recibieron con gran aplauso y empezaron a adorarlo como un dios».

Se ve que Urau corrió mejor suerte que su colega Prometeo, hecho que le valió para convertirse en el más grande y reconocido chamán. Los jesuitas aseguran incluso que, gracias a la coca, hacía asombrosas curaciones. Asimismo, Felipe Guaman Poma de Ayala (1535-1615), afirma en su *Nueva crónica y buen gobierno* (1615) que, desde tiempos pretéritos, los pueblos aborígenes y andinos han mascado hojas de coca como parte de su dieta para saciar el hambre. Es más, recoge incluso un fragmento en el que unos hermanos se animan mutuamente a consumirla. El poema, que aparece en la obra de este presunto descendiente de Túpac Yupanqui, dice así: «Hermana, masca esta coca./ Tráela hermano».

Habida cuenta de que las hojas de coca conferían a sus consumidores fuerza y los liberaba de los problemas inherentes al hambre y la sed, la llegada y dominación española a los territorios andinos y caribeños puede considerarse el elemento catalizador que propició que esta planta comenzase a usarse por el pueblo llano. De esta forma, los españoles descubrieron casi por casualidad que los nativos podían alargar sus ya interminables jornadas de trabajo si, junto con la exigua ración de maíz —o cebada—, incluían hojas de coca para mascar. Esta circunstancia motivó que los trabajos en las minas se recrudecieran de tal manera que el propio Felipe II llegó a condenar —parcialmente— este proceder, pero se mantuvo gracias a cédulas reales por su alta rentabilidad económica. Hecha la ley, hecha la trampa. Si nadie se iba de la lengua, el monarca no se enteraría de lo que sucedía en los territorios que administraba al otro lado del Atlántico, manteniendo asimismo la fama de «prudente» ante la opinión pública: ya lo dice el refrán «Dios está muy alto y el rey muy lejos».

Lo que en España se conoce como mascar hojas de coca, en realidad debería llamar «acullico», que tiene tanta importancia en Bolivia que cada 11 de enero, fiesta nacional, se practica como un hábito social y ritual. Durante el «acullico» el consumidor mordisquea la hoja de coca para, posteriormente, formar con ayuda de la lengua una especie de bola entre la que se coloca una pequeña cantidad de bicarbonato de sodio —o cal— para facilitar la extracción del alcaloide. Este bolo se suele pegar entre la arcada dentaria y la encía durante un tiempo, hasta que el efecto narcótico decae. Si visita el Museo Municipal de Guayaquil —Ecuador—, encontrará numerosas estatuillas y máscaras pertenecientes a la cultura Capulí (800-1500) con uno de los carrillos hinchados, lo que indica que estaban mascando coca. Por extensión, podemos afirmar que estas pertenecieron a miembros destacados de la sociedad. Estos hechos demuestran que el cocaísmo —no confundir con el cocainismo— es un hábito social muy importante y quizá tan antiguo como los primeros pobladores andinos.

Una vez explicado el contexto de la importancia del consumo de coca, ¿suprime real y eficazmente el apetito? Según aparece recogido en el libro *Coca: factor antiobesidad*, de Kunishiro Seki y Yoshito Nishi, sí. Según afirman, la coca actuaría regulando nuestro peso y apetito de la siguiente forma:

«El problema de aumentar de peso es no poder controlar el apetito. Hay un sinnúmero de dietas que ayudan a disminuir de peso, pero cuando la dejas de hacer, uno vuelve a engordar, lo que no pasa con la hoja de coca. La coca estimula el centro de saciedad y ya no se necesita consumir calorías extra. […]

»[…] Al mascar la hoja de coca se logra incrementar la sensación de saciedad, eliminar la fatiga y aumentar la capacidad de concentración. Con ella se puede lograr una dieta diaria sin restricción calórica y, en consecuencia, reducir el peso corporal. […] La coca contiene factores nutricionales esenciales como proteínas, carbohidratos, calcio, fósforo, hierro y vitaminas, incluso en mayor cantidad que la leche, la espinaca o el pescado».

Vayamos por partes. Seki y Nishi afirman que es posible llevar una dieta sana y equilibrada sin necesidad de restricciones calóricas mediante la inclusión en nuestro menú de hojas de coca. Para empezar, los términos dieta y restricción calórica jamás deberían ir juntos, más aún si tratamos de solucionar un problema de peso —nunca mejor dicho—. Etimológicamente, la palabra «dieta» deriva del vocablo latino *diaeta*, proveniente a su vez de la voz griega *diaita*, que se puede traducir como «forma de vida». El propio Hipócrates de Cos (460-370 a. C.), en el tercer volumen de sus *Tratados*, dedicado a la dieta, define brevemente este término afirmando que «quien pretende componer acertadamente un escrito sobre dieta humana debe, antes que nada, reconocer y discernir la naturaleza general del hombre». Por tanto, la dieta es, además del conjunto de alimentos que componen nuestro menú diario y la práctica regular de ejercicio físico, la forma en que decidimos afrontar nuestro día a día, abogando siempre por la mesura. Un concepto bastante más complejo que la restricción calórica, donde todo parece enfocarse a la consecución de una meta —perder kilos— más que en cambiar el estilo de vida. Tal y como recogió en su obra *Aforismos y Sentencias*, «ni la saciedad, ni el hambre, ni cosa alguna que exceda lo que la naturaleza quiera, es buena». Se conoce que el padre de la medicina moderna era un aristotélico de manual, recuerden: «la virtud es una disposición voluntaria adquirida que consiste en un término medio entre dos extremos malos, el uno por exceso y el otro por defecto».

Por otro lado, Nishi y Seki tienen razón al afirmar que la ingesta alimentaria es estimulada por una serie de neuronas del hipotálamo. Estas neuronas hipotalámicas son capaces de detectar un descenso en el nivel de una hormona —leptina— liberada por las células grasas —adipocitos—, indicándonos cuándo y cuánto debemos comer. Gracias a los trabajos realizados por Douglas Coleman y Jeffrey Friedman a finales del siglo pasado, se logró establecer que la leptina guarda estrecha relación con el gen *ob* —de *obesity*—, puesto que los ratones que presentaban alteraciones en este gen mostraban rasgos obesos. Coleman infirió que los ratones *ob/ob*, es decir, con las dos copias defectuosas del gen, eran incapaces de escanear de forma acertada su nivel de grasas y su hipotálamo les ordenaba seguir comiendo. Esta motivación anormal para la ingesta está mediada, por tanto, por genes, hormonas, receptores y, en última instancia, el cerebro —o, al menos, una zona muy concreta de él—. Según Kunishiro Seki y Yoshito Nishi, la coca y alguno de sus principios activos jugarían el papel de estimulantes del centro de saciedad que, recordemos, se localiza en el hipotálamo.

Por desgracia, la realidad es siempre poliédrica. Si un humano sufriese de un déficit en la producción de leptina —del griego *leptos*, delgado— bastaría con administrarle un suplemento de la misma y esperar a que la persona se estabilizara en un peso cercano al ideal, ¿no? Una cura milagrosa para una enfermedad, la obesidad, que causa unas ciento treinta mil muertes anuales en nuestro país. Lamentablemente, las mutaciones que afectan al gen que codifica la leptina —gen *ob*— son infrecuentes. Y lo que es aún más raro, los obesos suelen mostrar niveles anormalmente elevados de leptina en sangre, indicativo de que algo no funciona correctamente. ¿Quizá la leptina no es capaz de cruzar adecuadamente la barrera hematoencefálica? ¿quizá haya una expresión reducida de receptores de leptina en las neuronas del hipotálamo ¿Todo ello suponiendo que la causa fuese única y no una mezcla, o que se deba exclusivamente a causas genéticas y no a la influencia de factores ambientales. Para enmarañar más el asunto, sabemos que la expresión del gen *ob* es hasta un 75 % más alta en mujeres obesas que en hombres obesos. ¿Qué quiere decir esto? Pues que las hormonas sexuales están implicadas en la regulación del gen *ob*. ¡Menudo lío!

La propuesta de Nishi y Seki resulta inapropiada por, quizá involuntariamente, trivializar un proceso neurofisiológico que aún no conocemos por completo, aunque cada día estamos más cerca de hacerlo. Es cierto que la concentración de cocaína en las hojas de la planta es baja —entre 0,4 % y 1 %—, aunque algunos trabajos agronómicos han ido encaminados a «enriquecerla» para hacer aún más rentable el proceso de obtención y elaboración de polvo de cocaína. Recordemos que en 1961 la hoja de coca fue incluida en la *Lista I de la Convención Única sobre Estupefacientes de las Naciones Unidas*, quedando sujeta a un estricto control que limita su uso exclusivamente a actividades científicas o médicas. ¿Podría ser este uno de esos supuestos médicos o científicos? Resulta difícil creerlo, pues conocemos los efectos devastadores que tiene la cocaína sobre el cerebro humano. Por más que queramos autoconvencernos de lo contrario alegando que el contenido de alcaloides en la hoja de *E. coca* es bajo, lo que está claro es que la única cantidad de cocaína que resulta inocua para nuestros organismos es cero. ¿Actúa la cocaína o cualquier otro principio activo de *E. coca* sobre los receptores de leptina hipotalámicos? ¿Y si la mutación que impide que la leptina sea reconocida por los receptores cerebrales también imposibilitara la unión de otros ligandos, como los principios activos de la hoja de coca? Son muchas las preguntas que quedan sin respuesta, por lo que no se puede legalizar el consumo de hojas de coca como producto «dietético». Todo esto sin olvidar que, quien tiene acceso a la hoja de coca, puede elaborar y comerciar cocaína inhalable.

La filfa literaria montada por Nishi y Seki tiene aún menos recorrido si añadimos, primero, que no se ha demostrado que exista una correcta absorción mediante la práctica del «coqueo» de vitaminas

—B y C—, de calcio o de fósforo. Ni la hoja ni la harina extraída de esta pueden considerarse bajo ningún concepto alimentos que puedan ser incluidos en dieta alguna. En segundo lugar, dado el escaso valor nutritivo de las hojas de coca, el «coqueo» o «acullico» no puede ser definido como actividad alimentaria y, por tanto, su consumo no puede considerarse inocuo ni un hábito saludable. ¡Y mucho menos como complemento dietético o «promotor» de la pérdida de peso! Así, se han descrito casos en los que un consumo desmedido y prolongado de hojas de coca ha desencadenado episodios de arritmias cardíacas, aumento de la presión arterial, náuseas, vómitos, diarreas y fuerte dolor estomacal.

Por si no ha tenido suficientes argumentos, mencionaré que en el año 2012, investigadores de la Universidad de Yale demostraron que las mismas neuronas que controlan el apetito también están relacionadas con la atracción por las drogas. De esta forma, Marcelo Dietrich y sus colaboradores publicaron en *Nature Neuroscience* un *brief communication* titulado *AgRP neurons regulate development of dopamine neuronal plasticity and nonfood-associated behaviors* —Desarrollo de plasticidad neuronal dopaminérgica y comportamientos asociados a la anorexia regulados por neuronas AgRP—. En este estudio, sus autores habían conseguido bloquear o alterar la actividad de las neuronas AgRP hipotalámicas en ratones, las encargadas de regular el apetito. Sus conclusiones fueron llamativas:

«Estas neuronas promotoras del hambre [las AgRP] también son muy importantes para otras funciones [como el control de la fatiga, el sueño o la temperatura]. Su deterioro puede alterar la motivación y otros procesos cognitivos. […] Se piensa que la obesidad está relacionada con los circuitos cerebrales de recompensa, pero en nuestro estudio hemos comprobado que, aunque el mecanismo de recompensa sea alto, los sujetos pueden estar delgados. Al mismo tiempo, esto indica que hay grupos que no están interesados en la comida y son más susceptibles de volverse adictos a las drogas».

Dicho de otro modo, un menor interés por la comida podría ser indicativo de una mayor inclinación por el consumo de sustancias de abuso como, por ejemplo, la que nos ha ocupado a lo largo de estas páginas. Un motivo más por el que deberíamos ser cautos a la hora de proponer tan a la ligera el mascado de hojas de coca como posible solución contra el sobrepeso o la obesidad. Aun suponiendo que esta práctica suprimiese el apetito, si no nos alimentamos adecuadamente, hacemos poco deporte y, en definitiva, no llevamos un estilo de vida saludable… ¿Cómo se supone que vamos a perder peso? Los milagros no existen y la coca carece de principios activos que ayuden o faciliten la eliminación de ese exceso de grasas. El castillo de naipes empieza a tambalearse.

Determinados sectores quieren fomentar o atribuir a la hoja de coca bonanzas y propiedades de toda índole, pues desgraciadamente no son pocos los moradores andinos que subsisten únicamente gracias a su trabajo en las plantaciones de coca. Por eso se debe incentivar la creación de programas que faciliten la reconversión de este sector y tejer una intrincada red laboral capaz de crear valor añadido a los productos ofertados por estos colectivos tan vulnerables. De cualquier otro modo, el valor añadido vinculado a la coca acabará en manos de cárteles y charlatanes que lo único que buscan es hacer fortuna a costa de la salud ajena. Solo así el hambre de muchos dejará de ser el opíparo festín del que solo unos pocos privilegiados pueden disfrutar.

PARA SABER MÁS:

· Bear, M. F., B. W. Connors y M. A. Paradiso. *Neurociencia. La exploración del cerebro*. (4ª ed.). Altamar, 2016.

· Bray, G. A. «Leptin and leptinomania». *Lancet* 348 (1996): 140-41.

· Dietrich, M. O., J. Bober, J. G. Ferreira et al. «AgRP neurons regulate development of dopamine neuronal plasticity and nonfood-asociated behaviours». *Nature Neuroscience* 15, no.8 (2012): 1108-10.

· Duviols, P. *Procesos y visitas de idolatrías. Cajatambo, siglo XVII: con documentos anexos*. Centro de Estudiòs Andinos Bartolomé de las Casas, 2003.

· Friedman, J. M. et al. «Molecular mapping of the mouse ob mutation». *Genomics* 11 (1991): 1054-62.

· Golden Mortimer, W. *Peru: History of Coca. The divine plant of the Incas*. Palala Press, 2015.

· Guaman Poma de Ayala, F. *The first new chronicle and good government*. Hackett Publishing Co, 2006.

· Henman, A. *Mama coca*. La Oveja Negra, 1992.

· Hipócrates. *Tratados III: Sobre la dieta; sobre las afecciones*. Gredos, 1998.

· Hipócrates. *Aforismos y sentencias*. CreateSpace Independent Publishing Platform (versión ebook), 2016.

· Lönnqvist, F. et al. «Overexpression of the obese (ob) gene in human obese subjects». *Nature Medicine* 1 (1995): 950-53.

· Seki, K. e Y. Nishi. *Coca: Factor antiobesidad. Indagaciones científicas sobre causas, efectos y atenuantes del sobrepeso corporal*. Instituto Superior Ecuménico Andino de Teología, 2013.

· Seki, K. e Y. Nishi. *Coca: Sexualidad y longevidad*. Instituto Superior Ecuménico Anidno de Teología, 2014.

· VV. AA. *Manual de Neurociencia*. Síntesis, 1998.

Plantas terroríficas

«Los monstruos y los fantasmas son reales,
viven dentro de nosotros… Y a veces ganan»
Stephen King

«Los buscadores del horror persiguen lugares extraños y lejanos»
H. P. Lovecraft

Si tuviese la oportunidad de preguntar a los lectores qué entienden por miedo, seguro que muchos me dirían que se trata de una reacción adaptativa que se desencadena ante un peligro inminente. Los estímulos del miedo varían entre sujetos y son tan extensos que resulta una tarea hercúlea enumerarlos todos. Tanto se ha escrito sobre el miedo que hay quienes diferencian distintos tipos: cultural, vicario, condicionado… ¿Acaso no ha desistido de hacer algo solo por la expresión de pavor de un amigo o familiar después de contarle sus planes? También pondré el ejemplo de Albert, sometido durante su infancia a un experimento llevado a cabo por un tal Watson al que casi todos consideran padre del conductismo. Watson pretendía inculcar en el niño el miedo a las ratas, pero lo único que consiguió fue que desarrollara fobia a los perros, los conejos ¡y hasta a Santa Claus! Menudas Navidades debió pasar el chiquillo. Dicho lo cual, ya es hora de que pidamos disculpas a Albert en nombre de la ciencia.

Como hemos dicho, el miedo es adaptativo. Huimos, por norma general, de aquello que nos provoca pánico. Empero, hay una parte de nuestro cerebro que siente deleite y disfrute escuchando historias de fantasmas, de criaturas emergidas del abismo, de seres víctimas de algún demoníaco maleficio… ¡Vaya si nos gustan estas historias! De lo contrario, cómo pudo un programa como *Milenio 3* estar tantos años en antena bajo el cobijo de la todopoderosa Sociedad Española de Radiodifusión y cosechando, dicho sea de paso, buenos registros de audiencia según el EGM. Y lo que es más sorprendente, dando posteriormente el salto televisivo en horario de *prime time*. Vampiros, licántropos, chupacabras, conspiraciones, OVNIs... todo ello vende. Por más nos ponga la piel de gallina, ahí seguimos, pegados a la televisión cada noche.

Si usted piensa que es lo suficientemente racional y escéptico como para no caer en tonterías, le aconsejo que antes de seguir leyendo se acerque al dormitorio de sus hijos y se cerciore de que está todo en orden. No es que tema por el hombre del saco, es simplemente que muchas de estas historias de terror vienen disfrazadas de dibujos animados graciosos y traviesos. ¿Conoce *Yo-Kai Watch*? Pues este juego nipón adaptado a la televisión —y que cuenta con su propia publicación manga periódica— relata la historia de Keita Amano, un niño de once años que, en el momento en que iba a cazar un insecto para mostrárselo a su amiga, es asaltado por el *yo-kai Whisper*. Este le dice que con ayuda del reloj que le acaba de entregar podrá ver aquello que el resto de humanos no pueden: ¡fantasmas del folklore japonés! Exacto, los *yo-kai* son espectros —demoníacos o no— que, según la cultura del país del Sol Naciente, pueden tener partes animales, vegetales o ambas. Y es aquí donde yo quería traerle. Como ve, la serie recoge elementos del folklore que deberían causar miedo o, cuando menos, respeto, como los *tanukis*, uno de los más comunes de entre el amplio listado de espectros que maneja el programa.

Como imagino que se estará preguntando qué demonios es un *tanuki* —nunca mejor dicho—, le diré que se trata de un espectro travieso y jovial con aspecto de mapache. Suele representarse en publicidad agarrado a una botella de sake y a un fajo de facturas impagadas, pero en realidad, antiguamente se consideraba a los *tanukis* los encargados de gobernar todo lo presente en la naturaleza. De esta manera, si advertían que alguien dañaba el medio ambiente, tenían la potestad de cercenar la vida del agresor y convertir su espíritu en su siervo. Curiosamente, los japoneses también conocen como *tanuki* a una especie de cánido cuyo nombre científico es *Nyctereutes procyonoides*, originario de Corea, Japón y la región oriental de China. Quizá usted lo conozca como «mapache japonés».

Si usted es fan de las películas producidas por Studio Ghibli y ha visto *PomPoko*, invoco a su memoria lo que cantan los escolares al mismo ritmo que el himno bautista *Shall we gather at the river*, pues refleja a la perfección cuán arraigado está el mito en la cultura japonesa. La canción dice «Tan-Tan-*Tanuki* no kintama wa,/ Kaze mo nai no ni,/ Bura bura», algo que podemos traducir como «Testículos de tan-tan-*tanuki*,/ ni siquiera hay viento/ pero se mecen, se mecen».

A diferencia del *tanuki* mitológico, el real está incluido en el Catálogo Español de Especies Invasoras —Real Decreto 630/2013, del 2 de agosto— y representa un peligro para la fauna autóctona. Asimismo, es destacable señalar que se alimenta de pequeños mamíferos, aves, peces, reptiles, moluscos, setas, raíces vegetales e incluso carroña. Se ve que el alcohol le ha debido abrir el apetito al animalito.

Otro *yo-kai*, aunque menos conocido y con forma de árbol, es el *jubokko*, personajes recurrentes en muchas obras del historietista Shigeru Mizuki (1922-2015), uno de los dibujantes que más ha tratado el mundo *yo-kai*. De acuerdo con la cultura nipona, los *jubokko* son árboles que aparecen en antiguos campos de batalla y que tienen la particularidad de dejar una gran cantidad de muertos, ya que no pueden sobrevivir sin absorber sangre humana. Se dice que quien pasease por esos bosques sería apresado entre sus ramas, que le drenarían el fluido vital. Un demonio raro de narices.

Estudiosos del folklore japonés como Kunio Yanagita, Iwao Hino —que disfrutaba de formación botánica— o Tada Natsumi concluyeron que no existía registro de que ningún *yo-kai* clásico o fenómeno natural hubiese servido de inspiración para dar lugar a este *jubokko*. Por tanto, centraron el origen de esta particular criatura en la fecunda imaginación del dibujante Shigeru Mizuki y afirmaron que el origen del *jubokko* y otra treintena de *yo-kai* ahora populares coinciden temporalmente con el lanzamiento de la serie manga *GeGeGe no Kitaro* (1959). No obstante, yo —que no soy nadie— le he buscado una explicación racional, sin querer desmentir las tesis de Yanagita, Hino o Natsumi. En breve comprenderán.

Por si no le suena la historia de Japón, durante siglos varios clanes lucharon por el control político de las tierras del archipiélago. Especialmente violento y convulso fue el Período Heian (794-1185), cuando múltiples clanes pretendían tomar el control sobre la línea de sucesión al Trono del Crisantemo. Los Taira y los Minamoto, con sus respectivos aliados, lucharon durante más de cuatro siglos hasta que los Minamoto establecieron el Período Kamakura. Desde ese momento y hasta la llegada del Período Edo (1603-1867), los señores feudales estuvieron envueltos en diferentes conflictos, imponiendo su gobierno mediante la violencia y el derramamiento de sangre. Así, las Guerras Genpei (1180-1185), que ponen fin al Período Heian, coinciden con el germen del guerrero nipón que hoy conocemos con el nombre de samurái. No obstante, su figura se ajusta mejor a la de una élite militar con dotes de gobierno.

Sea como fuere, con el nacimiento de los samuráis también surgió un estricto código de honor y un simbolismo que aún forma parte de la cultura del país del Sol Naciente. Uno de estos símiles compara la esperanza de vida de los mercenarios con la flor del cerezo, conocida como *sakura*. Existe incluso una leyenda que afirma que los cerezos deben la coloración de sus flores a que los bosques fueron regados con la sangre de estos valientes combatientes, bien al caer durante la contienda, bien al quitarse la vida por medio del ritual de suicidio conocido como *seppukku* o *harakiri* —muerte por desentrañamiento—. Este ritual tiene hasta un poema de despedida, atribuido a Gensanmi —samurái jefe del clan Minamoto al comienzo de las Guerras Genpei—. Al ver que la batalla del río Uji-Gawa estaba perdida, decidió poner fin a su vida antes que caer prisionero del clan Taira y se dice que, entonces, pronunció las siguientes palabras:

«Como un árbol fosilizado
del que no se esperan flores
triste ha sido mi vida
destinada a no producir ningún fruto».

Si lee los mangas de Mizuki, observará que los *jubokko* que llevan algún tiempo sin «chupar» sangre humana parecen muertos, pero al encontrar una víctima de la que succionar fluidos, reverdece y retoma su aspecto lozano. Cuando sus tejidos ya no pueden procesar más sangre, esta rezuma por la corteza, otorgándole un aspecto dantesco… Aunque los botánicos conocemos varios taxones que sangran cuando se les practican cortes. Sí, es más, se los conoce como «sangres de drago».

La sangre de drago es una resina que se obtiene de cinco géneros diferentes: *Croton, Daemonorops, Pterocarpus, Dracaena* y *Calamus*. En total, son casi una veintena de taxones estrechamente emparentados los que muestran esta característica. Se utiliza como barniz, incienso e incluso como improvisado remedio frente a dolencias que van desde la cicatrización de heridas hasta la mejora en el desempeño sexual —¡cómo no!—. Menos místico resulta el uso de la resina de *Dracaena drago* —drago canario— o *D. cinnabari* por los lutieres italianos de los siglos XVII-XVIII, con la que barnizaban sus violines. Hoy día, algunos aceites corporales siguen incluyendo sangre de drago. Esto se debe a que presentan proantocianidinas oligoméricas que, al parecer y según estudios preliminares, hacen remitir la hinchazón de los eczemas y otros desórdenes cutáneos. Pero para hablar de las infinitas propiedades que se le han atribuido a la sangre de drago está Nicolás Monardes, quien en su tercera parte de *Historia medicinal de las cosas que se traen de nuestras Indias Occidentales* recoge lo siguiente:

> «Y de aquí adelante estaremos certificados qué sea sangre de drago y por qué se dice sangre de drago, pues su fructo da el nombre al árbol y a la goma y lágrima que de él sale, la cual traen excelentísima de Cartagena, que se hace por inscición dando unas cuchilladas en el mismo árbol, que, con ser árbol de muncha grandeza, tiene la corteza muy delgada, que con cualquier cosa se abre. Ansí mismo se hace no tan buena al modo como se hace la trementina en Castilla, que se vende en panes. La una se llama sangre de drago de gota, y la otra sangre de drago en pan. La una y la otra tienen virtud de retener cualquier fluxo de vientre, puesta en el vientre o echada en clisteres [enemas] y tomada por la boca. Hecha polvos y echados en la mollera, prohíbe los corrimientos de la cabeça a las partes inferiores. Aplicada en cualquier fluxo de sangre, lo retiene y estanca. Consuelda y conglutina las llagas frescas y recientes. Prohíbe que se caigan los dientes y hace crecer carne en las encías corroídas.Es color maravilloso para los pintores.Y sin estas tiene otras munchas virtudes. Yo pienso sembrar la simiente para ver si nascerá en estas partes».

Huelga decir que el látex es una sustancia compleja compuesta por gomas, aceites, azúcares, sales minerales, proteínas, alcaloides, terpenos, almidón y otras muchas sustancias más. Como curiosidad, cabe destacar que el color rojizo de la sangre de drago se debe al alto contenido de proteína albúmina que alberga la mezcla.

Aunque no hay pruebas de que el mito del *jubokko* tome como punto de partida esta curiosa situación, quizá sí sirvió de inspiración. Aunque fuese ligeramente. puede que los lápices y tintas de Mizuki pudieran recrear semejante mundo de fantasía porque la sangre de drago se extraía de taxones oriundos de Asia como *Calamus rotang*, *Daemonorops draco* o algunas especies de *Pterocarpus*. De hecho, estudiosos de su obra han apuntado que probablemente mezclara el significado etimológico de *Daemonorops* con las leyendas de los árboles devoradores de humanos que llegaban desde diferentes puntos del planeta. A partir de estas y conociendo el procedimiento de extracción de la sangre de drago, pudo dar origen al *jubokko*. A fin de cuentas, Mizuki vino al mundo noventa años después de que el botánico neerlandés Carl Ludwig Blume llamase «arbusto de espíritu maligno» —*Daemonorops*— a todo un género (*Rumphia*, 1838).

De lo que no cabe duda es de que Mizuki era una persona culta, apasionada por el arte, la literatura y el cine de su época. Como buen fan de ficción leyó —o eso se cree— la novela *The devil-tree of El Dorado*, publicada en 1896 por Frank Aubrey —pseudónimo de Francis Henry Atkins—. En esta obra se relata el descubrimiento de la legendaria ciudad de Manoa, sita en lo alto de la montaña Roraima, en la Guayana Británica, hasta donde llegará una expedición científica con el objeto de catalogar la flora y fauna del lugar, encontrando un árbol carnívoro devorador de hombres en la cima del Roraima. A priori, podría resultar novedoso, pero hay testimonios de Luciano de Samosata (siglo II d. C.) en los que se describen situaciones similares a la *pulp fiction* de Aubrey. La más conocida es quizá la leyenda de la planta devoradora de hombres de Madagascar, de la que se escribió lo siguiente:

«Los esbeltos y delicados palpos, con la furia de serpientes hambrientas acariciaron la cabeza de la mujer, y entonces, como si una inteligencia demoníaca se apoderara de ellos, se enrollaron de repente alrededor de su cuello y sus brazos; entonces, mientras [la mujer] chillaba salvajemente, la estranguló, envolviéndola en sus tentáculos, como grandes serpientes verdes, y con una brutal energía y rapidez infernal [...] devoraron a su presa».

La leyenda de que la planta devoradora de hombres de Madagascar pudo inspirar la novela del árbol demoníaco de El Dorado y, a su vez, servir de idea para la creación de los *jubokko*, tiene un comienzo más mundano. En 1878 el biólogo polaco Omelius Fredlowski recibe la carta de un explorador alemán llamado Carl Liche, que estuvo conviviendo durante un período de tiempo indeterminado con la tribu africana de los Mkodos, habitantes de Madagascar. Allí, Liche y su amigo Hendrich conocieron la cultura y tradiciones locales, entre las que se encontraba ofrecer sacrificios humanos a un siniestro árbol que «exudaba un líquido transparente, tan dulce como la miel y altamente tóxico y soporífero». Asimismo, este contaba con «seis tentáculos blancos, finos como juncos y casi transparentes, que se retorcían y enrollaban incesantemente».

Estos presuntos hechos dieron lugar a que, durante los años posteriores, numerosos expedicionarios y naturalistas se aventurasen a viajar hasta Madagascar para comprobar lo relatado por Liche en tan aterradora epístola. Así, a principios de 1920, el exgobernador de Michigan Chase, Salomon Osborn, intentó encontrar a los Mkodos y al árbol devorador de humanos sin éxito, pero comprobó que la leyenda estaba muy extendida entre nativos y misioneros. Quien sí da una respuesta más contundente en su libro es Roy P. Mackal, bioquímico y criptozoólogo de la universidad de Chicago. Mackal no encuentra ninguna fuente histórica que acredite la existencia de Carl Liche y hace hincapié en que los rasgos estructurales de ese árbol devorador de hombres no puede ser el resultado de una adaptación evolutiva eficaz. Por consiguiente, concluye que lo más probable es que Liche agrupase en su descripción rasgos que podrían pertenecer a plantas muy diferentes y sin ningún parentesco filogenético entre sí. Desestima la existencia del árbol —al menos en los términos en que fue descrito— y establece que semejante taxón solo es posible si lo crea una imaginación desbordante. No obstante, establece la posibilidad de que exista «una planta carnívora relativamente grande capaz de capturar pájaros u otras criaturas de pequeño tamaño. Todavía quedan grandes extensiones de selva, particularmente en las zonas centro-sur y del sureste de Madagascar, cuya exploración sería de gran interés para la ciencia».

Y efectivamente, en Madagascar existen plantas carnívoras como *Nepenthes madagascarensis* o *Drosera madagascarensis*. Eso sí, ninguna es tan grande como para atrapar pequeños vertebrados y ambas están lejos de mostrar trampas tan grandes como *Nepenthes rajah*, la planta carnívora más grande conocida hasta la fecha —su jarra ronda los treinta y cinco centímetros de diámetro—, endémica de los montes Kinabalu y Tambuyukon, en el Borneo malayo. esta, junto a *Nepenthes rafflesiana* y *N. attenboroughii* —cuyo epíteto específico rinde homenaje al célebre naturalista británico David Attenborough—, es una de las tres especies de plantas carnívoras documentadas que capturan mamíferos. Además de pequeñas ratas, *N. rajah* es capaz de capturar ranas, lagartijas e incluso pequeñas aves, aunque está en discusión si se trata verdaderamente de un recurso o si solo fueron animales enfermos que, casualmente, cayeron en su trampa. Por si fuera poco, las investigaciones se complican debido a que tarseros como el de Horsfield (*Cephalopachus bancanus*) abren ocasionalmente sus jarras para hacerse con la presa.

Existen muchas más leyendas sobre árboles con comportamientos carnívoros recorriendo el planeta Tierra: el Yateveo en Sudamérica, el árbol diablo en el Amazonas brasileño, el juy-juy en Argentina y Bolivia, el árbol devorador de perros en Nicaragua, el árbol Umdhlebi en Java... Son tantas y tantas las leyendas... Sin embargo, todas ellas comparten un mismo rasgo, presente también en los *jubokko* de Mizuki: ¿de dónde viene el imaginario de que las plantas devoradoras de humanos tengan tentáculos? Y lo que es aún más sospechoso, ¿por qué todas las leyendas de árboles antropófagos parecen querer resaltar este rasgo? Todos los criptobotánicos parecen coincidir en que los tentáculos podrían ser una exageración de las estructuras glandulares pegajosas presentes en taxones como los rocíos del sol (género *Drosera*). De hecho, estos «tentáculos» están tan especializados que existen en las hojas glándulas peltadas y sésiles, las primeras son responsables de la secreción de un mucílago dulce con el potencial de atraer y atrapar a las presas. Posteriormente, con la ayuda de las enzimas digestivas —peroxidasas, esterasas, fosfatasas y peptidasas—, degradarán al condenado a muerte. Por su parte, las glándulas sésiles absorben el caldo nutritivo resultante de la digestión de las glándulas peltadas. Como curiosidad, cabe decir que estas segundas pueden estar ausentes en algunas especies, como ocurre en *Drosera erythrorhiza*.

La peculiar forma en que se enroscan estas estructuras foliares una vez producido el contacto presa-depredador es lo que ha posibilitado que vulgarmente los llamemos «tentáculos». De hecho, la presa no puede escapar de este abrazo y acaba muriendo, bien de cansancio al forcejear para intentar escapar, bien de asfixia —a medida que el mucílago envuelve al insecto, va obstruyendo sus espiráculos respiratorios—. Y en este punto se vuelve a unir la ciencia y la leyenda. ¿Recuerdan el caso del árbol devorador de hombres de Madagascar? Pues verá, en Filipinas y buena parte del sudeste asiático existe una leyenda similar. ¿Su nombre? Duñak. en ambas leyendas los árboles usan tentáculos para atrapar a sus presas.

Obviamente, cualquiera que haya visto plantas del género *Drosera* sabrá que, de media, no suelen superar el metro de altura. Sin embargo, es probable que ignore que existen especies trepadoras dentro de este género que pueden alcanzar los cuatro metros, como ocurre con *D. erythrogyne*, taxón que puede llegar a vivir hasta cincuenta años gracias exclusivamente a su carnivoría. De hecho, se ha descrito recientemente que carece de la enzima nitrato reductasa necesaria para utilizar los nitratos procedentes del suelo. Curiosamente, la distribución de *D. erythrogyne* y otras *Drosera* trepadoras se circunscribe a la región occidental de Australia y parte del sudeste asiático. Asimismo, existen más de doscientos taxones dentro del género *Drosera* —sin contabilizar hibridaciones—, lo que aumenta la probabilidad de que esta estrategia de carnivoría se haya establecido en otras regiones del mundo. Por tanto, cabe preguntarse si el origen de todas estas leyendas de plantas antropófagas son fruto de la imaginación de alguien que observó una *Drosera* trepadora en acción. Al no saber explicar lo que había presenciado, decidió adornarlo con toda una pátina de extraordinaria fabulación que actualmente forma parte del folklore de diferentes naciones. Igual Mizuki llegó a una conclusión similar a la que estoy exponiendo y jamás lo reveló. *Chi lo sa?* No obstante, esta explicación sigue siendo más plausible que la existencia de espíritus demoníacos con complejo de Drácula que se apoderan de los árboles del bosque, ¿no?

PARA SABER MÁS:

· Anesaki, M. *Mitología japonesa: Mitos, leyendas y folclore del Japón antiguo.* CreateSpace Independent Publishing Platform. 2015.

· Benesch, O. *Inventing the way of the samurai: Nationalism, internationalism and Bushido in Modern Japan.* Oxford University Press, 2013.

· De Monardes y Alfaro, N. *Primera y segunda y tercera partes de la historia medicinal de las cosas que se traen de las Indias Occidentales que sirven de medicina.* Alonso Escribano, 1574. http://www.bibliotecavirtualdeandalucia.es/catalogo/es/catalogo_imagenes/grupo.cmd?path=86687.

· Ellison, A. M. y L. Adamec. *Carnivorous plants: Physiology, ecology, and evolution.* Oxford University Press, 2019.

· Foster, M. *The book of yokai: Mysterious creatures of Japanese folklore.* University of California Press, 2015.

· Hane, M. *Breve historia de Japón.* Alianza, 2011.

· Huzimoto, Y. e Y. Koichi. *Yokai museum: The art of Japanese supernatural beings from Yumoto Koichi Collection.* PIE Books, 2013.

· Kasulis, T. P. *La Filosofía japonesa en su historia.* Herder, 2019.

· Langenheim, J. H. *Plant resins: Chemistry, evolution, ecology, ethnobotany.* Timber Press, 2003.

· Ley, W. *Salamanders and other wonders: Still more adventures of a romantic naturalist.* The Viking Press, 1951.

· Mackal, R. P. *Searching for hidden animals: An inquiry into zoological mysteries.* Doubleday, 1980.

· Mori, K. *Yanagita Kunio: An interpretive study. Japanese Journal of Religious Studies* 7, no. 2-3 (1980): 83-115.

· Osborn, C. S. *Madagascar: Land of the man-eating tree.* Heliograph, 2012.

· Turnbull, S. *Samurai: The world of the warrior.* Osprey Publishing, 2006.

· VV. AA. *Catálogo español de especies exóticas invasoras.* Boletín Oficial del Estado, 185: 56764-56786, 2013.

Paseando por la mezquita

«Éste fue el teatro de su transitoria alegría y hermosura,
y allí estaban las huellas de su elegancia y regocijo.
¿Qué ha sido de ellos y dónde están? ¡Polvo y cenizas!
¡Habitantes de las tumbas! ¡Fantasmas del recuerdo!»
Cuentos de la Alhambra, de Washington Irving

«Un hombre cuenta sus historias tantas veces que al final
él mismo se convierte en esas historias.
Siguen viviendo cuando él ya no está.
De esta forma, el hombre se hace inmortal»
Big Fish, película de Tim Burton

Me reconozco un enamorado de la cultura árabe. Me parece el ejemplo perfecto de cómo integrar los valores orientales provenientes de las sociedades indias, chinas y persas con la tradición clásico-helenística occidental. Obviamente, tan amplia variedad de costumbres y tradiciones podría haberse fusionado en una amalgama incoherente de postulados y reflexiones con el único propósito de cohesionar y fortalecer el sentimiento de pertenencia a la tribu, por exclusión o por contraposición a los preceptos que definen a otras sociedades —es decir, soy árabe porque no soy chino o griego—. Sin embargo, la integración árabe de la visión oriental y occidental de la vida dio origen a que se forjase una escuela de pensamiento propia y única.

Algunos antropólogos afirman que cuando dos culturas coinciden espacio-temporalmente pueden originarse diferentes procesos de transculturación o adopción —total o parcial— de nuevas formas culturales. Uno de los fenómenos más estudiados es el de aculturación, donde la civilización que entra en contacto con una nueva cultura lo hace perdiendo, casi por completo, la propia. Por supuesto, junto con la lengua o el culto a una determinada deidad, también se incluyen contenidos como los mitos y leyendas. En el caso de la cultura árabe, sus cimientos fueron las obras más importantes de los pensadores orientales y occidentales, por lo que existe una mezcla de referencias mitológicas realmente curiosa y extravagante. Así, cuentan con su equivalente a nuestro ave Fénix, al que conocen como Roc, con una especie de zombie que en realidad es un demonio necrófago (*ghūl* en terminología árabe) y, salvando las diferencias, un licántropo al que otorgan el nombre de Qutrub. También forman parte de su mitología una criatura marina llamada Bahamut, que recuerda mucho al Leviatán de los hebreos, y una ciudad destruida y enterrada bajo las arenas del desierto por la ira de los dioses, semejante a nuestra Atlántida.

Por supuesto, a la cultura árabe también le dio tiempo a crear sus propios mitos. Los Nasnas o la encarcelación de un poderoso *jinni* en el interior de una lámpara maravillosa son algunos ejemplos. De hecho, si lee *Las mil y una noches* encontrará numerosas manifestaciones culturales fantásticas en sus páginas. Soy consciente de que para muchos historiadores esta obra no es más que una recopilación y actualización medieval del libro persa *Hazâr afsâna* —en castellano, «Mil leyendas»— que el cuentista Abu Abd-Allah Muhammad el-Gahshigar redactó en el siglo IX. Sin embargo, el caso sobre el que pretendo arrojar luz se encuentra en nuestro país, más concretamente en Córdoba.

Para dar comenzar debemos trasladarnos a los pies de Sierra Morena, a las afueras de Córdoba, a unos ocho kilómetros en dirección noroeste. Allí encontramos el yacimiento arqueológico de Medina Azahara, declarado Bien de Interés Cultural (1923) y Patrimonio de la Humanidad por la UNESCO (2018). Sin embargo, antes de relatar la leyenda de Medina Azahara —o una de las muchas que se cuentan sobre ella—, considero pertinente otorgar contexto histórico al corpus narrativo. Corre el año 750 cuando la dinastía de los omeyas, que hasta ese momento había gobernado el mundo islámico, es derrocada del Califato de Damasco por los Abasíes. Al perder la capital de su reino, Abderramán I el Emigrado huye a Al-Ándalus, donde proclama el Emirato de Córdoba en el año 756. A pesar de este acto, Abderramán I jamás se proclamó califa, es decir, jamás se consideró delegado del profeta Mahoma en la Tierra, al menos de cara a la opinión pública. En 929, el octavo emir omeya, Abderramán III, aprovechó la convulsa situación política que atravesaba Al-Ándalus para declarar la creación del Califato de Córdoba como forma de responder a las revueltas encabezadas por el hispano-godo Omar ben Hafsún. Este consiguió reunir una partida de mozárabes, muladíes y bereberes descontentos con la aristocracia dominante para poner freno a su desgobierno en lo que fue un ejemplo más de las muchas *fitnas* o guerras civiles que se sucedieron en el seno del islam entre el 656 y el 1031, cuando finaliza la conocida como *fitna* de al-Andalus. Tenga presente que hacia el 912 el

territorio que gobernaba Omar ben Hafsún iba desde Algeciras —
Cádiz— a Fiñana —Almería—, llegando casi a topar con Córdoba
en su extremo más septentrional, lo que suponía una amenaza para
el poder que pretendía detentar Abderramán III en la región.

Una vez aplastada la revuelta, aprovechó que recientemente
(año 909) se había creado el Califato Fatimí en el norte de África, de
corte chií, para hacer lo propio y declarar el Califato de Córdoba,
prueba del férreo control político-religioso que acababa de implan-
tar en la zona, donde no tenían cabida ni revolucionarios sediciosos
ni potenciales invasores, por más que los miraran con recelo desde el
otro lado del Estrecho de Gibraltar. Este es el contexto histórico en
que se levanta Medina Azahara.

Según los textos clásicos recogidos en la enciclopédica obra del
escritor e historiador tunecino al-Maqqari, dedicada al estudio his-
tórico-literario de al-Andalus, Abderramán III ordenó al alarife
Maslama ibn' Abdallah realizar los planos para erigir una villa como
símbolo del amor por su concubina favorita: Azahara. Las obras,
que comenzaron en el 936, continuaron incluso durante el mandato
de al-Hakam II, hijo y sucesor de Abderramán III. Hacia el año 946
tenemos ya datos de la existencia de un cierto trasiego entre Córdoba y Medina Azahara, puesto que se pavimentó el camino que
conectaba ambas localizaciones. Poco tiempo después se trasladó a
esta nueva ubicación, en las inmediaciones del Monte de la Desposada, no solo el aparato de gobierno del califato, sino también la propia *dar al-sikka* o casa de la moneda. Una ciudad en sí misma, dotada
de jueces, mezquitas e incluso una biblioteca que, según el propio
al-Maqqari, llegó a albergar cientos de miles de volúmenes en árabe,
latín y griego. Por supuesto, al ser donde se recibía a embajadores y
otros altos mandatarios extranjeros, la fastuosidad en los festejos se
incrementaba por la infinidad de jardines y fuentes con vistas al resto
de la ciudad y al valle donde, por supuesto, el conjunto destacase la
elevada posición del califa. Y hablando de jardines…

Se cuenta que Abderramán III mandó buscar a un viejo jardinero
de Bagdad, llamado Shams, que se encontraba en la remota Sijil-
masa, una ciudad medieval bereber al sur de Marruecos. El califa
declaró al jardinero el amor que sentía por su concubina Azahara,
deseaba hacerla feliz, pero era incapaz de conseguirlo. al parecer, el
motivo de su abulia era que añoraba contemplar las montañas nevadas de su infancia, que transcurrió a los pies de Sierra Nevada. La
empresa era aún más compleja, pues en Córdoba no nevaba nunca,

pero Shams le dijo que lo dejase todo en sus manos, que él, con ayuda de Alá, se encargaría de hacer realidad los deseos de Azahara. El plan de Shams consistió en seleccionar a un grupo de jardineros y labradores para replantar el Monte de la Desposada con almendros procedentes de Murcia. Así, mientras unos hombres talaban, otros hacían hoyos y colocaban los almendros. Todos trabajaban con un único objetivo: que al llegar el invierno, con la floración de los almendros, Azahara divisara la escena desde las ventanas de sus aposentos y recordase la nieve de la sierra granadina que la vio nacer. Manuel Pimentel recoge de manera brillante este pasaje en *Leyendas de Medina Azahara*:

> «—Amor, ¿cómo lo has conseguido? Es precioso, maravilloso, el mejor regalo que pudieras haberme hecho jamás.
> —Nada es imposible para Alá, cariño, que se apiada de los hombres humildes y tenaces que se esfuerzan por cumplir sus designios… y los míos. […]
> —¡Son almendros! —gritó Azahara con asombro—. ¡Sus flores blancas son las que asemejan la nieve! ¡Nunca vi nada tan hermoso, esta nieve aún brilla más que las de las montañas de mi infancia!»

Llega la hora de desmentir esta farsa del siglo X. ¿O debería decir desde el siglo XVI? Sí, la construcción de Medina Azahara está fechada en la primera mitad del siglo X, entonces, ¿cómo es posible que al-Maqqari recoja con tanto detalle estos acontecimientos seis siglos después? Lo cierto es que al-Maqqari tenía encargado escribir la biografía del historiador, político y filósofo andalusí Lisan al-Din ibn al-Jatib con motivo del 250 aniversario de su muerte. La obra, *Nafh at-tib min gusn al-Andalus ar-ratib wa dikri waziriha Lisan Addin b. Al-Hatib* —traducida como «Exhalación del olor suave del ramo verde de al-Andalus y el visir Lisan ed din ben Aljathib»—, acabó con una introducción tan extensa como el propio encargo, repasando y compilando obras de otros autores andalusíes, algunas de las cuales ya no se conservan. El resultado: la edición de la enciclopedia histórico-literaria más extensa del reino andalusí sumada a la más detallada biografía jamás escrita sobre al-Jatib, en la que recoge la vida y obra de sus antepasados, su correspondencia, su obra, un análisis de su estilo y la influencia de sus conocimientos en sus discípulos e incluso en sus hijos. Asombroso. Sin embargo, buena parte de los hechos que narraba en su obra, como la constitución del Califato de

Córdoba y la construcción de la villa de Medina Azahara, la conoció por testimonios de terceros.

Si se hace un análisis exhaustivo de las crónicas existentes de la época, ninguna de ellas menciona que la ciudad se construyese como regalo a una concubina de Abderramán III llamada Azahara. Es asombroso la cantidad de gente que sigue creyendo la historia a pesar de que el arqueólogo y exdirector de Medina Azahara, Alberto Montejo, la haya desmentido con argumentos. Imagino que Antonio Vallejo, nuevo director, seguirá haciendo lo propio en la actualidad.

Ya se sabe que las mentiras repetidas cien veces, aunque no se conviertan en realdidad, sí ganan un hueco en la verdad del pueblo. Lo cierto es que la construcción de la villa no era más que una exhibición del poder económico y político del califa Abderramán III. De hecho, según el historiador Felix Arnold, el nombre Medina Azahara podría traducirse como «ciudad radiante», toda una declaración de intenciones. Además los fatimíes llamaron a una de sus más esplendorosas ciudades Madinat al-Qahira —actual El Cairo—, es decir, «ciudad victoriosa». Por el contrario, si tomamos por bueno el argumento aportado por Jonathan Bloom en su *Architecture of the Islamic West: North Africa and the Iberian Peninsula*, 700-1800, el nombre respondería a una afrenta de Abderramán III a sus enemigos fatimíes, quienes se declaraban descendientes directos de la hija de Mahoma, Fátima az-Zahra.

Hasta aquí la primera mitad de la leyenda, la que argumenta que la ciudad fue construida por orden de Abderramán III como símbolo de su amor por Azahara. En la otra mitad se afirma que Abderramán III contrató a un reputado jardinero para que plantase en Sierra Morena tal cantidad de almendros que, una vez florecieran en el mes de febrero o marzo, recordasen a Azahara las cumbres nevadas de su ciudad natal. Un gesto realmente romántico, pero más falso que un euro de corcho, ya que en la ladera del Yabal al-Arus, o Sierra de la Desposada, y sus alrededores se han intentado sembrar almendros siempre con nulos resultados. Precisamente, en los años sesenta del siglo pasado se desarrollaron varias iniciativas para su implantación, pero no prosperaron debido a las condiciones del medio —principalmente edáficas—, que hacían imposible su supervivencia. De hecho, aunque los almendros prefieren suelos arcillo-arenosos, muestran una especial apetencia por suelos ligeros, fértiles, profundos y bien drenados, cuyo rango de pH ronde entre 6.5 y 8, algo diferente a las arenas graníticas que pueblan Los Arenales o a los suelos carbonatados de Las Solanas del Pilar, la Priorita o Santa María de Trassierra. Por tanto, por muy buenos jardineros y agrónomos que contratara Abderramán III, parece imposible que pudiese sustituir satisfactoriamente la vegetación nativa de la zona: el bosque mediterráneo compuesto principalmente por encinas y alcornoques y al que, recientemente, se han unido *Pinus canariensis* procedentes de la repoblación, que toleran muy bien suelos pobres y secos.

Curiosamente, hace relativamente poco se han implantado en los terrenos y colinas circundantes a Santa Cruz, sita a veintidós kilómetros de Córdoba, almendros de la variedad 'Lauranne Avijor' y 'Marta'. Precisamente, la variedad 'Marta' se obtuvo en 1985 en el Centro de Edafología y Biología Aplicada del Segura (CEBAS), en Murcia, a partir del cruce de almendros de la variedad 'Ferragnès' y 'Tuono'. Ambas variedades parecen resistir bien los terrenos calizos y, lo que es más importante, son resistentes a la mancha ocre, enfermedad producida por el hongo patógeno *Polystigma fulvum*, que causa importantes pérdidas económicas a los agricultores.

Hoy día sabemos que Abderramán III no plantó almendros en la Sierra Morena cordobesa por amor a ninguna concubina. Ahora mismo estará murmurando aquella canción de Medina Azahara entre dientes, ¿la recuerdan? Mientras cantiñean aquello de «y mi cuerpo destrozado, lleno de ira y desprecio por tantas humillaciones que hace el pasar por el tiempo» piensen que en el corazón de toda leyenda hay un grano de verdad, aunque en este caso sea del tamaño de una almendra. Las leyendas no necesitan tener sentido. Y aunque solo sea por estos insignificantes motivos, hay que visitar Medina Azahara. ¡Que no se diga que no visitamos a los abuelos!

PARA SABER MÁS:

· Acién, M. *Entre el feudalism y el Islam. Umar ibn Hafsún en los historiadores, en las fuentes y en la historia.* Universidad de Jaén, 1994.

· Anónimo. *Las mil y una noches.* Austral, 2013.

· Arnold, F. *Islamic palace architecture in the Western Mediterranean: A history.* Oxford University Press, 2017.

· Bloom, J. *Architecture of the Islamic Western: North Africa and the Iberian Peninsula, 700-1800.* Yale University Press, 2020.

· Ibn-al-Kalbi, H. *Book of idols.* Princeton University Press, 2015.

· Catlos, B. A. *Kingdoms of faith: A new history of Islamic Spain.* Basic Books, 2017.

· Gómez Galán, R. *Medina Azahara no se construyó como regalo a una concubine y otras nueve cosas que quizá no sabías.* Cadena SER, 2018. https://cadenaser.com/emisora/2018/08/02/radio_cordoba/1533210845_948205.html.

· Irving, W. *Cuentos de la Alhambra.* Espasa, 2001.

· Muncharaz Pou, M. *El almendro. Manual técnico.* Mundi-Prensa, 2017.

· Pimentel, M. *Leyendas de Medina Azahara.* Almuzara, 2014.

· Pons Boigues, F. *Ensayo bio-bibliográfico sobre los historiadores y geógrafos arábigo-españoles.* Estblecimiento tipográfico de San Francisco de Sales, 1898. http://www.bibliotecavirtualdeandalucia.es/catalogo/es/consulta/registro.cmd?id=100065.

· Porta, J., M. López-Acevedo y R. M. Poch. *Edafología: Uso y protección de suelos.* Ediciones Mundi-Prensa, 2018.

· Watts, A. *Mito y religión.* Kairos, 2002.

¡MENUDOS LUNÁTICOS!

Las estrellas son bellas porque tienen detrás una flor que no se ve». No sé si estoy de acuerdo con el principito, pero muy probablemente la botánica y la astronomía fueran las dos disciplinas científicas que el ser humano empezó a cultivar antes. Hasta la llegada del alumbrado público, las estrellas y la luna eran las únicas luces que bañaban nuestros sueños y, aunque es cierto que la metodología científica no se comenzó a desarrollar hasta mediados del siglo XVII con la introducción del telescopio, los humanos que precedieron a Galileo Galilei (1564-1642) ya conocían, por ejemplo, que con luna llena las mareas eran más pronunciadas: mareas vivas. Asimismo, muchos labriegos consideraban este momento el más idóneo para cosechar hortalizas de hoja como las acelgas, lechugas o espinacas. De esta forma, crecían más vigorosamente gracias al tirón gravitatorio ejercido sobre la Tierra por el sol y la luna. Por supuesto, huelga decir que también afecta a la savia. ¿Creían que era casual que conozcamos el plenilunio de mayo en el hemisferio norte como «Luna de las flores»? Pues también tenemos otras «lunas»: la de las frutas, la de la cosecha, la del grano e incluso la de la fresa en Latinoamérica, que se da en diciembre.

Durante la «Luna de la cosecha», al llegar el mes de marzo en el Nuevo Mundo, se recolectan calabazas, maíz y habas. Está claro que existe una correlación entre el plenilunio y la actividad agrícola realizada. Ahora seguro que comprende la relación que mencionaba entre la botánica y la astronomía. Pero como suele ocurrir, esta correlación no implica necesariamente que exista un vínculo causa-efecto. Recuerdo perfectamente que durante una visita micológica a la popular selva de Irati, algunos de sus pobladores más ancianos me comentaron que las mejores setas se recolectaban en noches de luna creciente. Obviamente, cuando uno es tan bien recibido en un lugar así agradece el gesto y la información, intentando dejar a un lado el asombro que le provoca escuchar semejantes afirmaciones.

Menos indulgente me muestro con los foros —presuntamente— especializados en micología en los que he leído esto mismo. ¡Personas con formación científica! Aunque estos foros micológicos se empeñen en demostrar la relación entre una buena cosecha de setas (*Hygrophorus marzuolus* o marzuelos, en el caso de la expedición a Irati) y la luna creciente, lo cierto es que nadie ha encontrado una pauta demostrable y reproducible. Sí hay estudios que parecen indicar que, si la eclosión del cuerpo fructífero del hongo coincide con la luna llena, los insectos parásitos las atacarán más porque, al hacer las veces de foco, tendrían una mejor visibilidad. Por si quedaran dudas, las condiciones que determinan la aparición de setas en el monte son el período de lluvias, la humedad del terreno y una temperatura adecuada para su desarrollo. En el caso de los marzuelos, la temperatura óptima de desarrollo se estima entre los 0 y 15° C, rango que debe mantenerse durante al menos diez o doce días. Y eso sin mencionar otras características como el pH del suelo, por ejemplo.

Que el ejemplo anterior no sea cierto no invalida el hecho de que un buen observador pueda, estudiando la flora que le rodea, sacar conclusiones sencillas y acertadas sobre el tiempo atmosférico. Sin ir más lejos, nuestros abuelos conocían con el nombre de «quitameriendas» o «ahuyenta pastores» (*askari-lore* en euskera, «flor de merienda») a una planta bulbosa que muchos confunden con lirios. En realidad se trata de *Colchicum montanum* y seguro que conoce a alguien que la tome para tratar esos cristales de ácido úrico que se acumulan en nuestras extremidades —enfermedad conocida como gota—. Bien, pues este principio activo se encuentra de manera natural en las plantas que conforman el género *Colchicum*, además de poner remedio a ese incapacitante dolor, esta planta advertía a los campesinos de la llegada del otoño, indicando que era el momento de que los pastores marcharan a la trashumancia. Si tiene oportunidad y pregunta a algún labriego de cierta edad por el origen de la palabra «quitameriendas», le dirá que, como su trabajo se rige por las horas de luz solar, al llegar el otoño y tener menos luz, se suprimía una comida diaria —la merienda— y se adelantaba la cena.

Por otro lado, si hay una familia intrínsecamente ligada a la astronomía esa es la de las *Asteraceae*, cuyo nombre de grupo nos indica que se asemejan a un astro. Si tiene a mano una margarita, lo entenderá. En su centro hay una estructura amarilla formada por centenares de flores tubulares densamente dispuestas de la que parecen surgir o partir radialmente unos pétalos blanquecinos que, en realidad, son también flores —en este caso, en lengüeta—. ¿Verdad que se parece a ese sol que solíamos dibujar cuando éramos pequeños? aunque quizá la planta más vinculada con el sol sea el girasol (*Helianthus annuus*). Empero, también encontramos otros taxones «florecidos por el Sol», que es lo que significa el género *Helianthemum*, que solo despliegan sus pétalos cuando la temperatura atmosférica es igual o superior a los 20° C. También los hay que solo florecen al llegar el invierno, como *Begonia x cheimantha* —en griego, la raíz *cheim*- hace referencia a esta estación del año—.

Por otro lado, la creencia en procedimientos tan poco científicos como las cabañuelas[1] tienen su refrendo en tradiciones como el estadounidense Día de la Marmota o la edición de una publicación tan patria como el Calendario Zaragozano, que empezó a publicarse por 1840 gracias a la confianza que tenía el pueblo en el astrólogo Mariano Castillo y Ocsiero, quien otorgó a esta publicación el gentilicio «zaragozano» como homenaje al médico y astrónomo Victoriano Zaragozano y Zapater. Sea como fuere, de aquellos polvos... estos lodos. No es extraño que todavía haya quienes creen que la astronomía y el estudio del horóscopo guardan alguna relación además del hecho de compartir doce nombres. ¡Doce constelaciones de un total de ochenta y ocho, que son cuantas componen nuestro firmamento según los trabajos del astrónomo belga Eugène Joseph Delporte (1882-1955)! ¿Qué ocurre? Pues que las predicciones realizadas son tan a largo plazo que el pueblo no suele recordar qué se pronosticó. O mejor dicho, no solían recordar, porque ahora disponemos de archivos de vídeo y bastaría con bucear entre cientos de horas de grabación hasta dar con lo que se emitió en el noticiero de una cadena concreta. Un trabajo tedioso, sí, pero que igual ayudaría a no dar cobertura mediática a quienes practican este tipo de pseudociencias. Me gustaría saber

---

1. Métodos tradicionales de predicción meteorológica a largo plazo sin base científica. Estudian la evolución de las nubes, la humedad del suelo, el viento y el comportamiento de animales y plantas durante los primeros veinticuatro días del mes de agosto.

qué piensan los meteorólogos. La atmósfera es un sistema tan caótico que pequeños cambios en lugares aparentemente remotos pueden acabar afectando a toda la meteorología, de hecho, esta forma de entender el tiempo atmosférico choca frontalmente con la idea de estudiarlo en cada municipio o comunidad autónoma como si fuesen entes independientes.

¿Quién en su sano juicio creería de verdad que el comportamiento de una planta puede decirnos si lloverá la próxima Cuaresma? Pues hay una planta a la que se le ha colgado el sambenito: la carlina (*Carlina vulgaris*), aunque no es el único mito que la persigue. De hecho, la leyenda ha perdurado durante tanto tiempo en el folklore popular que forma parte de su nombre científico. Durante la Edad Media, una epidemia de peste se cebó con las tropas de Carlomagno cuando se disponían a conquistar Roma y parece que en el momento en que el *Imperator Romanum gubernans Imperium* se retiró a sus aposentos para sopesar si seguir con la empresa expansionista, se le apareció en sueños un profético ángel portando en su mano la solución al problema. A la mañana siguiente, el hijo de Pipino III y Berta de Laon ordenó recolectar *Carlina vulgaris* y dar de beber a todos y cada uno de los miembros de su tropa el líquido resultante de su decocción. El botánico Cesalpino, conocedor de esta historia, propuso en el siglo XVI que la llamaran «planta de Carlomagno», nombre oficializado por Linneo en 1753 con la publicación de su descripción en la obra *Species Plantarum*. Si de algo sirve tener un biógrafo como Eginhardo es para procurarse la pervivencia de narraciones ficcionales como la anterior.

Por si lo relatado se antojase insuficiente, existe otro mito que afirma que la aparición o presencia de carlinas en nuestros montes está asociada a episodios de fuertes tormentas. Aunque este hecho es rotundamente falso, sí tiene un vínculo real relacionado con la fisiología de la planta. Los pastores establecieron una correlación causa-efecto entre cuán plegadas se encontraban las hojas de *Carlina vulgaris* y la posibilidad de precipitaciones. ¿Quiere decir esto que la planta predice el tiempo atmosférico —como he leído en revistas o suplementos —¿En absoluto. La carlina muestra esta particular habilidad que se puede explicar en términos fisiológicos y, en última instancia, evolutivos. Así, cuando las condiciones atmosféricas son favorables, las brácteas del involucro, unas estructuras foliares que «nacen» del pedúnculo floral de las Compuestas con el objetivo de protegerlas de las inclemencias del medio, se vuelven turgentes y se despliegan. Con esta acción se facilita que los polinizadores tengan acceso a la planta. En cambio, si el tiempo es desapacible, las brácteas pierden su turgencia y se pliegan, ocultando el polen y protegiendo las flores de agresiones externas como las inclemencias meteorológicas, que invalidarían el polen de la planta, puesto que en contacto con el agua se lisa —estalla—. Expresado en términos de rendimiento energético, la planta invierte mucho en producir gametos con los que engendrar descendencia, por tanto, si llueve pierde esos potenciales nuevos individuos. Vaya, lo mismo que nos decían los curas cuando hablaban del onanismo.

Obviamente, los sacerdotes no suelen tener muchos conocimientos botánicos —con ilustres excepciones, como la del jesuita Manuel Laínz y Gallo—. Eso sí, se saben todas y cada una de las narraciones en las que una planta está vinculada con un mito cristiano. Una vez me presenté en clase cargado de flores y plantas para ilustrar la lección que debía impartir. En un alarde de originalidad y de haber perdido completamente el oremus, me planté en el encerado con un crisantemo, algún híbrido comercial de *Chrysanthemum indicum*, y empecé a recitar el comienzo de la canción *Astronomía razonable*, de El último de la fila:

«Déjame asomar a tu sueño, amor,
ver al mundo opinar.
Ver lo que no vi, ser lo que no fui.
En tu amor naufragar.
Entregarme al vértigo salvaje
de una astronomía razonable.
Arropados por la bendición
del desorden lunar
dejaremos toda ley atrás divina o terrenal».

En aquel momento creo que ninguno de mis alumnos entendió lo que pretendía. Y visto con retrospectiva, yo tampoco lo debía tener tan claro, pero si algo debe enseñarnos el estudio de la Etnobotánica es el uso tradicional que le han dado diferentes culturas a esta planta. Empecé comentando que su nombre deriva de las voces griegas *krysous* —dorado— y *anthemon* —flor—, porque para los helenos el brillo de la flor no solo era semejante al del sol sino también al del oro. Mencioné que la casa real nipona había hecho de esta flor un símbolo, dando a entender que sobre la figura del emperador gira toda la nación, como si de un moderno modelo heliocéntrico se tratase. Para finalizar, les dije que muchas civilizaciones creían que esta flor era la reencarnación de una estrella que, por diferentes motivos, había caído en nuestra Tierra. Automáticamente, de entre el alumnado surgió una mano para decir que en Alemania cuentan una leyenda en la que un campesino llamado Hermann encontró, en la víspera de Navidad, a un niño que yacía en la nieve inconsciente. Sintiendo lástima por él, Hermann lo recogió y lo llevó a su hogar, donde junto a su mujer e hijos compartió la humilde cena de Navidad. Antes de irse a dormir, el niño reveló a sus anfitriones que se llamaba Jesús y, a la mañana siguiente, el único rastro de su paso por este mundo eran unos bellos crisantemos que crecían en el punto exacto del que, horas antes, Hermann lo había recogido. No sé si Jerry Siegel y Joe Shuster, creadores de Superman, conocían esta leyenda, pero la llegada a la Tierra del de Krypton guarda múltiples semejanzas con esta narración. Con esta y con otras similares, a poco que uno lea con detenimiento descubrirá que Clark Kent podría ser un compendio de deidades caídas del cielo —y, en algunos casos, transformadas en flores—. ¿No me creen?

Existe una vieja leyenda panameña, recientemente recogida en *Música* por la banda Saurom donde, los de San Fernando —Cádiz—, narran con su particular toque juglar metal el episodio amoroso entre una estrella y un humano. Tal parece que fue la atracción que sintió el astro por el joven, que cada noche tomaba forma de mujer para ir a verle mientras dormía, pero había una condición: si la descubría, los astros mayores la dejarían perecer en el mundo de los humanos. Lamentablemente, durante un episodio de duermevela el chico se despertó y vio el rostro de la chica, a la que abandonaran a su suerte. A partir de aquí hay dos versiones: una afirma que ambos amantes fueron felices y comieron perdices, pero en la otra, la osadía de la chica se salda con su fallecimiento y posterior conversión en una flor. Sin embargo, compañeros con los que he hablado y que conocen a la perfección la botánica panameña no han sido capaces de decirme a qué planta podría referirse este mito, unos apuestan por miembros de la familia Asteraceae como *Erigeron galeotti* o *Astranthium ortopodium*, otros proponen a la Orchidaceae Peristeria elata, conocida como flor del Espíritu Santo, taxón al que la UICN —Unión Internacional para la Conservación de la Naturaleza—otorga el estado de en peligro de extinción. Como no es la única estrella transformada en planta que encontramos asociada a mitos, me decanto por *Astranthium ortopodium*. Aunque reconozco que mi razón se basa meramente en cuestiones etimológicas. El epíteto genérico surge de la unión de dos voces griegas, *astron* —estrella— y *anthos* —flor—. ¿Se le ocurre mejor nombre científico para un cuerpo celeste que pasa a engrosar la lista de taxones botánicos? A mí no.

Otro mito similar, en este caso de origen guaraní, afirma que la joven Yasi Ratá había nacido con un mal incurable: su incondicional amor por los astros, concretamente por la luna. Vivía por y para este satélite y cuando aparecía, nuestra protagonista se vestía con sus mejores galas y pasaba la noche entera con «su amado». Llegó un día en que Yasi Ratá se desesperó por vivir tan alejada de su amado, así que decidió ir en su busca. Subió a uno de los árboles más altos de la selva misionera argentina con la intención de estrecharlo entre sus brazos pero, descorazonada al no conseguirlo, caminó apesadumbrada alcanzando, exhausta y con los pies ensangrentados, un lago de aguas limpias y claras donde se paró a reposar. Al ir a beber agua para calmar su sed, se vió reflejada en la superficie junto a la luna y pensó que debía tratarse de un milagro. Sin pensarlo, se lanzó al lago para fundirse en un abrazo con su amado, pero la imagen se desvaneció y las aguas se cerraron sobre ella. Tupá, Dios de la creación, se compadeció de la chica y acabó transformándola en una bella flor con hojas en forma de disco lunar de forma que, al abrirse, pudiera hablar con su platónico amor. Esta flor es el popular irupé (*Victoria cruziana*), una planta acuática perenne y endémica que habita las cuencas de los ríos Paraná y Uruguay. Como curiosidad, le recomiendo buscar la explicación que otorga el mito al hecho de que el envés foliar sea ligeramente pubescente y sus estomas muestren una coloración púrpura, aunque no debería resultarle complejo averiguar la respuesta.

Pero como mencioné, hay más casos de narraciones místicas en las que uno de sus protagonistas acaba convertido en pariente de la camomila o la manzanilla bastarda. Igual conoce la historia de la ninfa Clytia —no confundir con el género de Cnidarios—, que se enamoró perdidamente del dios del sol, Apolo, pero este no la correspondió y murió de pena, convirtiéndose en girasol para seguirle allá donde fuese. Aunque ahora los fisiólogos vegetales han demostrado que una vez *H. annuus* ha alcanzado la madurez —florecido completamente— miran permanentemente al este. ¿Con qué motivo? Varios estudios desarrollados en la Universidad de California han demostrado que aquellos girasoles que siguen al sol crecen y maduran sus flores mucho más rápido que aquellos a los que se les limita esta posibilidad. Además, las semillas producidas por los girasoles cuyas «panochas» se orientaron siguiendo al astro rey eran de mayor tamaño por dos motivos: 1) la inflorescencia se calienta al orientarse con respecto al sol, lo que atrae a un mayor número de polinizadores y 2) las anteras liberan el polen en función de la temperatura ambiental. Todo se acaba traduciendo en que si el sol incide en la inflorescencia desde el amanecer, expulsan el polen coincidiendo con el momento en que la mayoría de insectos se acercan a los girasoles. Por consiguiente, de esta forma aumentan sus posibilidades de éxito reproductivo. Una vez las flores han madurado completamente, parece que es mejor que la inflorescencia mire al este por si la polinización y/o fecundación no se hubiese producido aún. ¿Por qué esta obsesión por al este? Pues porque es por donde sale el sol. De esta forma además, la polinización o fecundación de la inflorescencia tendría lugar a primera hora del día. ¿Hay mejor forma de empezar el día que con arrumacos y sexo?

Como decía, son tantos los mitos y leyendas de estrellas que acaban convirtiéndose en plantas que seguramente me deje algunos en el camino. De hecho, le propongo como tarea buscar el mito de Edelweiss y su flor (*Leontopodium alpinum*), una joya botánica protegida en el territorio español y que se desarrolla en las cumbres de Sierra Nevada y los Pirineos —principalmente en el Parque Nacional de Ordesa y Monte Perdido—.

Y si los elementos usados en estas narraciones se repiten con frecuencia —en nuestro caso, estrellas y plantas— es porque forman parte importante de la protohistoria de los pueblos. Los mitos y leyendas forman la memoria colectiva inconsciente de la humanidad, por eso se transmiten de padres a hijos y de abuelos a nietos continuamente. Siempre se dice que los mitos nacen como justificación para sostener y legitimar una determinada estructura social o psíquica, pero rara vez mencionamos que conjugan nuestro pasado, presente y futuro y la astronomía también es culpable de que existan, pues el simple hecho de observar el cielo, cuajado de puntos iridiscentes, siempre ha despertado nuestro asombro. Posteriormente, ese asombro dio paso al desarrollo de la imaginación y la sensibilidad para, finalmente, dejarse caer en manos de la reflexión y la investigación. El desarrollo de esta ciencia es, actualmente, uno de los mayores aportes a nuestra sociedad. Pobres de nosotros si por reflexionar e investigar demasiado dejamos de desarrollar la imaginación y la sensibilidad con las mismas historias astronómicas y botánicas que, revestidas de testimonios fantásticos, nuestros antepasados contaban al calor de una hoguera.

PARA SABER MÁS:

· Berdonces, J. L. *Mitos y leyendas de las plantas en 100 pequeños relatos.* Curbet Edicions, 2014.

· Duncan, D. E. *Historia del calendario: El esfuerzo épico de la humanidad para medir el tiempo.* Emece Editores, 1999.

· Eginhardo. *Vida de Carlomagno.* Alianza, 2019.

· Gardiner, R. B., W. R. Jarvis y J. L. Shipp. «Ingestion of Pythium spp. By larvae of the fungus gnat Bradysia impatiens (Diptera: Sciaridae)». *Annals of Applied Biology.* 116, no. 2 (1990): 205-212.

· Gillingham, S. *Observar las estrellas: Una guía definitiva de las 88 constelaciones.* Cinco Tintas, 2020.

· Gubernatis, A. de. *Mitología de las plantas: Leyendas del reino vegetal.* José J. de Olañeta Editorial, 2002.

· Lacroux, J. y C. Legrand. *Descubrir la Luna.* Larousse, 2007.

· Mohrig, W. et al. «Revision of the black fungus gnats (Diptera: Sciaridae) of North America». *Studia Dipterologica* 19 (2012): 141-286.

· Pereira, M. J. «Entrevista a José Antonio Maldonado: «Las cabañuelas no se cumplen en el 99 % de las veces». ABC Sevilla, 23 de noviembre de 2013. https://sevilla.abc.es/sevilla/20131124/sevi-cabanuelas-cum-plen-veces-201311231933.html (Consultado el 1-10-2022).

Botánica cristológica

«Los errores tienen casi siempre un carácter sagrado.
Nunca intentéis corregirlos. Al contrario: lo que procede
es racionalizarlos, compenetrarse con ellos integralmente.
Después, os será posible subliminarlos»
Salvador Dalí

«El punto más alto que puede alcanzar un hombre
no es el del saber, ni el de la virtud ni el de la bondad,
ni el de la victoria, sino algo más valioso, más heroico y
desesperado; el sagrado sentir de lo poético»
Zorba, el griego, de Nikos Kazantzakis

Semana Santa es la mayor muestra de religiosidad popular a lo largo y ancho del mundo cristiano, pues es la conmemoración anual de la Pasión de Cristo, desde su entrada triunfal en Jerusalén hasta su muerte y resurrección. Durante estas fechas tienen lugar procesiones, penitencias, via crucis y demás representaciones de la Pasión y muerte de Jesucristo. Tanta expectación levanta —muy especialmente en Andalucía— que parece que no hay nadie en el mundo que quiera perderse semejante celebración. A menos que, como yo, usted también sea un ciudadano atípico.

No obstante, esto me permite abordar desde la imparcialidad más absoluta lo siguiente: alrededor de la Semana Santa existen un sinfín de mitos y creencias sin base científica alguna. De hecho, estas líneas se originaron en un viaje a Colombia hace más de una década, pues existe la creencia en Latino América de que al llegar Semana Santa, la tierra tiembla más. Así, los seísmos se consideran una suerte de mecanismo de defensa frente al dolor infligido al *Rex Iudæorvm*, que ha dado su vida para el perdón de nuestros pecados. Obviamente, esta situación parece carecer de base, sin embargo, lo cierto es que se basa en un hecho real, pues a las 8:15 horas del 31 de marzo de 1983 —jueves santo— un terremoto de magnitud 5.5 con epicentro en la ciudad de Popayán dejó doscientos ochenta y tres muertos, mil quinientos heridos y más de dos mil viviendas destruidas. Por supuesto, esta trágica noticia supone el caldo de cultivo perfecto para elaborar un mito, a pesar de que una breve consulta a la base de datos del Servicio Geológico Colombiano demuestre qué ocurrió. De entre los cincuenta y tres registros de eventos de gran magnitud que han azotado al país, solo dos han tenido lugar en los meses de marzo y abril, donde suele tener lugar la Semana Santa. De esta forma, al ya citado se suma el de la ciudad de Tumaco del 9 de abril de 1976. Aunque de magnitud 6.7, no coincidió con la última semana de Cuaresma.

Cualquiera que haya visitado Popayán, capital del departamento colombiano de Cauca, sabe que su historia reciente está escrita bajo los escombros de tragedias sísmicas. Ya el 25 de mayo de 1885 un fuerte seísmo destruyó la ciudad, dejando seis muertos y afectando también a las municipalidades de Tambo, Trujillo, Cali, Buga, Palmira y Tuluá. Por si fuera poco, entre estos dos episodios la ciudad sufrió otros dos terremotos: en 1967 y 1906. Resulta irónico pensar que ni los «elegidos» se libraron de la «furia» de la tierra, pues los terremotos de 1906 y 1967 tuvieron lugar respectivamente un 31 de enero y un 9 de febrero.

El mito de que los terremotos se intensifican al llegar la mayor semana de la religión cristiana no es lo más descabellado que habrá oído, porque lo cierto es que esta celebración está plagada de supersticiones aún más inverosímiles. Algunos ejemplos de esto son la extravagante prohibición de vestir de rojo para evitar atraer la presencia del diablo, la prohibición de mantener relaciones sexuales so pena de no poder separarse de la pareja hasta la próxima Pascua —algo que no sé bien si es exactamente un castigo— o el no poder comer carne durante el miércoles de ceniza y los seis viernes de Cuaresma —precepto que no se aplica a ortodoxos ni coptos—. Pero no solo se prohíbe el consumo de productos cárnicos, sino también el de huevos, lácteos y miel y, por supuesto, existen algunos trucos para saltarse dichas prohibiciones, como pagar una «bula de carne» a la Iglesia, pero el verdadero «truco del almendruco» de los fieles católicos consistía en elaborar una bebida similar a la leche animal a base de almendras y endulzarla con miel para camuflar el amargor de unos frutos de *Prunus* dulcis recolectados antes de tiempo. Muy probablemente, obtendrían estas almendras de variedades tempranas como 'Desmayo Largueta' o 'Ramillete', que alcanzan su máximo de floración hacia la primera quincena de febrero. Una gastronómica forma de «acogerse a sagrado».

Como no podía ser de otra forma, la botánica no es ajena a estos mitos, leyendas o supersticiones que rodean la Semana Santa y solicitó su cuota de protagonismo. ¿Cómo? Manifestándose en una amplia y variada simbología floral cristológica y mariana, heredera directa de los más ancestrales cultos a nuestros difuntos. No olvidemos que el exorno funeral pretendía, mediante el uso de fragantes y bellas flores, ocultar o disimular el olor a carne en descomposición mientras se velaba el cuerpo, práctica que en algunos casos podía extenderse durante varios días. La iglesia católica, conocedora de ello, utilizó la disciplina científica, que humildemente cultivó en su propio beneficio. Sin ir más lejos, en la II Cruzada las tropas cristianas que pretendían recuperar Tierra Santa para su causa evangelizadora adoptaron unánimemente el lirio o flor de lis como emblema, porque consideraban que cada uno de los tres pétalos eran la más perfecta manifestación del carácter uno y trino del dios cristiano. También ayuda que el rey Luis VI —o VII, los historiadores no acaban de ponerse de acuerdo— lo incluyese en su escudo de armas y que la casa real francesa fuese, junto con las monarquías cristianas ibéricas, una de las principales financiadoras del conflicto. Si no, ¿por qué iba a conocerse también a esta flor como «flor de Luis»? Los franceses y su márketing, ya saben. Y no les debió salir mal la campaña de propaganda y promoción de la flor de lis como flor de Cristo y de la cristiandad, porque se dedicaron a incluirla en todas las obras de carácter religioso. ¡No hay templo o talla que no tenga una en sus alrededores!

Y si la historia está plagada de ejemplos de simbología floral con toques cristológicos, también lo está la historia del arte. Ambas disciplinas forman un tándem perfecto, hasta el punto de que una es difícil de entenderse en su plenitud sin la presencia de la otra. En mi caso, cuando acudo a un museo busco primero los cuadros que representan algún motivo floral. Después, si queda tiempo, veo el resto de obras. Sé que es mucho lo que pierdo al actuar de esta forma, pero cada uno de nosotros tiene sus manías y la mía es esta: si tengo que elegir entre ver *Las Meninas* de Velázquez o alguna de las múltiples *Madonna dei garofani*, optaré por las segundas. Por suerte, durante mi visita a Munich en 2017 tuve el placer de disfrutar de la *Virgen del clavel* de Leonardo da Vinci, en la Alte Pinakothek. La imagen representa a María, aparentemente en pie, portando en su mano izquierda un clavel rojo que atrae la atención del infante Jesús, quien descansa sentado sobre un cojín. Al fondo, dos ventanas geminadas nos muestran un paisaje coronado por montañas nevadas. Según los historiadores del arte, el clavel (*Dianthus*, del griego «flor divina») evoca tanto el amor maternal como el destino final de la vida del niño, que acabará dando con sus huesos en la cruz. Asimismo, el rojo de la flor, si acudimos a la floriología o lenguaje de las flores, simboliza la aflicción por la muerte. Sea como fuere, voy a marcarme un Antonio Martínez Ares y «para entender qué hay detrás de sus colores, le traigo el lenguaje de las flores». Por ejemplo, el clavel se convirtió, por su olor, color y forma, en una insignia más de la crucifixión, aunque no es la única flor que ha sido vinculada con este fenómeno. Si atendemos a la tradición oral griega, la anémona (*Anemone spp.*) surgió de la sangre que manaba del cuerpo sin vida de Adonis después de que Afrodita la rociara de néctar, una belleza vegetal que tiempo más tarde adoptaría el cristianismo. Es más, hasta existe un cultivar usado para adornar las imágenes titulares de las cofradías: *Anemone coronaria* 'Santa Brígida', que suele cosecharse casi siempre en marzo.

Empero, esta vinculación no tuvo lugar antes del siglo XIII. De hecho, si lee el *Cantar de los Cantares* o la interpretación apologética que realizó de este libro bíblico el teólogo cristiano Orígenes Adamantius (184-253 d. C.), el clavel no aparece mencionado en sus páginas. Suponiendo que las palabras que le dedicara el teólogo británico Henry Chadwick (1920-2008) en la *Encyclopaedia Britannica* sean ciertas, sus tesis y postulados son valiosos por afirmar que «si la ortodoxia fuera una cuestión de intención, ningún teólogo podría ser más ortodoxo que Orígenes». Aunque sus ideas fueron ortodoxas para el cristianismo naciente hasta la celebración del V Concilio Ecuménico, el II Concilio de Constantinopla, celebrado en el 553, a partir de entonces dejaron de tener validez y pasaron a considerarse erróneas. Si en el *Cantar de los Cantares* no se menciona al clavel y no hay otro registro conocido hasta la fecha donde se vincule a esta especie vegetal con la Cristología, ¿en qué momento empezaron a asociarse con la Pasión de Cristo los taxones del género *Dianthus*? Es difícil precisarlo, pero muy probablemente su inclusión en la iconografía funeraria coincida temporalmente con el germen de la leyenda que «explica» que el surgimiento de esta flor se debe a que la sangre de Cristo cayó en la tierra. ¿Y saben cuándo surgió esta leyenda? Correcto, a mediados de la Edad Media. Desgraciadamente, lo que parece que ignoran los «ministros de Dios» es que la edad del género *Dianthus* se estima, dentro del enfoque más conservador, entre los 1.2 y 3.4 millones de años de antigüedad y, lo que verdaderamente clama al cielo en todo este asunto es que tardasen aproximadamente mil doscientos años en incluir el clavel como un representante más de la botánica cristológica. Máxime cuando además hay muchas clases que habitan la zona de Líbano, Siria o Palestina, como por ejemplo *D. libanotis, D. crinitus subsp. Crinitus* o *D. orientalis subsp. Nassireddini*. Por si todo esto fuese poco, el ortodoxo Orígenes Adamantius era un teólogo muy reconocido en la zona de Palestina. Algo huele a podrido en la Plaza de San Pedro. Todo parece ser, una vez más, una estrategia de márketing con la que adaptar la visión del cristianismo a las tendencias marcadas por el arte renacentista imperante en esos momentos. Igual que tres siglos después con la llegada del barroco. Obviamente, para cuando todo esto ocurrió Orígenes se encontraba ya criando malvas.

Hemos hablado de Semana Santa y de botánica, pero aún no he hecho mención a lo que mejor representa a esta festividad cristiana: la magia de las procesiones. Debo hacer mías las palabras que escribiese el grandísimo Juan Carlos Aragón, autor del popurrí de *La Banda del Capitán Veneno* (2008). Definió de la forma que sigue la pasión gaditana y andaluza por el desfile de estas tallas:

«Recuerdo que me contaron
la historia de Jesucristo,
un redentor por lo visto
que por eso lo mataron
y con su muerte fundaron
una religión que espanta
pero que al pueblo acercaron
en cada Semana Santa.
¿Y quién sería ese hombre
que en la Plaza de Palillero
vestido de nazareno
sobre un calvario de flores
la gente por los balcones
le derramaban saetas
como si fuera una fiesta
en honor a los dioses?»

El Concilio de Nicea (325) estableció que el Viernes Santo sería el primer viernes posterior a la primera luna llena tras el equinoccio de primavera (21 de marzo), por eso cada año la Semana Santa cambia de fecha. Por ejemplo, en 2018 el equinoccio de primavera tuvo lugar el 20 de marzo a las 17:00 horas —hora peninsular—, mientras que el plenilunio ocurrió el 30 de marzo. La concatenación de estos dos fenómenos permitió fijar el día 1 de abril como Domingo de Ramos. ¿Por qué cuento todo esto? Pues porque durante mucho tiempo existió el mito de que había una planta que siempre florecía el Viernes Santo, lo que le otorgaba unas propiedades mágicas y curativas sin parangón.

Me refiero, por supuesto, a la hierbabuena (*Mentha spicata*), aunque también podría atribuirse al toronjil (*Mentha x piperita*), el híbrido estéril obtenido del cruce entre la hierbabuena y la menta acuática (*M. aquatica*). De hecho, es frecuente que se confundan. Más allá de disquisiciones nomenclaturales y caracteres morfológicos, cuenta la leyenda que la hierbabuena —o toronjil— florecía el Viernes Santo y que, si se recogía ese mismo día, el recolector tendría buena suerte durante todo el año. Si el portador de esta buenaventura, además, la usaba para preparar infusiones con ella, sus virtudes —¿teologales o cardinales?— se potenciaban hasta el punto de curar cualquier dolencia que afligiera al que tomase la bebida resultante de su decocción. Creo que no es necesario argumentar demasiado que la hierbabuena muestra *per se* propiedades farmacológicas beneficiosas, bien conocidas sin necesidad de influencia divina externa, nuestros ancestros siempre la han usado por sus propiedades sedantes o para tratar dolencias digestivas como la dispepsia y las flatulencias. Uno de los principios activos responsables de su uso terapéutico es la pulegona, un monoterpeno de diez átomos de carbono cuyo punto de ebullición se encuentra en los 220 °C. Entonces, ¿por qué se le deberían otorgar propiedades curativas adicionales a las plantas de hierbabuena que floreciesen el día de Viernes Santo?

Lo cierto es que no hay una única explicación a este mito, pero muy probablemente se deba a la costumbre popular de realizar sahumerios con mirra (*Commiphora myrrha*), manzanilla dulce (*Matricaria recutita*), hierbabuena, cáscara de limón, albahaca (*Ocimum basilicum*), cidrón (*Aloysia citrodora*) y azúcar para alejar los malos augurios. Esta mezcla de plantas fue cayendo progresivamente en desuso por la dificultad para encontrar algunas de ellas al llegar la Semana Santa, como el cidrón, que suele empezar a florecer llegado el mes de mayo. Así, se pasó a quemar únicamente hierbabuena con azúcar para ahuyentar los malos espíritus, quizá porque eso era lo que tenían más a mano. Por supuesto, con el tiempo se estableció la equivalencia: si es útil en sahumerios, también debe serlo fresca. De esta forma, la propiedad protectora antes atribuída a la quema de hierbabuena pasó a ser algo intrínseco a la planta, indistintamente de su modo de uso. Sin embargo, ¿por qué debería ser especial aquella hierbabuena florecida el Viernes Santo? El motivo es casi divino, las flores de *Mentha spicata* y *Mentha x piperita* suelen florecer entre los meses de mayo y agosto, es decir, ver una flor de hierbabuena por Semana Santa es casi imposible, más aún si esta se celebra durante la primera quincena de abril o ese año la temperatura no es la adecuada. A todo lo anterior se añade que las flores de la hierbabuena son muy efímeras. ¡Como para que no sea especial encontrar una hierbabuena florida en Viernes Santo! Aunque quizá dotar a la hierbabuena de poderes extraordinarios no sea la celebración más adecuada. Las pseudociencias que hacen uso de elementos vegetales están al alza y esta leyenda no ayuda a desterrar este tipo de ideas del imaginario colectivo. Ya me entienden.

Algo similar ocurre con el representante de la familia *Melastomataceae* conocido en Brasil con el nombre de *quaresmeira* (*Tibouchina candolleana*). Se trata de una de esas especies de angiospermas leñosas, oriunda de la vertiente atlántica de selva tropical americana y utilizada en proyectos de arborización urbana por sus vistosas flores púrpuras. Además, florece dos veces al año: una vez entre los meses de junio-agosto y otra entre enero-marzo. ¿Ven ya por dónde pretendo ir? La creencia popular brasileña afirma que florece justo cuando llega la Cuaresma como manifestación de la «pasión y muerte de Cristo». De ahí que se le haya otorgado también este nombre vulgar. Si al hecho de que Brasil sea un país extremadamente católico se une que la celebración de la Cuaresma es un período de reflexión, penitencia y refuerzo de la fe, tenemos el caldo de cultivo perfecto para que arraigue esta leyenda. Sin embargo, la floración de esta especie arbórea no responde ni a caprichos divinos ni señala el comienzo de ningún período litúrgico. Las angiospermas siguen un delicado equilibrio metabólico entre las etapas fenológicas y las condiciones climáticas, independientemente de lo que indiquen los calendarios religiosos o civiles. De esta forma, la duración del fotoperíodo —ciclo luz/oscuridad— se considera el desencadenante principal en la expresión de los genes de floración, que están fuertemente controlados por la interacción de múltiples factores de transcripción. Además, existen otros factores ambientales modulando también la expresión de los genes florales, entre ellos la temperatura. Por ejemplo, en *Arabidopsis thaliana*, planta modelo por excelencia, la inducción floral se produce por la activación de un gen denominado Flowering locus T (FT) y por la acción de las hormonas giberelinas (GA). Asimismo, los genes Tempranillo1 (TEM1) y Tempranillo2 (TEM2) actúan como

115

represores de la floración y directamente sobre FT y los genes de síntesis de GA, que están regulados a su vez tanto por factores ambientales —la luz o la temperatura— como endógenos —la edad de la planta, en la cual intervienen unos microRNAs—.

No importa si usted es una persona religiosa o no, porque seguro que después de leer estas líneas ha comprendido la influencia cristológica —en sus tres etapas— en la botánica. Como en otros aspectos, la cristología ha dado origen a multitud de leyendas alrededor de plantas concretas con el objeto de acercar al público la Pasión del que los cristianos llaman «el Ungido» —significado de «Mesías»—. El Concilio de Nicea fijó la fecha de celebración de la Pascua para todo el ámbito católico occidental, sin especificar nada más. Cada país, posteriormente, ha ido construyendo sus propias celebraciones, lo que ha originado una serie de costumbres y una cultura propia que nos da identidad y forma parte del legado de nuestros antepasados. Cristianos practicantes y ateos, como en la canción de Paul McCartney, debemos vivir y dejar morir —*Live and let die*— en armonía.

PARA SABER MÁS:

· Alberigo, G. *Historia de los concilios ecuménicos* (3ª ed.). Ediciones Sígueme S. A., 2006.

· Alejandría, O. de. *Sobre los principios*. Ciudad Nueva, 2015.

· Bruneton, J. *Farmacognosia, fitoquímica y plantas medicinales*. (2ª ed.). Acribia, 2001.

· Calvo, G. *Verdades y mitos de la Iglesia católica. La historia contra la mentira*. Actas Editorial, 2019.

· Gubernatis, A. de. *Mitología de las plantas: Leyendas del reino vegetal*. José J. de Olañeta Editorial, 2002.

· Herteliu, C., P. Richmond y B. M. Roehner. «The influence of Lent on marriages and conceptions explored through a new methodology». *Physica A: Statistical Mechanics and its Applications* 532 (2019): 121768. https://www.sciencedirect.com/science/article/abs/pii/S0378437119310301#:~:text=Our%20analysis%20reveals%20a%20strong,effect%20to%20be%20much%20smaller.

· Instituto Nacional de Investigaciones Geológico-Mineras de Colombia. *El sismo de Popayán del 31 de marzo de 1983*. Ingeominas, 1986.

· Lorenzi, H. *Brazilian trees*. Nova Odessa: Instituto Plantarum, 2013.

· Marín, E. *Control de la floración por los genes tempranillo en respuesta a señales ambientales y endógenas*. Universidad Autónoma de Barcelona, 2013. https://www.tesisenred.net/handle/10803/129094#page=1.

· Salvo, A. E. y M. A. Vargas. *Botánica cofrade: Apuntes sobre el origen de la simbólica floral cristológica y mariana*. Arguval, 2019.

· Taiz, L., E. Zeiger, I. M. Møller y A. Murphy. *Plant physiology and development*. Sinauer, 2014.

EL GRAN MITO BOTÁNICO ESPAÑOL: UNA FÁBULA CON SOLERA

«Bien sé a cuántos contradigo,
y reconozco a los que se han de armar contra mí;
mas no fuera yo español si no buscara peligros,
despreciándolos antes para vencerlos después»
Francisco de Quevedo

Decía José María Aznar en *Cartas a un joven español*, que los españoles tenemos cierta inclinación al masoquismo histórico. En cierto modo, y con todo mi pesar, estoy de acuerdo con ello. Eso sí, hemos llegado a conclusiones similares partiendo de premisas que son diametralmente opuestas. Personalmente, soy de esos que creen que nuestra terquedad y persistencia en la ignorancia es la que propicia que repitamos errores pasados cíclicamente. Y no analizamos detenidamente el pasado porque, mantengo y defiendo a rajatabla, somos una sociedad que lee poco y mal.

Es común escuchar, sobre todo cuando se acercan elecciones, que España es el país más antiguo de Europa y que pocos acontecimientos históricos hay en el mundo tan trascendentes como su «nacimiento» como nación. Esta opinión, extendida entre buena parte de los correligionarios del movimiento político ultraconservador, no hace más que perpetuar falacias. Como que en 1492, con el fin de la Reconquista y la expulsión de los judíos de España, Isabel y Fernando fusionaron sus dos reinos. ¡Pero si hasta el siglo XIX las coronas de Aragón y Castilla tenían monedas propias y diferentes! Y es que estos señores desconocen el significado de los términos nación y Estado. Mientras que una nación se define mediante elementos subjetivos como que un grupo de personas compartan una misma cultura, un Estado implica el desarrollo de una serie de estructuras político-administrativas que permitan controlar un territorio y a las personas que lo habitan. Y en el siglo XV tales estructuras no habían sido creadas en nuestra nación.

¿Recuerdan esa frase que dijo Julio César mientras lo acuchilla-
ban repetidamente en las escaleras del Senado? Sí, el popular «¿Tú
también, Bruto, hijo mío?». ¡Pues tales palabras jamás salieron de
la boca del emperador! Si lo creemos es solo porque Shakespeare
las introdujo en su obra homónima, publicada en 1599. Tratándose
de la recreación teatral de un hecho histórico, muchos lectores han
creído que la escena ocurrió tal cual es relatada, sin embargo, si
atendemos al tomo V de las *Vidas paralelas* de Plutarco, se cuenta
que Julio César, «al ver a Bruto con la espada desenvainada, se echó
la ropa a la cabeza y se prestó a los golpes». La frase de la máxima
traición jamás fue pronunciada por aquel a quien se le atribuye. ¿No
resulta curioso? Para evitar seguir perpetuando falacias como estas,
deberíamos empezar a corregir —respetuosamente— a quienes
incurran involuntariamente en este tipo de errores. No porque tenga
yo necesidad de enmendar la plana a nadie, solo me gustaría evitar
que otros pasen por situaciones tan rocambolescas como la que viví
durante unas jornadas sobre preservación del medio natural. Preste
atención que se vienen curvas.

Imagínese ante un auditorio repleto de autoridades en el estudio
de la ecología mientras desglosa los motivos para preservar los humedales. Al final de la ponencia, se abre el turno de preguntas y, entre
el gentío, aparece la cara de un geógrafo reputado cuya intervención
es una de esas típicas pregunta/reflexión y, de golpe y porrazo, dice
que los humedales son, en términos ecológicos, poco importantes
y que su desecación supondría eliminar potenciales focos de palu-
dismo, además de afirmar que su «propuesta» también permitiría
reforestar esos terrenos con especies arbóreas autóctonas, algo que
España necesitaba. Sentí ganas de machacar a este catedrático de
la Universidad de Sevilla por trasladar una visión tan simplista y
sesgada de lo que era mi trabajo y mi ponencia. Por suerte, mi director de tesis me había advertido de la posibilidad de que este señor,
con quien también tenía asuntos pendientes, fuese invitado a tomar
partido en las jornadas y, con paciencia, me lancé a su yugular como
debe hacer todo buen científico: con datos.

Mientras esperaba que acabase su perorata, buscaba informes
y documentos con los que darle en los morros. Sin embargo, el
profesor de geografía soltó una frase que me dejó fuera de juego
por unos instantes, pero que me permitió aplicarle un mataleón de
manual. Apelando al público para granjearse su simpatía, algo que
siempre hacen los lobos con piel de cordero, esgrimió la siguiente

falacia *ad antiquitatem*: «¿Dónde ha ido a parar aquella España descrita por Estrabón en la que una ardilla podía recorrer la península desde Tarifa a los Pirineos saltando de rama en rama de árbol y sin necesidad de tocar el suelo?». Recuerdo que sonreí y con tranquilidad le respondí: «En la *Geographica* que no has entendido» y, una vez interrumpido, pasé a leer literalmente la cita de Estrabón en la que describe la Península Ibérica como «una gran extensión de montañas y bosques». ¿Dónde está la ardilla entonces? ¿España en tiempos de Estrabón era un vergel arbóreo comparado con el erial actual que parecía estar describiendo mi interlocutor?

En primer lugar, lo de que una ardilla pudiese recorrer la Península Ibérica de cabo a rabo saltando de árbol en árbol es un mito cuya autoría desconocemos, aunque el primero que escribe algo similar es Italo Calvino en el capítulo IV de *El barón rampante*, cuando pone en boca del joven Biaggio lo siguiente: «Yo no sé si será cierto eso que se lee en los libros, que en tiempos pasados un mono que hubiera partido de Roma saltando de un árbol a otro podría llegar a España sin tocar el suelo». Parece poco probable. El paisaje ibérico ha estado dominado principalmente por el bosque mediterráneo, con la existencia de bosques de coníferas —en cordilleras y zonas montañosas— y de grandes extensiones llanas desprovistas de árboles. Y poco más. Está probado por los historiadores que la mayor pérdida de bosque primario se produjo en España durante la Edad Media, cuando el aumento de la población fue directamente proporcional a la tala y desaparición de áreas boscosas, un fenómeno común en toda Europa, además, durante esa época los árboles también se talaban para conseguir leña con la que poder cocinar y calentar el hogar.

Nuestro desmesurado e impostado aprecio por los bosques es algo que me resulta fascinante. Los amamos por encima de cualquier otra formación vegetal y solo consideramos que un enclave tiene mucha vegetación si apreciamos una abundante arboleda. Resulta digno de estudio el espontáneo movimiento reforestador que surgió en España a partir de los años cuarenta del siglo pasado. Más aún cuando siempre ha sido un país con una larga tradición deforestadora. ¿Nos volvimos más considerados con nuestro patrimonio vegetal? Lamento decir que no, este «espontáneo» movimiento reforestador, perfectamente recogido por Miguel Delibes en su novela *Las ratas*, no tenía intención de servir al planeta, sino que esta manera indiscriminada y masiva de plantar árboles era la forma de hacer política del gobierno tecnócrata franquista, el mismo que mientras reforestaba unas zonas, desecaba otras como la laguna de la Janda —provincia de Cádiz—. Curiosamente, buena parte de los gobiernos y políticos actuales siguen arrastrando esta inercia, pues apremian los intereses económicos en lugar de las evidencias ecológicas. Recordemos que, mientras el ecologismo es un movimiento político y social, la Ecología es una disciplina científica, lo que quiere decir que su argumentario se apoya en evidencias y estudios que no están sujetos a debate o discusiones que trascienden el plano del conocimiento de la *physis*.

De una u otra forma, dictaduras y gobiernos democráticos mediante, esta forma de actuar ha instaurado una suerte de «tiranía» intelectual del bosque de la que también cayó preso mi interlocutor. Y es que su visión, además de estar sesgada, se negaba a estudiar con objetividad esa otra vegetación ibérica, la de los páramos de ambas Castillas, Las Bárdenas Reales en Navarra, las hoyas de Guadix y Baza, las llanuras endorreicas del interior, tan frecuentes en mi ciudad natal y en zonas cercanas como Espera, Lebrija o Las Cabezas de San Juan. Estas formaciones, inhóspitas, improductivas y en algunos casos también semidesérticas, no alentaban a su estudio. Este fue uno de los motivos por los que la mayoría fueron relegadas a cotos de caza o campos de tiro ante la connivencia o desidia de ingenieros forestales y geógrafos. Afortunadamente, trabajos científicos posteriores corrigieron ese déficit de conocimiento de quienes, instaurados en la «tiranía del bosque», se anclaron en una visión maniqueísta de la vegetación ibérica. La ciencia también puede adocenarse, ya que la estudian personas con pasiones e intereses espurios que pueden no querer implementar un cambio de paradigma que les haga perder su estatus preferente. Así fue como se empezó a dar importancia a una formación tan ibérica como el bosque y que imposibilitaba que una ardilla pudiese cruzar nuestra geografía saltando de árbol en árbol: la estepa.

Conocemos con el nombre de estepas ibéricas al conjunto de paisajes y formaciones vegetales dominados por pequeños arbustos, matas leñosas y macollas de hierbas tenaces, es decir, una estepa es como espartal o albardinal, lugares de elevado valor ecológico, paisajístico y etnológico. La importancia de estas formaciones vegetales que tienen como principales, aunque no únicos protagonistas al esparto (*Macrochloa tenacissima*) y el albardín (*Lygeum sparteum*), radica en que en ella viven un gran número de especies singulares y endémicas, principal motivo por el que su desaparición o degradación debería preocuparnos. Por ejemplo, el Dr. Santos Cirujano, en 1975, citó para un albardinal cercano al río Cigüela —Ciudad Real y Toledo— una gramínea identificada en un primer momento como *Helictotrichon filifolium*. Posteriormente, fue renombrada por Romero Zarco como *H. devesae*, lo que suponía la descripción de una nueva especie para la ciencia. Lamentablemente no se ha vuelto ver y actualmente, en la zona en la que Cirujano la recolectó, existe un área recreativa construida por la Junta de Castilla-La Mancha. Aunque expertos en el estudio de las gramíneas, como el propio Romero Zarco, no descartan que pueda sobrevivir en alguna localización cercana —lo que la convertiría en una especie en peligro de extinción—, la degradación de estas masas vegetales supone, además de una pérdida de biodiversidad, la pérdida de unos ecosistemas tan nuestros como los bosques.

Y es que no todo el monte es orégano. Los bosques son tan necesarios como los espartales y albardinales y no es científico seguir considerándolos estadios inmaduros de un ecosistema que «aspira» a convertirse en ecosistema, ya que solo tienden a regenerarse en caso de agresión o alteración. Y para desterrar del ideario colectivo esta arcaica idea creo que lo mejor será poner tres ejemplos donde las formaciones esteparias han desempeñado un papel importante en nuestra geografía. Podemos emprender nuestra travesía al pasado. Primera parada: Mesozoico.

La hipótesis de trabajo más consolidada afirma que no es posible que los dinosaurios pastaran gramíneas. De esta forma, el origen de la familia *Poaceae*, según el registro fósil más antiguo —granos de polen—, se remonta a hace aproximadamente cincuenta y cinco millones de años. Es decir, se trata de un período de tiempo posterior a la gran extinción del Cretácico-Paleógeno. Esto era una verdad inmutable, pero entonces se encontraron fitolitos identificados como restos de gramíneas en la dentición de un hadrosaurio basal conocido como «dinosaurio de pico de pato» (*Equijubus normani*), que vivió en China hace aproximadamente unos ciento diez millones de años. Aunque parezca una nimiedad, este hallazgo indica que las gramíneas ya estarían diversificadas para entonces, por lo que su origen es anterior a lo que se creía y, además, respalda la tesis de que las praderas y estepas de gramíneas fueran comunes —¿quizá en claros y bordes de ríos?— entre la majestuosidad de tantos helechos de porte arborescente.

Otra prueba a favor de la existencia «ancestral» de las estepas de gramíneas como ecosistema se remonta al período Messiniense, hace entre 5,3 y 7,2 millones de años, momento en que se produjo el choque tectónico entre la Península Ibérica y África, convirtiendo el primitivo Mar Mediterráneo en una masa de agua aislada del resto. Rápidamente, el *Mare Nostrum* se desecó y gran parte de su cuenca pasó a convertirse en un saladar, un tipo de estepa donde se establecieron progresivamente formaciones vegetales que ya estaban madurando en Asia. Posteriormente, durante el Plioceno (5,2-1,8 millones de años), las sucesivas crisis de aridez y frío, seguidas de períodos más húmedos y templados hicieron avanzar o retroceder estas formaciones esteparias frente a los bosques. Por si fuera poco, hace unos 3,2 millones de años el cierre del Estrecho de Panamá provocó un cambio en la circulación oceánica, estableciéndose en el oeste de Europa lo que actualmente conocemos como clima mediterráneo. De manera concomitante surgió la vegetación medi-terránea: las magnolias o secuoyas que ahora sobreviven en Norte-américa cedieron espacio a las plantas herbáceas y esclerófilas que dominan hoy nuestro paisaje. Asimismo, durante los períodos glacia-res del Pleistoceno (hace 1,8-0,1 millones de años) estepas extensas ocuparon las llanuras de la cuenca mediterránea. Mientras tanto, en los episodios interglaciares quedaron relegadas a zonas montañosas y páramos del interior. Es decir, la realidad que conocemos supone solo un breve episodio de fuego, pastoreo y tala/deforestación que han ampliado de manera poco significativa la extensión de unos eco-sistemas y biomas que ya existían en la Península Ibérica desde hace aproximadamente 4,5 millones de años.

¿Y cuál es la tercera parada? Aunque pueda parecer poco importante frente a las dos explicaciones anteriores, hace ya unos seis mil años —mucho antes de que Estrabón escribiese su *Geo-graphica*— las primeras culturas ibéricas ya trabajaban el esparto. ¿Por qué lo sabemos? Pues porque han aparecido útiles fabricados con este material en varios túmulos funerarios, pero lo que es aún más importante, numerosos historiadores romanos destacan en sus crónicas la importancia de las zonas áridas españolas definiéndo-las como el lugar en el que recogían y trabajaban el esparto, ya explotado durante las Guerras Púnicas. Para Roma, esta era una materia prima con interés estratégico para un ejército que usaba alpargatas como calzado y transportaba sus viandas en canastas elaboradas con esta fibra vegetal.

Nadie puede negar la importancia de los bosques y la dramática situación que supone su pérdida, no solo en términos de biodiversidad, sino también de economía. Piénselo: aproximadamente dos mil millones de personas en todo el mundo dependen directamente de estas formaciones. De ellas no obtienen solamente alimento, también extraen materiales de construcción, combustible, fármacos, cosméticos e incluso detergentes. La falacia de que en España todo estaba tapizado por árboles o arbustos no debe hacernos perder de vista que actualmente quedan en España unas trescientas cincuenta mil hectáreas de espartales. Curiosamente, a mediados del siglo XX la extensión estimada era de más de seiscientas mil hectáreas... La mayor parte de estas formaciones se encuentren protegidas legalmente debido a su riqueza ornitológica. La respuesta a la pregunta «¿estepas o bosques?» solo tiene una opción correcta: ambos.

PARA SABER MÁS:

- Calvino, I. *El baron rampante*. Siruela, 2021.

- Estrabón. *Geografía de Iberia*. Alianza, 2015.

- Plutarco. *Vida de César*. Rialp, 2016.

- Romero Zarco, C. «Revisión del género Helictotrichon Besser ex Schultes & Schultes fil. (Gramineae) en la Península Ibérica. I. Estudio taxonómico». *Anales del Jardín Botánico* 41, no. 1 (1984): 97-124.

- Romero Zarco, C. «Helictotrichon devesae, a new endemic grass species from Castilla-La Mancha (Central Spain)». *Anales del Jardín Botánico* 64, no. 2 (2007): 205-211.

- Shakespeare, W. *Julio César*. Austral, 2012.

- Terradas, J. *Ecología de la vegetación*. Omega, 2001.

- Valdés Franzi, A. & Herranz Sanz, J. M. *Matorrales de la provincial de Albacete: Espartales, romerales y tomillares*. Instituto de Estudios de Albacete, 1989.

- VV. AA. Cuarto Inventario Forestal Nacional. Ministerio para la Transición Ecológica y el Reto Demográfico, 2008. https://www.miteco.gob.es/es/biodiversidad/temas/inventarios-nacionales/inventario-forestal-nacional/cuarto_inventario.aspx.

- VV. AA. *Bosque Mediterráneo y Humedales: Paisaje, Evolución y Conservación*. Almud, 2018.

- Yan, W., Y. Hai-Lu y L. Xiao-Qiang. «Dinosaur-associated Poaceae epidermis phytoliths from the Early Cretaceous of China». *National Science Review* 5, no. 5 (2018): 721-727.

Primates con gusto por las plantas: mitos del siglo XXI

«La lección que he aprendido a fondo
y deseo transmitir a los demás es conocer
la felicidad duradera que el amor de un jardín da»
Gertrude Jekyll

«El veinticinco de junio
le dijeron «al Amargo»:
ya puedes cortar si quieres
las adelfas de tu patio»
Romance del emplazado, de Federico García Lorca

Nunca hubo un tiempo en que la especie humana no se relacionara con las plantas, sin embargo, hasta la agricultura, hace aproximadamente unos diez mil años, ese contacto prácticamente se limitaba a la búsqueda de alimentos y materiales con los que elaborar sus útiles. El ser humano fue adquiriendo sus primeros conocimientos botánicos gracias a la experiencia, explorando aquello que era apto para su consumo o le servía para desarrollar otra empresa más ambiciosa. Reduzco la cuestión al absurdo, los conocimientos botánicos se limitaban a dos categorías: «bueno para comer» o «útil como material de construcción».

Si como cantaba Camarón «la vida es un contratiempo», los primeros seres humanos paraban poco a deleitarse con el paisaje. Desconocemos con seguridad en qué momento desarrollamos el «gusto» por las plantas, pero numerosos autores apuntan que la jardinería aparecería como un subproducto de la vida sedentaria, tomando el rol de nexo entre Naturaleza y Humanidad. Con la creación de los primeros asentamientos humanos estables comenzaron a cultivarse numerosas plantas, seleccionando una serie de cualidades o características que resultaban de interés. Entre estas también se incluían, por supuesto, los motivos estéticos. Es más, es muy probable que los primeros «coqueteos» de nuestra especie con el exorno u ornato floral estén vinculados a ritos funerarios o celebraciones de culto a los difuntos.

Sin embargo, aquellos primeros jardines distaban mucho de ser los enclaves dedicados al ocio y esparcimiento —o la educación, si tenemos en cuenta los jardines botánicos— que conocemos en la actualidad. Actuaban más como corolarios de los sistemas agrícolas implantados en una determinada zona geográfica, hechos que podemos inferir a partir de algunos textos babilónicos. No debemos olvidar que Mesopotamia se considera la cuna de la civilización occidental y que precisamente allí se levantaron los famosos Jardines Colgantes de Babilonia, una de las siete maravillas del mundo antiguo, aunque aún hoy se discute si los Jardines Colgantes de Babilonia —que no estaban suspendidos en el aire— fueron una construcción real o fruto de la imaginación de los poetas clásicos. Así, aun existiendo diferentes registros de las obras de Nabucodonosor II (630-562 a. C.), no se ha encontrado ninguna que haga referencia a jardines escalonados. Por otro lado, la académica Stephanie Dalley, estudiosa del Antiguo Oriente y miembro del Oriental Institute de Oxford, sí reconoce la existencia de estos jardines, que habrían sido construidos por el rey asirio Senaquerib (705-681 a. C.) para el palacio que tenía en Nínive. Dalley afirma que el error radica en que los cronistas clásicos confundieron ambas ubicaciones, atribuyendo así la construcción a la Babilonia gobernada por Nabucodonosor II. Además, la propuesta de Dalley cuenta con el apoyo del registro arqueológico, ya que se ha descrito la existencia de un vasto sistema de infraestructuras hídricas —canales, presas y acueductos— de hasta unos ochenta kilómetros de longitud. Por si fuese poco, no muy lejos de Nínive han aparecido restos de jardines escalonados datados en unos siete mil años de antigüedad, lo que nos ofrece la idea de que los Jardines Colgantes de Babilonia no suponían tanto un hito desde el punto de vista de la innovación en ingeniería, sino del de la megalomanía de un regente concreto.

El Jardín Colgante de Babilonia —o Nínive— es solo un ejemplo de las múltiples formas de ornamentar con plantas espacios públicos y residencias particulares. Para ello, se usan estrategias o técnicas que podemos seguir admirando si visitamos La Alhambra —Granada—, el Palacio de las Tullerías —París—, el Palacio de Viana —Córdoba—, el Real Alcázar —Sevilla—, el Templo de Philae —Egipto—, el Jardín Botánico-Histórico de la Concepción —Málaga—… o nuestros coquetos pisos. Cada civilización ha creado diseños propios tomando como inspiración estilos anteriores o desarrollando desde el principio nuevos estilos de paisajismo. No obstante, todos son, en mayor o menor medida, herederos de aquel primer corolario o manual de agronomía mesopotámico. Sí, las plantas de interior que tenemos en casa también. Los cuidados que usted brinda a su poto (*Epipremnum aureum*) no son muy diferentes a los de aquellos egipcios que cultivaban en sus domicilios plantas en recipientes de arcilla. Eso sí, a diferencia de ellos, usted puede tener en casa plantas más exóticas. Le digo más, André Le Nôtre, jardinero de Luis XIV y encargado de diseñar los jardines del Palacio de Versalles y de Vaux-le-Vicomte, ¡plantaba los árboles en macetas y los resguardaba del frío para poder conservarlos durante todo el año!

Todos y cada uno de nosotros somos herederos de aquella moda que en el siglo XIX despertó el interés de las clases sociales más adineradas de la Inglaterra victoriana. Con la salvedad de que ni usted ni yo tenemos espacio en casa para instalar esas herméticas cajas con techos de vidrio que conocemos como invernaderos y cuyo verdadero nombre, cajas de Ward —en homenaje al médico y naturalista Nathaniel Bagshaw Ward—, nunca debió entrar en declive. No obstante, mis plantas de interior —y espero que también las suyas— se mantienen en perfecto estado gracias a unas pocas técnicas de jardinería, o eso quiero creer, porque cuando surgen dudas es posible que caigamos presa de mitos, leyendas y bulos. Que también los hay —y muchos— en esta disciplina.

Uno de ellos está estrechamente vinculado con el grupo taxonómico vegetal al que más aprecio tengo, quizá por tratarse de mi primera publicación científica: las orquídeas. En cuanto busque en Internet «¿cómo cuidar de una orquídea?» le aparecerán centenares de webs, blogs y foros sobre jardinería ofreciéndole los mejores consejos para cuidar de ellas. Curiosamente, suelen preguntar si se puede regar la orquídea usando cubitos de hielo. Unos dicen que sí, que ayuda a dosificar el agua que recibe la planta, ya que actuaría como un riego por goteo conforme se va fundiendo. Otros afirman que es una estrategia de márketing de determinadas casas comerciales para vendernos más plantas porque en su hábitat natural las orquídeas tropicales no viven en suelos helados y este procedimiento las somete a un estrés térmico que puede acabar matándolas. Como ven, opiniones a gusto del consumidor.

Antes de determinar quién tiene razón en esta disputa, cabe hacer una serie de consideraciones sobre la familia *Orchidaceae* a fin de desterrar nociones falsas del ideario colectivo. La primera es considerar que todas las orquídeas son plantas tropicales, a pesar de que la mayor diversidad de taxones se encuentren entre el Ecuador y los 23° latitud norte y sur, también podemos encontrar representantes a lo largo y ancho de toda la geografía terrestre, excepto en los polos. ¿O es que *Coeloglossum viride* var. *islandicum* es menos orquídea que sus parientes tropicales por el hecho de ser oriunda de Islandia o Groenlandia? En segundo lugar, la mayor parte de las orquídeas son epífitas, es decir, se desarrollan sobre ejemplares arbóreos —a los que no ocasionan ningún daño— que les sirven de soporte. Esto no quiere decir que todas hayan adoptado la misma estrategia, puesto que las hay enraizantes e incluso parásitas, como el género *Limodorum* —presente en la Península Ibérica—. Con esto pretendo demostrar que hacer generalizaciones sobre un grupo taxonómico con más de veinticinco mil especies —según las consideraciones taxonómicas de Dressler— no es buena idea, menos aún cuando la familia *Orchidaceae* está aún en proceso de especiación, motivo por el que es «tan fácil» obtener híbridos comerciales a partir de parentales geográficamente tan distantes. Al no haberse establecido todavía barreras de incompatibilidad espermática, ocurren estas cosas.

Con esta información, ya estamos en condiciones para establecer quién tiene razón. Me voy a remitir a las conclusiones derivadas del estudio a cuya cabeza se encontraba la fisióloga Kaylee South. En el artículo, titulado *Ice cube irrigation of potted Phalaenopsis Orchids in bark media does not decrease display life* —La irrigación con cubitos de hielo en orquídeas del género Phalaenopsis plantadas en macetas con corteza no disminuye su vida útil—, los investigadores dividieron ejemplares de cuatro cultivares diferentes de *Phalaenopsis* en dos grupos sometidos a las mismas condiciones ambientales. Con una salvedad: la mitad de los individuos de cada uno de los cultivares recibieron el agua en forma de cubitos de hielo, el resto recibió la misma cantidad de agua en fase líquida. Creo que podrá imaginar los resultados a tenor de la forma en que decidieron titular el artículo. No existía ninguna diferencia cuantitativa. No obstante, el estudio llega a una curiosa metaconclusión: ¡no sabemos cuidar correctamente de las orquídeas regadas con cubitos, porque somos incapaces de cuantificar la cantidad de agua que recibe en estado sólido! Dicho con otras palabras: si la planta necesita cien mililitros de agua, no podemos colocar en el tiesto tres cubitos de hielo a ojo de buen cubero —nunca mejor dicho— y considerar que ya es suficiente. Asimismo, South y sus colaboradores recogen en un trabajo publicado en la revista *American Society for Horticultural Science* que mientras el hielo no entre en contacto con ninguna estructura vegetal, no aparecerán manchas necróticas provocadas por bajas temperaturas. Así que ambos grupos tenían razón..., a pesar de su desinformación.

Lamentablemente, este no es el único truco que puede inducir a error —o es directamente falso—. No son pocos los *influencers* que nos invitan a añadir ácido salicílico al agua de los ramos de flor cortada para que crezcan y se mantengan lozanas durante más tiempo, usar posos de café a modo de abono, limpiar las hojas con leche y centenares de prácticas más. ¿Recuerdan cuando nos decían que poner música clásica y hablarle a nuestras macetas haría que crecieran más vigorosas y sanas? Como esto ya ha sido desmentido, me centraré en los ejemplos anteriores, menos conocidos e igual de jugosos.

Empecemos esclareciendo, por ejemplo, cuánta verdad hay detrás de la aplicación de ácido salicílico en el agua donde depositamos el ramo de flores. Se cree que con este proceso la flor cortada se mantiene durante más tiempo vigorosa, lo cual es cierto... a medias. Cuando compramos un ramo de flores solemos colocarlas en un recipiente con agua que, pongámonos serios, raramente se cambia. La «aspirina» que disolvemos en el agua, que como su nombre indica es un ácido, disminuye el pH del medio deteniendo con ello el crecimiento de aquellos microorganismos que estuviesen desarrollándose en el agua estancada. Esto favorece o ayuda, por tanto, a alargar el tiempo que podemos mantener la flor bonita. Sin embargo, añadir ácido salicílico al agua sin retirarla periódicamente solo le va a proporcionar unos días más de vida. En primer lugar, no acaba con los microorganismos que colonizan ese caldo de cultivo que es el agua del jarrón, solo los fastidia el tiempo en que el pH les es desfavorable, pero una vez restablecidas las condiciones para su desarrollo volverán a la carga. A esto hay que añadir un segundo condicionante, pues aun manteniendo el agua del jarrón limpia, el tallo se cavita —embolismo— y deja de transportar agua —o lo hace de forma deficiente—. Al no distribuirse homogéneamente el agua a través del tallo, la flor se marchita y para evitarlo lo ideal es ir cortando, pero claro, el número de cortes es finito. ¿Qué pretendo decir con esto? Pues que la flor cortada sigue sin ser eterna y que, por más que añadamos ácido salicílico al agua, acabará por marchitarse. Cambiando el agua, añadiendo ácido salicílico y cortando la vara periódicamente solo atrasamos lo inevitable. Por desgracia, la milagrosa pastilla de Bayer no es el suero del supersoldado que algunos quieren ver en ella. Y les doy un consejo: siempre que tengan oportunidad, regalen flores en macetas.

Vayamos ahora con el otro líquido que copa buena parte de los bulos relacionados con el cuidado de las plantas: la leche. No hay un

135

solo rincón del ciberespacio donde no se afirme que es muy recomendable limpiar con leche sus hojas para eliminar el polvo que se acumula en el haz. Aunque no lo crea, hay quien piensa que lo que se debe hacer es aplicar cerveza. Pero vamos a lo realmente importante: las plantas tienen una elevada capacidad electrostática para atraer el polvo, algo que en el medio natural no implica problema alguno, pues las hojas se limpian con el rocío de la mañana o el agua de la lluvia —ahí va una pista—, así que si no se retira de las plantas de interior, puede acabar provocando daños, haciendo descender la tasa fotosintética al disminuir la cantidad de luz que puede recibir y colectar la hoja. Asimismo, la clorofila se «degrada» a feofitina si pasa mucho tiempo sin recibir la luz del sol, perdiendo el átomo de magnesio que coordina su anillo tetrapirrólico. Lo que parece polvo inocente acumulado en el haz de la hoja, puede llegar a significar un problema grave. De ahí que aparezcan esos colores pardo-verdosos tan característicos del inicio de la necrosis foliar. Y aquí es donde alguien debió pensar... ¿por qué no limpio las hojas de mi poto con leche?

Ignoro si al impulsor de esta práctica le sobraba leche en casa, pero es una aberración. En primer lugar, la leche es más viscosa que el agua —2.2 cP a 20° C, frente a 1 cP del agua—, por lo que se va a adherir con mayor facilidad a la superficie foliar. Después, la leche contiene azúcares como la lactosa, por lo que los potenciales patógenos que pudieran querer atacar a nuestra planta lo van a tener aún más fácil, sin ir más lejos, insectos como los trips, una de las principales plagas de las plantas de interior. Dicho de otro modo, es como si indicásemos con balizas el camino hasta el plato principal a comensal no invitado y, no contentos con ello, lo acompañásemos de una jugosa guarnición. Si todo lo anterior se le antoja insuficiente, debería saber que muchos de estos trips transmiten virus, como los de la familia Tospoviridae que causan el manchado del tomate. Además, el ataque de trips suele abrir la puerta a posteriores incursiones fúngicas, pues nuestra planta ya está debilitada. Este truco lácteo se publicita como un tratamiento antifúngico eficaz en prestigiosas webs dedicadas a las noticias ¡deportivas!, lo que no debería tener mayor importancia si no atentara contra el código deontológico periodístico por no estar abierto a la investigación de los hechos, olvidar contrastar los datos de manera precisa y no saber —o no querer— diferenciar la información de la opinión —o bulo—. A cualquiera que le diga que me dediqué a informar de noticias deportivas locales...

Por último, ha llegado el momento de determinar si añadir los posos de café o las cenizas de la chimenea a nuestras macetas es una buena forma de abonar. De cualquiera de las dos prácticas puede encontrar muchísima información en foros de Internet y webs. Por ejemplo, sobre los posos de café se ha dicho y escrito que son un abono ideal rico en nitrógeno, fósforo, potasio, calcio, magnesio, azufre y todos los elementos de la tabla periódica que se le ocurran que puedan ser necesarios para el correcto desarrollo vegetal, pero además se afirma que agregarlo a nuestras plantas permitirá mantener a raya a plagas como los caracoles o las hormigas. Y, cómo no…, hablamos de verdades a medias. En primer lugar, porque por más que los posos de café sean ricos en los nutrientes anteriormente señalados, cada planta tiene sus requerimientos nutricionales. Por ejemplo, la absorción de nitrógeno y azufre deben estar balanceadas en una proporción correcta o de lo contrario podemos estar dañando a nuestra planta. Sin ir más lejos, el azufre, que suele ser un elemento limitante del crecimiento de las plantas, en exceso, inhibe la correcta absorción y distribución del nitrógeno. Como ve, la fisiología vegetal es algo compleja y nuestra planta solo se encuentra cómoda en un estrecho rango de valores de concentración de nutrientes, humedad o pH. Por cierto, que los posos de café también interfieren en el pH del suelo, pues como bien sabrá, contiene restos de cafeína, que es ligeramente ácida. Así, el café tiene un pH que vira entre 4.4 y 5.5, con lo que una adición sucesiva a la tierra de posos de café acabará acidificando el suelo, lo cual puede ser favorable si usted gusta de cultivar azaleas (*Rhododendron*) o arces japoneses (*Acer palmatum*), cuyo pH óptimo de crecimiento ronda 4. Por contra, un uso indiscriminado de estos podría acabar matando a otro tipos de plantas como clemátides (*Clematis montana*) o lilas (*Syringa meyeri* 'Palibin'), por citar algunos ejemplos, aunque no sean necesariamente plantas de interior. No obstante, aún hay más, pues Mohanpuria y Yadav publicaron en el año 2009 en la revista «Photosynthetica» un artículo titulado *Retardation in seedling growth and induction of early senescence in plants upon caffeine exposure is related to its negative effect on Rubisco* —El retraso en el crecimiento de las plántulas y la inducción de la senescencia temprana en las plantas tras la exposición a cafeína está relacionado con su efecto negativo sobre la Rubisco—. En él establecen que niveles de cafeína de 5 mM en los medios de cultivo detienen el crecimiento de las plántulas de *Arabidopsis* y plantas de tabaco e inducen la senescencia prematura de los plantones. Resultados similares obtuvieron también Khursheed y sus colaboradores cuando realizaron experimentos similares en Helianthus annuus 'Modern', pues observaron que a concentraciones bajas de cafeína —0.05 %— inicialmente se estimulaba el crecimiento, pero si la concentración se aumentaba —hasta un 2 %, por ejemplo— o se mantenían los plantones en este medio enriquecido con cafeína durante varios días, las plantas comenzaban su senescencia. Y hasta que se demuestre lo contrario, los posos de café contienen trazas de cafeína —entre treinta y cinco y setenta miligramos, muy lejos de los trescientos miligramos que podemos llegar a consumir en alguna taza de café—. Por más que páginas webs que maldicen la propedéutica científica digan lo contrario recurriendo a voces autorizadas como la de Linda Chalker-Scott para cargarse de —medias— razones, los posos de café son más un enemigo en jardinería que un aliado. Más aún cuando no sabemos utilizarlos correctamente. Y eso que no he mencionado nada sobre la capacidad de retención de agua de este «subproducto» de nuestras cocinas, cualidad atractiva de cara a que nuestras plantas desarrollen podredumbres o se vean atacadas por hongos. ¡Menuda ayuda!

Después de leer estas líneas habrá comprendido que la jardinería, que se define como el arte y la técnica de cultivar jardines tanto en espacios abiertos como cerrados, no es únicamente una disciplina artística, sino también científica. ¡Y hasta filosófica, si es que queremos adentrarnos en el fascinante mundo del ornato vegetal asiático! El término jardín, que deriva de la voz latino-germánica *hortus gardinus* significa, literalmente, «jardín vallado». A menudo, la valla que rodea nuestro jardín no es un cercado de madera, sino un muro de hormigón levantado sobre habladurías, supersticiones y mala praxis divulgativa —y/o periodística— que cuesta horrores talar. A pesar de la fama que podamos tener, los botánicos estamos dispuestos a ayudar —y aprender— en tareas vinculadas con la jardinería y los cuidados vegetales. Siempre dentro de los límites de nuestro conocimiento, habilidad y/o capacidad, por supuesto. A fin de cuentas, un colega me dijo que por más ínfulas que nos quisiéramos dar, los botánicos no éramos más que jardineros frustrados. Y por más que queramos pensar lo contrario, así es. Decía Silvio Fernández Melgarejo, un famoso rockero sevillano, que «todo el mundo va a lo suyo. Menos yo, que voy a lo mío». Ojalá empecemos a ir «a lo nuestro» y seamos capaces de construir conjuntamente un jardín que solo siembre el conocimiento y arranque de una vez por todas las malas hierbas de la anticiencia y las supercherías.

PARA SABER MÁS:

· Azcón-Bieto, J. & Talón, M. (2008). *Fundamentos de Fisiología Vegetal.* (2 ed.). McGraw-Hill Interamericana. 672 pp.

· Dalley, S. (1993). *Ancient Mesopotamian gardens and the identification of the hanging garden of Babylon resolved. Garden History.* Vol. 21 (1): 1-13.

· Dalley, S. (2013). *The mystery of the hanging garden of Babylon: An elusive world wonder traced.* Oxford University Press. 304 pp.

· Guénaux, J. (2018). *Entomología y parasitología agrícolas.* Forgotten Books. 608 pp.

· Khursheed, T.; Ansari, M. Y. K. & Shahab, D. (2009). *Studies on the effect of caffeine on growth and yield parameters in Helianthus annuus L. variety Modern.* Biology and Medicine. Vol. 1 (2): 56-60.

· Maldita Ciencia (2021). *Bulos sobre el café y sus posos: del desatranque de las tuberías al riesgo de cáncer.* (https://maldita.es/malditaciencia/20210628/bulos-sobre-el-cafe-y-sus-posos-del-desatranque-de-las-tuberias-al-riesgo-de-cancer/)

· Mohanpuria, P. & Yadav, S. K. (2009). *Retardation in seedling growth and induction of early senescence in plants upon caffeine exposure is related to its negative effect on Rubisco".* Photosynthetica, 47: 293-297.

· Röllke, F. (2010). *Jardín práctico: Orquídeas.* Editorial Hispano-Europea. 128 pp.

· Satz, M. (2017). *Pequeños paraísos: El espíritu de los jardines.* Acantilado. 176 pp.

· South, K. A., et al. (2017). *Ice cube irrigation of potted Phalaenopsis orchids in bark media does not decrease display life. HortScience,* 52 (9): 1272-1277.

CUANDO LA BOTÁNICA OBNUBILA NUESTROS SENTIDOS

L a botánica es una disciplina tan fascinante que no es rara la vez que una flor o una planta nos deja asombrados. Admirar la naturaleza es algo consustancial al ser humano, solo que ahora lo llamamos *hanami* en esa absurda moda de los nombres *cool*, modernos y, preferiblemente, en un idioma extranjero. El *hanami* no es nada más —y nada menos— que una tradición de origen japonés que se basa en la observación de la belleza de las flores. Es de sobra conocido cómo centenares de japoneses se dan cita anualmente en el parque Yoyogi para presenciar la floración de los cerezos mientras disfrutan de un agradable día de picnic en compañía de sus seres queridos. También practican esta particular forma de ocio en el parque Ueno, el templo Kiyomizedura —Kioto— o los castillos de Osaka o Nara, para algunos es casi una religión visitar el país del Sol Naciente siguiendo la floración de su especie vegetal más insigne y reconocida, por encima incluso del crisantemo que corona el trono del reino nipón. Así, los cerezos japoneses (*Prunus x yedoensis*, *P. serrulata* y *P. campanulata*), que rara vez fructifican, no florecen al mismo tiempo en todo Japón: en enero en las islas más meridionales, como Okinawa, de clima subtropical, o a finales de mayo en lugares como Hokkaido, más al norte. Cómo de importante será para los japoneses que incluso la Asociación Japonesa de Meteorología publica las previsiones de floración, ¡el famoso *sakurazensen*! Si tiene la suerte de saber japonés, bastará con que ponga en alguno de los muchos buscadores de Internet las siguientes palabras claves: *Japan Weather Association Hikanzakura*. El resultado será el mismo si cambia la última palabra por *Somei-Yoshino*.

En España ya hemos adaptado esta práctica: son muchos los que se acercan al valle del Jerte —Extremadura— para celebrar la «Fiesta del Cerezo en Flor», que tiene lugar a finales del mes de marzo, por lo que durante la segunda quincena de marzo y la primera de abril llegan visitantes desde los puntos más recónditos de nuestra geografía y admiran con deleite el más del millón y medio de cerezos. Localidades como Valdastillas, Piornal, Barrado, Casas del Castañar, Cabrero o Rebollar se cubren de un manto blanquecino que supone el pistoletazo de salida para un gran número de actividades relacionadas. Y aunque aún no hemos conseguido elaborar quesos o tés con ellas, como sí hacen los japoneses, invaden todos y cada uno de nuestros sentidos. Parafraseando a Leonard Cohen, la primavera es un vals gritado con la boca pequeña.

Aunque nadie pone en entredicho la belleza de un cerezo en flor, en mi modesta opinión hay especies vegetales cuya belleza compiten con él. Orquídeas, linarias y violetas conforman mi particular top tres de especies vegetales «más bonitas», por esa particular y curiosa estructura floral de las orquídeas o el delicado aroma de las violetas. Cada uno tiene sus preferencias.

Curiosamente, con respecto al aroma de las violetas se ha escrito mucho. Hay incluso quienes afirman que las violetas de ahora huelen menos que las de antes, una falacia *ad antiquitatem*. Parece estar vinculada en mayor o menor medida con una leyenda de origen desconocido en la que las violetas le rogaron a cierta divinidad que las privasen de su aroma. ¿El motivo? Estas plantas suelen crecer en zonas de cultivo, como pueden ser los campos de trigo, por lo que no pocos comerciantes las recolectaban para, entre otras cosas, elaborar perfumes o jabones a partir de sus aceites esenciales. Sin embargo, durante esta tarea las cosechas de trigo se malograban a causa de tanto pisoteo y las violetas, sintiéndose afligidas por el daño causado a los humanos, solicitaron a la Santísima Trinidad —según tradiciones orales francesas— ser despojadas de su aroma y convertirse en integrantes «sin relevancia» de la flora del lugar. Aunque hermosa, esta leyenda solo alcanzaría a explicar el motivo por el que en el territorio francés las violetas se conocen con el nombre de «trinitarias». Aquí en España las conocemos como pensamientos (*Viola x wittrockiana*) y bajo ningún concepto deben ser confundidas con representantes del género *Bougainvillea*, a pesar de que reciban el mismo nombre común en zonas como Venezuela, Colombia, Cuba o Puerto Rico.

Como detrás de un mito o bulo hay una verdad contada a medias, es hora de esclarecer si en realidad las violetas han perdido las β-iononas —producto resultante de la degradación de carotenoides— que caracterizan su delicada fragancia. Durante mucho tiempo, la comunidad científica afirmaba que las β-iononas, presentes por ejemplo en los quesos azules o las violetas, saturaban nuestros receptores olfativos. Esta particular circunstancia hacía que no pudiésemos disfrutar con el olor de estos ejemplares vegetales hasta pasados unos minutos, sin embargo, no resolvía el motivo por el que hay personas a las que el aroma de las violetas les resultaba embriagador mientras a otras les resultaba indiferente o, en los casos más extremos, desagradable. Asimismo, este fenómeno se repetía con algunos productos alimentarios en los que las β-iononas se usaban en la industria alimentaria como saborizante. Y es que la realidad dista de ser tal cual la narró la poetisa japonesa Kaga no Chiyo (1703-1775) cuando afirmó que «los caballos al galope huelen sus cuartillas a un perfume de violetas». A tenor de lo expuesto hace escasas líneas parece que algo falla, ¿verdad? Gracias a los trabajos realizados por Jeremy McRae —investigador en el New Zealand Institute for Plant and Food Research— y su grupo de colaboradores, ahora sabemos que la variante genética rs6591536 del gen OR5A1 determina la sensibilidad a las β-iononas, que está directamente relacionada con la aceptación y elección de productos ricos en β-iononas. Por tanto, la explicación a semejante «enigma» es meramente genética, o al menos lo era hasta no hace mucho, porque sí es cierto que las flores, hoy día, tienen olores menos intensos que antaño.

Probablemente, una de las personas que más sepa sobre contaminación atmosférica y su efecto sobre la degradación de fragancias y aromas florales sea José Dolores Fuentes, meteorólogo de la Universidad de Pennnsylvania State. En un artículo publicado en 2016 titulado «Air pollutants degrade floral scents and increase insect foraging times» —«La contaminación del aire degrada los aromas florales y aumenta los tiempos de alimentación de los insectos»—, analizó los niveles de diferentes sustancias volátiles emitidas por las plantas, como el linalool o el α-pineno, y concluyó que los gases contaminantes emitidos por la actividad humana a la atmósfera se enlazan con los compuestos aromáticos de origen vegetal provocando que se diluyan y la fragancia se atenúe. Todo esto dificulta sensiblemente que los polinizadores lleguen a su destino y cumplan con la función reproductora de muchas plantas.

Asimismo, el estudio asegura que la población de insectos polinizadores podría verse disminuida drásticamente, ya que morirían de inanición. El problema puede parecer moco de pavo, aunque lo cierto es que como consecuencia de este fenómeno se estima que las fragancias florales emitidas a la atmósfera han pasado de extenderse de un kilómetro a la redonda a apenas trescientos metros. El asunto es como para perder el habla.

Y hablando de perder el habla y volviendo al comienzo de este capítulo, dígame, ¿qué árbol le ha dejado anonadado por su majestuosidad? Reconozco que en este asunto no soy imparcial y me tira la patria chica. Yo me quedo con el enebro de Los Tohales (*Juniperus oxycedrus* 'badia'). Este ejemplar se ubica en la localidad sevillana de Cazalla de la Sierra, en el margen izquierdo del arroyo Jadroga, justo antes de unirse aguas abajo al río Víar. Siendo apenas un niño me impactó ver cómo la base del tronco rompía la roca y que la corteza parecía ansiosa por querer tragársela. Seguramente existan árboles más majestuosos o singulares que el que acabo de nombrar, pero la añoranza tiene estas cosas.

En la serranía ecuatoriana aparece junto a los caminos y veredas un árbol de porte modesto y vistosas flores acampanadas de color amarillento que hace perder literalmente el habla a quien descansa a su sombra. Al parecer, en dicho árbol habita un demonio o espíritu maléfico. Todo parece estar relacionado con una bella y joven diosa que, después de haber sido calumniada por el vanidoso Don Juan que la rondaba, lo invitó a tomar un vaso de chicha. La joven, cansada de la pedantería e impertinencia del apuesto joven, acompañó la bebida con hojas de este árbol y deseó que se callase para siempre. Por supuesto, el deseo de la joven se cumplió y el chico, después de haber tomado gustosamente el refrigerio, enmudeció para siempre. El resto se lo puede imaginar: el chico, desprovisto de su voz, murió de pena y se reencarnó en el ejemplar arbóreo que le privó de su más poderosa arma de seducción. Por supuesto, en toda leyenda —o guion de película de terror *hollywoodiense*— hay lugar para la venganza y para cobrarse las afrentas del pasado. Cuando me enseñaron el susodicho árbol empecé una improvisada lección de farmacognosia para todos los infantes que tuvieron a bien escucharme: tres.

La enigmática flor de la leyenda no era más que *Brugmansia sanguinea*, el popularmente conocido como *huantug*. Quizá la reconozca por el nombre *Datura sanguinea*, otorgado por los botánicos españoles

Hipólito Ruiz López (1754-1816) y José Antonio Pavón y Jiménez (1754-1844), discípulos de Casimiro Gómez Ortega, quien organizó y dirigió la Expedición Botánica al Virreinato del Perú (1777-1788), fruto de la cual, Ruiz López y Pavón y Jiménez publicaron el «Systema vegetabilium florae peruvianae chilensis (1798) o la Flora peruvianae et chilensis, sive descriptiones et icones (1798-1802)». Como ocurre con sus primas hermanas el beleño (*Hyoscyamus spp.*) y el estramonio (*Datura stramonium*), presenta alcaloides tropánicos como la escopolamina, principio activo que usan los oftalmólogos para dilatar las pupilas. Por supuesto, su consumo puede provocar problemas de salud que, en algunos casos, pueden resultar fatales. Así se las gasta el mundo vegetal cuando de defenderse se trata.

Pero ¿y qué hay del efecto enmudecedor de la planta? Pues verá, desde hace mucho, los fisiólogos y estudiosos de la farmacognosia y la farmacología saben que la escopolamina actúa relajando las fibras musculares, entre ellas las fibras o cuerdas laríngeas, lo que explica el episodio de afasia del intoxicado. En caso de que sacerdotes y/o sacerdotisas usaran el *huantug*, como hacían los incas en el templo de Sagamosa, el «colocón» también explicaría que los cantos ceremoniales resultasen parcialmente ininteligibles a los asistentes. El viaje era de tal magnitud que no es que usasen *huantug* para fingir visiones, como escribiera el sacerdote ecuatoriano Juan de Velasco y Pérez Petroche (1727-1792) en su *Historia moderna del Reino de Quito* y crónica de la provincia de La Compañía (1789), es que entraban en un estado de delirio que no eran capaces de narrar sin acudir a visiones apologéticas.

Para finalizar, me gustaría hablar de grifa. Y no me refiero a esa de la que hablara El Pelos en su famosa canción homónima. Debe saber que se estima que Ecuador produce anualmente —datos del año 2004— unas quinientas toneladas de hojas desecadas destinadas a la extracción de escopolamina con fines médicos. Pero como ocurre con multitud de drogas, hay quienes las usan con fines delictivos. Si la leyenda menciona que las hojas de *B. sanguinea* dejaron sin habla al impertinente chico que perseguía el amor de aquella joven —o diosa—, ahora los delincuentes y depredadores sexuales usan el mismo principio activo para anular la voluntad de su víctima. La utilización de drogas con el objeto de agredir sexualmente a mujeres es una desafortunada y cruel realidad. Así, se estima que en al menos un 30 % de las agresiones sexuales existió previamente sumisión química de la víctima. A pesar de que los expertos advierten de la necesidad de protocolos claros y unificados de actuación ante estas situaciones y la perentoria obligación de establecer una mejor coordinación con el sistema de justicia, la Universidad de Valencia desarrolló a finales del 2021 un test capaz de detectar la presencia de drogas en nuestra bebida. Hasta el momento, solo es capaz de discriminar si nuestro vaso ha sido contaminado con éxtasis, la droga más utilizada en la sumisión química. Empero, no descartemos que muy pronto empiecen a aparecer en el mercado otros kits capaces de detectar escopolamina. Si la escopolamina y *Brugmansia sanguinea* han hecho que las mujeres hasta ahora callasen, es el momento de que la ciencia haga posible que griten. Esperemos que no tarde en llegar el día en que convirtamos la violencia sexual en una leyenda.

PARA SABER MÁS:

· Baldermann, S. et al. «Functional characterization of a carotenoid cleavage dioxygenase 1 and its relation to the carotenoid accumulation and volatile emission during the floral development of Osmanthus fragrans Lour». *Journal of Experimental Botany* 61, no. 11 (2010): 2967-2977.

· Baquero, A. «Burundanga: mito o realidad». *Revista Española de Drogodependencias* 1 (2017): 5-8.

· Chiyo, K. *Violeta agreste*. Satori Ediciones, 2016.

· Fuentes, J. D., M. Chamecki, T. Roulston, B. Chen y K. R. Pratt. «Air pollutants degrade floral scents and increase insect foraging times». *Atmospheric Environment* 141 (2016): 361-374.

· Furst, P. T. *Los alucinógenos y la cultura*. Fondo de Cultura Económica de España, 2002.

· Jaeger, S. R., J. F. McRae et al. «A mendelian trait for olfactory sensitivity affects odor experience and food selection». *Current Biology* 23, no. 16 (2013): 1601-1605.

· McRae, J. F., S. R. Jaeger et al. (2013). «Identification of regions associated with variation in sensitivity to food-related odors in the Human genome». *Current Biology* 23, no. 16: 1596-1600.

· Ruiz López, H. y J. A. Pavón Jiménez. *Systema vegetabilium florae peruvianae chilensis*. Madrid, 1798.
https://bibdigital.rjb.csic.es/viewer/9557/?offset=#page=465&-viewer=picture&o=bookmark&n=0&q=. (Consultado el 1-10-2022).

· Ruiz López, H. y J. A. Pavón Jiménez. *Flora peruvianae et chilensis, sive descriptiones et icones*. Madrid, 1798-1802.
https://bibdigital.rjb.csic.es/viewer/9556/#page=3&viewer=picture&o=bookmark&n=0&q. (Consultado el 1-10-2022).

· Velasco, J. *Historia moderna del Reino de Quito y crónica de la provincia de La Compañía*. Imprenta Caja de Seguro de Quito, 1941.
http://repositorio.casadelacultura.gob.ec/handle/34000/1182. (Consultado el 1-10-2022).

EL MITO DE LAS PLANTAS ENCUBRIDORAS

«Tu mayor enemigo se esconderá
en el último lugar en el que mirarías»
Revolver, dirigida por Guy Ritchie

«Bueno es que haya ratones,
para que no se sepa quién se come el queso»
Refrán popular

Durante mi estancia en la Universidad, ya fuese como estudiante o docente, solía hacerles a mis compañeros y alumnos la siguiente pregunta: «si tuvieses que esconder un cadáver, ¿dónde lo harías?» La variedad de respuestas siempre dependía de si formulaba la cuestión a un químico, a un físico o incluso a un farmacéutico. Yo, de manera jocosa, siempre respondía que la única forma de no encontrar el cadáver era enterrarlo en una zona donde se desarrollaran plantas con alguna categoría de protección y añadía, como un *punch* cómico, que estas jamás me delatarían. Mi argumento ganaba solidez después de decir, no sin algo de vehemencia, que la planta andaría demasiado ocupada en eso de «no extinguirse» como para manifestar en su follaje o floración el delito cometido. Un plan perfecto, ¿no?

Ignorante de mí, obvié que cualquier cuerpo en descomposición genera una serie de cambios a su alrededor que, a ojos expertos, no pasarán desapercibidos. Cambios que han estudiado y determinado Holly Brabazon y sus colegas, quienes en 2020 publicaron en la revista *Trends* in Plant Science un artículo titulado «Plants to remotely detect human decomposition?». En él se detallan varias formas en la que la vegetación puede alertarnos de un enterramiento sospechoso, alguna de ellas ya apuntada por El Cabrero en su famoso tango *El pare y el hijo,* puesto que allá donde yace un cuerpo «crece más verde la hierba». Además, que el finado fumase también ayuda a localizarlo, ya que el tabaco que se adquiere en los estancos está enriquecido con cadmio —entre 1 y 3 μg por cada cajetilla—, un elemento inusual en la naturaleza y que no forma parte de la «dieta» vegetal. Es decir, un exceso de este elemento químico en el medio se manifestará como una reducción en el crecimiento, la actividad fotosintética y el contenido en clorofilas, todo ello sin detallar el mal funcionamiento de diversas y variadas actividades enzimáticas. Antes de proseguir, debo advertir que los que no fuman también pueden acumular restos en su organismo, dado que se trata de un contaminante ubicuo en nuestro ambiente —es un elemento escaso en la corteza terrestre y no se presenta «concentrado», por eso la cantidad presente en fumadores duplica la de un individuo no fumador—. Es más, si tiene curiosidad, en Webelements puede calcular aproximadamente qué fracción de su peso corresponde al cadmio.

Lamentablemente, la botánica forense tiene como gran reto ganar credibilidad, incluso entre los compañeros que se dedican a la biología molecular, quienes de reojo la miran con desprecio por considerarla una disciplina menor. ¡Ilusos! Obvian que uno de los principales problemas es que son muy pocos los países con capacidad de manejar las técnicas asociadas a esta disciplina. Y lo digo a sabiendas de que podrán lloverme las críticas. Hoy día, a la mayor parte de los estudiantes de grados científicos se les exige saber realizar PCRs, *western blots* y manejar multitud de herramientas moleculares, pero ¿cuántos de ellos tienen nociones de palinología o conocimientos en la identificación de diatomeas? Podrá parecer estúpido, pero España aún carece de un atlas palinológico propio. Hasta la fecha, la recopilación bibliográfica más exhaustiva sobre esta materia en nuestro territorio nacional fue la publicada en 1991 en la revista *Lazaroa*, por Concepción Sáenz Laín y Montserrat Gutiérrez Bustillo. Cincuenta y unas páginas que recogen ochocientas setenta y dos citas bibliográficas sobre los diferentes estudios palinológicos referidos a la España peninsular, Islas Baleares y Canarias, todos ellos aparecidos entre 1932 y 1988. De todas esas citas, una de ellas pertenece al atlas palinológico de la región occidental de Andalucía, obra elaborada por los ilustres emprendedores que ya desarrollasen la «Flora Vascular de Andalucía Occidental». Vamos con retraso, ¿no le parece? Creo que es obvio que sin profesionales en materias tan sensibles como esta, poco avanzará la ciencia forense en España. Si un cuerpo aparece en una zona diferente a la que se cometió el delito y nadie puede realizar un estudio palinológico exhaustivo…, ¡jamás podremos hacer justicia!

Debería saber que los botánicos y ecólogos, muy especialmente aquellos que trabajan en tareas relacionadas con la Limnología, están acostumbrados al ninguneo, solo hay que ver la atención que prestan lasadministraciones públicas cada vez que quienes se dedican a esta «ciencia menor», como la califican algunos, han planteado la elaboración y puesta en marcha de un Plan de Emergencia Climático Nacional. O cuando han reclamado medidas más restrictivas encaminadas a preservar y proteger del deterioro lugares de interés ecológico y medioambiental como las Tablas de Daimiel, la marisma de Doñana o el Mar Menor. Si ya lo cantaba Enrique Morente en su *Soleá de la Ciencia*: «Presumes de que eres la ciencia. Yo no lo comprendo así, porque si la ciencia fueras me hubieras comprendido a mí». Y, lamentablemente, la botánica y la ecología son grandes incomprendidas, como también lo es la fisiología vegetal.

No voy a negar que tanto la ecología como la biología vegetal y su fisiología son amantes caprichosas, pero si nos acercamos a ellas con ilusión y buen tino podemos ser capaces de entablar una fructífera relación. También es cierto que las plantas no suelen ayudar en nuestra labor investigadora, induciéndonos a error y poniéndonoslo a veces más difícil de lo que nos gustaría. Por ejemplo, suponga que vamos juntos a un recóndito lugar donde encontramos una planta que presenta variegación foliar, o lo que es lo mismo, zonas donde la hoja ha perdido su característico color verdoso y muestra una coloración blanquecina. A priori no debería ser muy complejo determinar la causa que está propiciando este fenómeno, el problema comienza cuando se conocen al menos cinco tipos diferentes de variegación, todas ellas con causas bien establecidas, pero que requieren de un análisis sosegado para poder determinar la causa sin llevarnos a error. Comencemos a repasar de manera sucinta cada uno de estos curiosos fenómenos y sus causas:

1. Variegación quimeral. Se trata probablemente del tipo más común de variegación tisular, pues es consecuencia de un quimerismo. Se denomina «quimera» al organismo que presenta en sus células más de una composición genética diferente, fruto de mutaciones —espontáneas o inducidas—. Para el caso que nos ocupa, en el tejido de la planta tendremos células capaces de producir clorofilas —genoma A— y otras que, quizá por tener la maquinaria de síntesis de este pigmento defectuosa, carecen de ellas —genoma B—. Aunque esta característica reduce la tasa fotosintética de estas plantas con respecto a sus equivalentes no quiméricas, se trata de una cualidad muy apreciada en jardinería. De esta forma, es

común ver cultivares con variegación quimeral de costillas de Adán (*Monstera deliciosa*), violetas africanas (*Saintpaulia ionantha*) o *Sansevieria trifasciata*. Como curiosidad le diré que en junio de 2021 se vendió en Nueva Zelanda un ejemplar de *Rhaphidophora tetrasperma* var. 'Albovariegata', provisto únicamente de nueve hojas, por la friolera de veintisiete mil dólares. Asimismo, en Reino Unido existe la Hardy Plant Society's Variegated Plant Special Interest Group —Grupo de Especial Interés en Plantas Variegadas de la Sociedad Hardy—.

2. Variegación reflexiva: Este tipo de variegación se debe a un efecto visual causado por la reflexión de la luz sobre la superficie foliar, otorgando a las hojas de la planta una coloración blanca o plateada. Esto sucede cuando una capa de aire se sitúa justo debajo de la epidermis de la hoja, como ocurre en la planta de aluminio (*Pilea cadierei*) o el ciclamino (*Cyclamen hederifolium*).

3. Variegación pigmentaria: Tiene lugar cuando la clorofila queda enmascarada por otros pigmentos producidos por la plantas, como las antocianinas, dando lugar a hojas rojizas, púrpuras, azuladas… Es un tipo de variegación muy particular, pues no siempre se extiende por toda la superficie foliar, quedando una especie de marca zonal residual. Este fenómeno se observa en el género *Pelargonium* y algunas especies de tréboles (género *Trifolium*).

4. Variegación por ataques de patógenos: Esta variegación es causada por agentes víricos, como los virus del mosaico o los virus de variegación de los cítricos (CVV), pertenecientes a la familia Bromoviridae.

5. Variegación mimética: Este fenómeno es el menos conocido. Se ha descrito, por ejemplo, en *Caladium steudneriifolium*. De esta forma, con su variegación simulan estar enfermas o haber sido atacadas para, de esta forma, librarse de herbívoros como las larvas de *Glyphodes* o *Dioryctria*.

Hasta aquí la parte «sencilla» del problema. Pongamos ahora por caso que necesite determinar con presteza si un cultivar variegado ha sufrido el ataque de un virus del mosaico o CVV. Sé que suena harto improbable, pero con ejemplos reales todo se entiende mejor. Como algunos de ustedes saben, un servidor se dedica al paisajismo y acondicionamiento de zonas verdes en urboecosistemas. Este hecho no impide que algunas empresas agrícolas soliciten mis servicios. La persona con la que tuve el placer de hablar durante esa llamada de urgencia me instaba a que inspeccionase su plantación de limoneros, alegando que habían sufrido un intenso decaimiento en las últimas semanas. Lo que obvió decir es que se trataba de limoneros variegados (*Citrus* x *limon* 'Variegata'). Estos se caracterizan por mostrar una madera dura muy apreciada en ebanistería y ofrecer como frutos unos fragantes limones veteados de cáscara fina y sabor muy ácido. Por eso y por presentar unas considerables «abolladuras» foliares que los botánicos y fisiólogos conocen con el británico término *crinkly leaves*, que suena más terrible que nuestro castizo «hojas arrugadas». Huelga decir que si tu principal fuente de ingresos depende de que estos cítricos gocen de buena salud, no parece muy ventajoso que estos se vuelvan enfermizos sin motivo aparente. No obstante, si debo ser honesto, el motivo de la llamada fue que no supo ver la infestación vírica a tiempo, puesto que la variegación innata del limonero enmascaró la enfermedad subyacente. En un primer momento la enfermedad cursa con una clorosis o blanqueamiento de las hojas, de tal forma que para cuando decaen, suele ser tarde. Lamentablemente, hubo que destruir a todos y cada uno de los portadores de una yema primitiva procedente de Argelia, «paciente cero» de este caso que nos preocupa. Sabiendo esto, le traslado ahora una pregunta: ¿Se imagina que pudiese pasar algo similar en naranjos del viario público? Porque también tenemos naranjos ornamentales variegados, concretamente el cultivar *Citrus* x *sinensis* 'Variegata'. Prefiero omitir la pregunta anterior y no jugar con los naranjos, que ya tenemos bastante intentando poner freno a la plaga de *Tryoza erytreae* que azota nuestra provincia. Quizás, si no hubiésemos convertido Sevilla en un extenso monocultivo de naranjos amargos ahora no tendríamos que hacer uso del programa «Life Citrus». Eso por no mencionar que tendríamos naranjos menos enfermizos.

Las plantas no tienen secretos para la Fisiología Vegetal, siempre y cuando sepamos observarlas detenidamente. Su enfermedad se manifiesta en los cambios más sutiles y aún cuando parezca «callar» es posible que nos esté mandando un ultimátum. Con el siguiente ejemplo espero que comprenda por qué la Fisiología Vegetal y la Limnología se dan la mano tan a menudo. Seguramente todos mis amigos murcianos tengan en mente un paraje, antaño singular, que desde hacía tiempo estaba mandando a la comunidad política un alto y claro mensaje de S.O.S. Las autoridades lo desoyeron en varias ocasiones alegando que resultaba «poco creíble que un ecosistema puede estar enfermo si acoge a plantas y animales». Aunque no lo crea, la frase anterior salió de la boca de un ex-alto mandatario regional durante el desarrollo de unas sesiones técnicas donde se pretendía corregir la gestión hasta entonces realizada en varios humedales españoles. Como cantaran Los Sumisos, «viva tu menda lerenda». Pero vayamos a lo verdaderamente importante, ¿encubren las plantas acuáticas los efectos de la contaminación?

Antes de entrar en materia hay que dejar claro que las plantas acuáticas, también llamadas macrófitos acuáticos o hidrófitos, no son especialmente atractivas. Generalmente carecen de flores llamativas, no tienen interés alimentario humano y además se localizan en un medio cuyas condiciones dificultan su observación y estudio. No obstante, en los ecosistemas acuáticos juegan un importantísimo papel puesto que, sin ellas, el medio se haría más uniforme y sería incapaz de mantener las comunidades de peces y otros animales. Dicho de otra forma, se perdería la estructura propia del ecosistema, bien sea una laguna, humedal o río, por mencionar únicamente los ecosistemas acuáticos continentales. Entiendo que resultará chocante que una planta «oculte» los efectos subletales en estadíos tempranos de contaminación de un ecosistema acuático. Más aún estando tan concienciados sobre los efectos y consecuencias de la contaminación ambiental en las masas de agua continentales. A estas alturas del texto ya debería saber que las plantas no encubren nada. Voy más allá, le pongo un ejemplo para intentar ilustrarlo. Aunque parezca que le estoy remitiendo nuevamente al caso del Mar Menor, que me resulta desconocido por no haber sido objeto de mis estudios, sí tienen en común un asunto: los efectos ecotoxicológicos que producen los agroquímicos sobre los macrófitos de aguas continentales. Y es que antes de la llegada de la absoluta destrucción del ecosistema, la contaminación con productos agroquímicos genera cambios en la fisiología vegetal de los habitantes del agua anteriormente citados. En el 2004, Pflugmacher estableció que *Ceratophyllum demersum*, macrófito que habita las aguas de nuestra península, muestra signos de estrés oxidativo durante el proceso de biotransformación de microcistina-LR, una toxina común en cianobacterias que se desarrollan en cuerpos de agua dulce. Estas toxinas, producidas y retenidas en las células de las cianobacterias, se liberan a la columna de agua durante su senescencia. Dicho de otra forma, una proliferación masiva de estos microorganismos propiciada por un vertido de productos agroquímicos se traducirá, en última instancia, en un aumento de microcistina-LR en el ecosistema y, por consiguiente, en una actividad anormalmente elevada de enzimas detoxificantes como la superóxido dismutasa (SOD) o la glutatión-S-transferasa (GST).

Siguiendo la misma línea de actuación, Mirta Menone, que ha colaborado intensamente con Pflugmacher, estudió los posibles efectos oxidativos que provocaban sobre *Myriophyllum quitense* el fungicida azoxystrobina y el insecticida endosulfán. Aunque Mirta Minone es natural de Argentina traigo a colación este estudio por dos motivos: 1) el gobierno de España, siguiendo las directrices europeas, ha concedido una moratoria para el uso de azoxystrobina que caduca en diciembre de 2024 y 2) a pesar de que el uso de endosulfán se prohibió en España en el 2008, en 2016 todavía aparecían trazas de esta sustancia en muestras de agua tomadas en el río Ebro. ¿Los resultados obtenidos en el estudio desarrollado por Menone? La actividad de enzimas como GST o glutatión reductasa (GR) se vio incrementada con respecto a las plantas control. Asimismo, se evidenció un incremento de H_2O_2, una especie reactiva del oxígeno (ROS), lo que demostraba el efecto del estrés oxidativo provocado por la presencia de endosulfán en el medio. Por su parte, el fungicida, que actúa inhibiendo la respiración mitocondrial, provocó en aquellas plantas sometidas a su acción la inhibición de enzimas antioxidantes como la catalasa (CAT) o la guayacol peroxidasa (POD). Asimismo, se observó un incremento sustancial de malondialdehído, un indicador de estrés oxidativo resultante de la peroxidación lipídica de ácidos grasos poliinsaturados.

Como acaba de apreciar, las plantas no encubren nada. Somos nosotros quienes, en nuestra redomada estulticia, ignoramos o somos incapaces de interpretar correctamente lo que pretenden decirnos. ¿Qué tendrían que encubrir los macrófitos? Ciertamente nada, salvo nuestra despreocupación por un heterogéneo grupo botánico que incluye algas, helechos y fanerógamas que, hasta que no han causado graves trastornos a las actividades desarrolladas por el ser humano, hemos olvidado estudiar. La Directiva Marco (Directiva 2000/60/CE) estableció un marco comunitario de actuación con la intención de proteger los ecosistemas acuáticos, contemplando asimismo la composición específica de comunidades macrofíticas y su abundancia al considerarlas indicadoras del estado ecológico de las masas de agua continentales. En España, Santos Cirujano y sus colaboradores diseñaron en 2005 un método basado en el estudio de macrófitos acuáticos encaminado a establecer el estado ecológico de los humedales siguiendo lo dispuesto en la Directiva Marco del Agua. Sin embargo, antes de concluir que especies como *Chara galioides*, *Riella helicophylla* o *Callitriche truncata* son indicadoras de aguas mineralizadas y ricas en cloruros hace falta haber implementado con anterioridad otras «medidas». Entre ellas está, por supuesto, el hecho de formar investigadores expertos en la correcta identificación de las especies acuáticas. Únicamente así estaremos asentando la base para posteriores tareas de control y gestión de los ecosistemas acuáticos continentales, que son los que conoce mejor este humilde autor. Dicho lo cual, extrapole esta última idea a cada uno de los casos expuestos a lo largo de estas páginas.

En palabras de Woody Allen, «un experto es alguien temeroso de aprender algo nuevo, pues entonces dejaría de serlo». Niels Bohr, sin embargo, consideraba que «un experto es una persona que ha cometido todos los errores que se pueden cometer en un determinado campo». España tiene experiencia demostrada en esto último. Más aún cuando faltan profesionales que puedan tomar el relevo en la solución de problemas como los anteriormente mencionados. ¡Le avanzo que nos harán falta más pronto que tarde! Es hora de que todos utilicemos la información que nos ofrecen las plantas en su medio para completar el conocimiento hasta ahora adquirido. Cuando el conocimiento crece, las oportunidades aparecen. Y qué mejor oportunidad para dejar de pensar de una vez por todas que las plantas encubren la realidad cuando no dejan de gritarnos a la cara lo que no estamos sabiendo ver.

PARA SABER MÁS:

· Brabazon, H. et al. «Plants to remotely detect human decomposition?» *Trends in Plant Science* 25, no. 10 (2020): 947-949.

· Diario de Sevilla. *Sevilla recurre a Europa para salvar sus naranjos.* 2019. https://www.diariodesevilla.es/sevilla/Sevilla-recurre-Europa-salvar-naranjos_0_1419758598.html. (Consultado el 1-10-2022).

· García-Murillo, P., R. Fernández-Zamudio y S. Cirujano. *Macrófitos: Habitantes del agua.* Agencia Andaluza del Agua, 2010.

· Menone, M. L. et al. «Endosulfan induces oxidative stress and changes on detoxication enzymes in the aquatic macrophyte Myriophyllum quitense». *Phytochemistry* 69 (2008): 1150-1157.

· Pérez, D. J., M. L. Menone, E. L. Camadro y V. J. Moreno. «Genotoxicity evaluation of the insecticide endosulfan in the wetland macrophyte Bidens laevis L.» *Environmental Pollution* 153, no. 3 (2008): 695-698.

· Pflugmacher, S. «Promotion of oxidative stress in the aquatic macrophyte Ceratophyllum demersum during biotransformation of the cyanobacterial toxin microcystin-LR». *Aquatic Toxicology* 70 (2004): 169-178.

· Reglamento (CE) N° 1107/2009. *Lista comunitaria de sustancias activas aprobadas, excluidas y en evaluación.* Ministerio de Agricultura, Pesca y Alimentación. Actualización del 23 de mayo de 2022. https://www.mapa.gob.es/agricultura/pags/fitos/registro/fichas/pdf/Lista_Sustancias_activas_aceptadas_excluidas.pdf. (Consultado el 1-10-2022).

· Sáenz, C. y M. Gutiérrez. «Bibliografía palinológica española (1932-1988)». *Lazaroa* 12 (1991): 69-119.

· Soltau, U., S. Dötterl y S. Liede-Schumann. «Leaf variegation in Caladium steudneriifolium (Arecaceae): a case of mimicry?» *Evolutionary Ecology* 23 (2009): 503-512.

· VV. AA. *Plant physiology and development* (6th ed.). Sinauer, 2014.

· VV.AA. *Biochemistry and molecular Biology of plants* (2nd ed.). John Wiley and Sons Inc, 2015.

· Wetzel, R. G. Limnology: *Lake and river ecosystems* (3ª ed.). Academic Press, 2001.

El mito de disfrutar la botánica con los cinco sentidos

«Creo que no nos quedamos ciegos,
creo que estamos ciegos. Ciegos que ven.
Ciegos que, viendo, no ven»
Ensayo sobre la ceguera, de José Saramago

«Decidme cómo es un árbol,
contadme el canto de un río
cuando se cubre de pájaros,
habladme del mar,
habladme del olor ancho del campo,
de las estrellas, del aire»
Decidme cómo es un árbol, de Marcos Ana

Debo reconocer que durante la redacción de este capítulo me he sentido un poco José Saramago. Concretamente en el momento en que daba forma a una de sus mejores obras: *Ensayo sobre la ceguera*. Si he empatizado con los sentimientos y sensaciones que provocó en el autor luso el hecho de ponerse en la piel de un invidente es porque también he leído sus *Cuadernos de Lanzarote* —los dos— y, salvando las distancias, me he visto reflejado en algunas de las situaciones. Mi contacto con la ceguera tuvo lugar la víspera de la celebración del evento Naukas Rota 2022. No había hecho más que instalarme en la casa de un familiar cuando un amigo me llamaba con voz entrecortada para decirme que los peores pronósticos para su hija se habían hecho realidad. Aunque los médicos habían conseguido eliminar su tumor ocular, tras la intervención había perdido completamente la visión en el ojo derecho mientras la del izquierdo estaba afectada en más de un 65 %. Cuando le colgué, por mi cabeza solo rondaba un pensamiento: «la vida da muchas vueltas, pero siendo invidente ¿cómo va a conseguir convertirse en microbióloga? Y encima justo cuando estaba soltándose en la lectura».

Cegado por la rabia, la única respuesta «lógica» que encontraba a esta pregunta en ese instante era que la vida era una cabrona, así que grabé un audio de Whatsapp para recordarme investigar un poco más sobre el asunto. Según mi neurólogo, los episodios de pérdida de memoria son frutos del estrés, por eso hago uso de estas técnicas. Por eso y porque me resulta frustrante olvidar cosas importantes.

No fue hasta bien entrada la madrugada cuando, gracias a mi insomnio, concluí que no era ninguna tragedia ser invidente. Es más, si Úrsula —nombre ficcionado— se lo proponía podría llegar a ser microbióloga. Reforzó mis convicciones el recordar la historia del paleontólogo neerlandés Geerat J. Vermeij quien, a pesar de haber perdido la vista a los tres años, ha publicado más de un centenar de artículos sobre el estudio de moluscos fósiles. Tampoco se trata de destacar por una hiperdotada capacidad para distinguir peque-ñas variaciones en organismos vivos o fósiles, pues hablaríamos de Vermeij, el prodigio del que Oliver Sacks habla en su libro *Los ojos de la mente* y que manifestaba en varias entrevistas que «el hecho de ser ciego no suponía ninguna diferencia en absoluto». Además, en cualquier grupo multidisciplinar no solo hacen falta ojos, también cerebros y destreza en la resolución de problemas abstractos y, salvo que se demuestre lo contrario, estas cualidades no dependen del sexo de la persona ni de su agudeza visual, ¿verdad? Pues asunto resuelto.

Pero la niña también tenía la mala costumbre de salir con sus padres a disfrutar del cielo nocturno, la última vez que se acercó a un telescopio aún no había cumplido los cuatro años… Sus padres entendieron que este nuevo escenario abría la posibilidad de traba-jar conceptos astronómicos con algunas herramientas que la ONCE puso a su disposición: un planetario para invidentes y un programa de aprendizaje llamado «El cielo al alcance de tu mano». De esta forma, mientras la nena empezaba a familiarizarse con el alfabeto braille, sus profesores consideraron que era el momento idóneo para introducirla de manera progresiva en otras «materias».

Sin embargo, esto no es un cuento de hadas y quedaba por resol-ver un problema de gran magnitud: mantener vivo el anhelo de la criatura, que quería ser microbióloga como su madre. Imagino que muchos de quienes estén leyendo estas líneas pensarán que es una broma de mal gusto. A fin de cuentas, nadie en su sano juicio ali-mentaría en una niña con un hándicap visual tan severo el gusto por una disciplina donde la visión juega un papel importante. Pero ya lo dejó por escrito el propio Saramago en *Ensayo sobre la ceguera*: «la experiencia nos ha enseñado que los peores hijos de puta son los que no tienen aspecto de serlo». ¿Qué quiero decir con esto? Ima-gino que no resultará difícil entender que, por desgracia, la vida le dirá a Úrsula más de una vez que no puede hacer algo aludiendo a su discapacidad. No soy padre, pero apoyo plenamente a los suyos: la niña estudiará lo que ella quiera y su decisión solo dependerá de sus gustos y aficiones. En palabras de Elizabeth Bennet, una de las protagonistas de *Orgullo y prejuicio*, «en lo que respecta a mi opinión, constituirá mi libertad. Sin basarme en ti ni en ninguna otra persona ajena a mí».

Cada vez que consiguen una mejora en la educación de su hija, la ponen en conocimiento de todas aquellas personas interesadas en hacer más accesible la vida al colectivo invidente. Es su forma de devolver lo que la sociedad hace por ellos. Sin embargo, ¿cómo hacer para que una niña con una visión tan reducida pueda querer seguir acercándose a conocer el mundo microscópico? La respuesta estaba en otro amigo y en la botánica. Durante una de nuestras interminables conversaciones, estuvimos comentando que quizá era más conveniente empezar a recorrer el camino hacia la microscopía partiendo de objetos más grandes, es decir, antes de que hiciese uso de un ocular de microscopio o telescopio, era mejor que adquiriese destreza haciendo esquemas mentales de aquello que veía tan distorsionado. Y aquí entró en juego la botánica porque en ella existen experiencias cuyo recorrido está adaptado a invidentes. Para ello, con la ayuda de una cinta y carteles en braille nos aseguramos de que el visitante pase por todos los «parterres» y reconozca las plantas que se ubican en cada uno de ellos. Se trata de un ejemplo de experiencia multisensorial, pues aunque no aprecie visualmente la flor de *Lavanda stoechas*, sí podrá captar su aroma. Asimismo, con el tacto podrá determinar si una planta muestra hojas hirsutas. Dicho lo cual, como diseñador de espacios verdes advierto de la inconveniencia de colocar en este tipo de itinerarios elementos vegetales que puedan provocar lesiones al usuario. Por desgracia, he presenciado algún ensangrentado accidente con un palo borracho (*Ceiba speciosa*).

Pero claro, como cantara Silvio Rodríguez «si saber no es un derecho, seguro será un izquierdo». Supongamos que el usuario quisiese conocer en detalle cómo es la flor de la alhucema. ¿Cómo solventamos este contratiempo? Podría bastar con recrear mediante impresión 3-D y la ayuda de un equipo informático algunos de los modelos botánicos que Leopold (1822-1895) y Rudolf (1857-1939) Blaschka construyeron en vidrio. Sin ir más lejos, entre 1887 y 1936, padre e hijo crearon una colección —conocida como The Ware Collection of Blaschka Glass Model of Plants— que comprende aproximadamente unos 4400 modelos de 830 especies vegetales pertenecientes a 164 familias botánicas diferentes y, de esas 4400 piezas, aproximadamente unas tres mil corresponden a secciones anatómicas o de detalle de las ochocientas treinta especies anteriormente citadas. Si no me cree, basta con que teclee en Internet «glass flowers» y bucear por el Museo de Historia Natural de Harvard en Cambridge, Massachusetts. La —ardua— tarea consistiría ahora en recrear en resinas o materiales menos frágiles el trabajo que comenzaran los Blaschka hace más de siglo y medio.

Teniendo en cuenta todo lo expuesto, mis amigos consultaron con los profesionales que atienden a su hija si era procedente llevarla de visita a uno de estos jardinesy pudieron planificar ir al jardín histórico de Castrelos —Vigo—. Unas semanas después, organicé una visita conjunta al Jardín Botánico y Arqueobotánico de Córdoba, que cuenta con una ruta de unos 200 m^2 e hizo posible que se fuese familiarizando con especies que ya conocía, tales como el laurel (*Laurus nobilis*), el romero (*Salvia rosmarinus*) o el almoradux (*Origanum majorana*). Una experiencia enriquecedora tanto para ellos como para mí, porque me obligó a adaptar mis conocimientos botánicos a unas circunstancias especiales. Y aunque creo que no lo hice especialmente bien, Úrsula ya ha manifestado querer repetir en cuanto tengamos ocasión. ¡Benditos embrollos en los que me meto!

Unas semanas después de este acontecimiento, el tercer amigo que antes mencioné solicitó mis servicios. Es de esos padres que pone a sus vástagos a ver en un microscopio qué se cuece en una gota de agua estancada. Buscando nuevas formas de sorprenderlos, en esta ocasión me pidió muestras de la laguna de Zarracatín. Pretendía que sus hijos, con mi ayuda, identificaran algunas de las algas y rotíferos que habitan las aguas continentales de nuestra localidad. Aunque en aquel momento tenía mucha carga de trabajo, busqué un hueco para ver a mi amigo y sus dos preciosas criaturas. Entonces, al tiempo que le daba la muestra de agua, nos pusimos al día de nuestras vidas. Como no podía ser de otra forma, también salió el tema de Úrsula y ambos pensamos cuánto disfrutaría la nena asomándose al microscopio para ver los «bichitos». De repente, a mi amigo se le encendió la bombilla y exclamó que podría existir una forma de adaptar la sesión de microscopía a las necesidades de Úrsula. No había terminado de escuchar sus palabras cuando mis ojos se pusieron rasos de unas lágrimas —que achaqué a la alergia primaveral—. ¿Recuerdan que les hablé de recrear en impresoras 3-D los modelos que los Blaschka habían elaborado en vidrio?

Para ser estrictos, lo que me propuso fue «escanear» una determinada forma microscópica, la del dinoflagelado *Ceratium furcoides*.

De esta forma, convirtiendo la imagen tridimensional del objeto al código informático correspondiente, la impresora 3-D de resina la «tallaría». Buscando por Internet, encontramos que algunas páginas ya ofrecían los códigos para reproducir desde una diatomea a un rotífero. Eso sí, a unos precios realmente abusivos y alejados de los fines perseguidos por esta improvisada propedéutica científica. La explicación de tan desorbitados precios parece encontrarse en el mercado de las miniaturas de Warhammer y su «customización» casera y artesanal.

Fuese cual fuese el motivo, tales pretensiones económicas se alejaban de nuestros bolsillos, de forma que, en sus ratos libres, mi amigo se dedicó a crear o buscar esos códigos en foros de carácter académico. Así fue cómo, por casualidad, supimos de la existencia de Rosabel Roig-Vila, doctora en Pedagogía y Catedrática de la Universidad de Alicante. De ella y de su proyecto de «Integración curricular de las TIC en contextos de enseñanza-aprendizaje y de educación inclusiva». Leyendo las «Memòries del Programa de Xarxes -I3CE de qualitat, innovació i investigació en docència universitària. Convocatoria 2017-2018» nos dimos cuenta de que no lo estábamos haciendo muy mal con Úrsula. Afortunadamente, nuestra ignorancia nos llevó a sacar conclusiones similares a la de profesionales como la doctora Roig-Vila. Como ella, defendíamos que la niña era un ente plenamente autónomo, solo había que hacer que se sintiera cómoda en ese nuevo entorno. La propia doctora Roig-Vila lo expresa así:

> «Estos alumnos tienen una gran autonomía, pero se puede caer en el peligro de que se aíslen y no lleguen a alcanzar los conocimientos; no porque la materia no esté adaptada sino porque [...] el alumno se sienta incómodo. [...] no es lo mismo llegar a un aula y sentarse en el pupitre que tener que manejarse en un laboratorio de prácticas».

Huelga decir que este documento es un trabajo técnico para adaptar a estudiantes invidentes materias que se estudian en la Universidad de Alicante. ¿Pero saben en concreto qué asignatura es la que vertebra todo este documento? ¡Las prácticas de Botánica del Grado en Biología! Es cierto que el documento solo adapta la práctica de Diatomeas y Dinoflagelados, pero Roma tampoco se levantó en una hora. Imagino que la doctora Roig-Vila y su equipo estarán trabajando en cómo adaptar prácticas de microscopía de otras áreas.

¿Qué será lo próximo? ¿Copépodos de resina? ¿Impresiones 3-D de mitocondrias y cloroplastos? ¿Granos de polen en polímeros plásticos? Lo veremos pronto.

No es que sea especialmente optimista, que lo soy. Lamentablemente, la sociedad se enfrenta a una serie de retos tan importantes que no podemos permitirnos el lujo de dejar a nadie detrás. Quizá Roig-Vila y su equipo han puesto la primera piedra de un nuevo sistema didáctico. Lo ignoro. Pero sí tengo claro qué queda por hacer ahora. A mi juicio, ha llegado el momento de que el resto de instituciones universitarias adapten progresivamente los contenidos prácticos a sus alumnos invidentes. La «didáctica multisensorial» de las ciencias capta e interrelaciona información y datos que posibilitan aprendizajes más completos y significativos y es provechosa tanto para alumnos videntes como deficientes visuales. Esta nueva forma de aprendizaje científico se asentará sobre los cimientos de una sociedad reflexiva que entenderá que la actividad profesional de quienes se dedican a la ciencia es compleja y carente de respuestas prefabricadas. O eso espero. Desde luego, si no lo intentamos jamás sabremos cómo termina. Si la Botánica puede ser disfrutada por un invidente… ¿por qué no la Física? Es el momento de empezar a construir nuestra Calzada del Gigante.

PARA SABER MÁS:

· Alcantud, F., V. Ávila y M. C. Asensi. *Integración de estudiantes con discapacidad en los estudios superiores*. Universitat de València, 2000. https://oficinasuport.uib.cat/digitalAssets/108/108610_A4B3D-F5Cd01.pdf. (Consultado el 1-10-2022).

· Brown, J., S. E. Fulton, D. H. Pfister y N. Kent. *Glass flowers: Marvels of Art and Science at Harvard*. Scala Arts & Heritage Publishers Ltd, 2020.

· Luque, D. J., G. Rodríguez y J. F. Romero. «Accesibilidad y Universidad. Un estudio descriptive». *Intervención psicosocial* 14 (2005): 209–222.

· McFadden, R. D. «Blaschka Plants Blend Science and Artistry». *New York Times*, 8 de marzo, 1976. https://www.nytimes.com/1976/03/08/archives/new-jersey-pages-blaschka-plants-blend-science-and-artistry.html?_r=0. (Consultado el 1-10-2022).

· Roig-Vila, R., J. M. Antolí, A. Lledó y N. Pellín. *Memòries del Programa de Xarxes-I3CE de qualitat, innovació i investigació en docència universitària. Convocatoria 2017–18*. Institut de Ciències de l'Educació. Universidad de Alicante, 2018. https://rua.ua.es/dspace/bitstream/10045/90671/1/Memo-ries-Xarxes-I3CE-2017-18-168.pdf. (Consultado el 1-10-2022).

· Rossi-Wilcox, S. M. «From reference specimen to verisimilitude: the Blaschkas' penchant for botanical accuracy». *Historical Biology* 20, no. 1 (2008): 11–18.

· Sacks, O. *Los ojos de la mente*. Anagrama, 2011.

· Saramago, J. *Ensayo sobre la ceguera*. Debolsillo, 2015.

· Saramago, J. *Cuadernos de Lanzarote I* (1993–1995). Alfaguara, 2022.

· Saramago, J. *Cuadernos de Lanzarote II* (1996–1997). Alfaguara, 2022.

BOTÁNICA PARA CALMAR LA SED

«... pero el que beba del agua que yo le daré,
nunca volverá a tener sed. Porque el agua que yo
le daré se convertirá en él en el manantial de agua
que brotará dándole vida eterna»
Juan 4:14

«Si le ofrecieras a un sediento toda la sabiduría,
no le agradarías más que si le dieras de beber»
Sófocles

M e encuentro escribiendo estas líneas en plena ola de
calor y, por si esta no fuese suficiente motivación para
hablar sobre la sed, he estado estudiando la evolución
de los botijos —o búcaros— a lo largo de la historia.
Debe ser que mi núcleo preóptico medial y mi órgano subfornical
«notifican» posibles aumentos de la concentración osmótica en mis
fluidos despertando el ansia de conocimiento. En casa, fresco, rela-
jado y bien hidratado, emprendí esta empresa alfarera remontán-
dome nada menos que a la cultura argárica (2200-1550 a. C.). ¿Por
qué motivo? Pues porque el búcaro más antiguo encontrado hasta
la fecha en nuestra península «apareció» en la necrópolis de Punta-
rrón Chico, en la localidad murciana de Beniaján. Más de tres mil
años de historia recogidos en un recipiente cerámico de 11x9,5 cm.
Partiendo de aquí, el cólico de agua que pillé fue menudo: botijas de
carretero, *txongilas*, rallos, cachuchos, pimporros, botijos de pescador
o barca... ¡Incluso de Agost —Alicante—!

Cuando se pasó mi repentino ataque de sed cultural, me planteé
qué otras formas de almacenar o transportar agua conocía el hombre.
Cómo se las ingeniaba para beber si no se hallaba cerca un curso de
agua y, más aún, si no conocía cómo construir vasijas o botijos que,
además de almacenar agua, la mantienen fresca —a razón de 2200
J por gramo de agua evaporada—. Acto seguido, puse de fondo a los
amigos del podcast «Saber y Empatar» y dejé fluir la inspiración...

Hasta el descubrimiento de la cerámica, uno de los primeros
contenedores de agua que conoció el ser humano tenía origen
vegetal, hipótesis reforzada por el hecho de que en estratos

175

arqueológicos libios han aparecido semillas de sandía (*Citrullus lanatus*) de unos cinco mil años de antigüedad. Asimismo, también se han encontrado restos de sandía en la tumba del faraón egipcio Tutankamón (aprox. 1330 a. C.). ¿Para qué podría querer el difunto una sandía? Pues porque en zonas desérticas, este fruto hace las veces de depósito de agua. Y porque como dice Woody Allen, «la eternidad se hace larga, sobre todo al final». Para un viaje tan largo como el tránsito al más allá se agradece tener algo con lo que calmar la sed, ¿verdad? Sin embargo, este no es el único búcaro de origen vegetal que ha conocido la humanidad. ¿Recuerdan con qué calmaban la sed los hollywoodienses indios del desierto de Sonora? Exacto, con «zumo de cactus».

Hollywood hizo famosos los cactus de barril (*Ferocactus cylindraceus*), taxón nativo de California, Nevada, Utah, Arizona y el desierto de Sonora. Al parecer, algún guionista y director —¿John Huston?— leyó que los indios del desierto de Sonora calmaban la sed con el líquido contenido por este cactus. Y aunque es cierto que existen especies como el sahuaro (*Carnegiea gigantea*) que pueden almacenar hasta setecientos cincuenta litros de agua en su interior, su «vino» se elabora a partir de la pulpa de sus frutos y no de su parénquima acuífero. Asimismo, los nativos americanos que habitaban el desierto de Sonora sabían algo que los guionistas de Hollywood ignoraban: el líquido extraído de estos cactus no se considera potable. La razón es que contiene una serie de metabolitos, como por ejemplo el ácido oxálico, que provocan diarrea y dolores articulares y de cabeza a quienes beben su jugo.

No obstante, aunque John Huston errase el tiro, sí tenía razón en una cosa: las plantas desérticas pueden ser una solución para calmar la sed del apesadumbrado caminante. Cuenta la leyenda que los habitantes del desierto de Jordania e Israel calmaban la sed bebiendo el agua del rocío que recolectaban las hojas del ruibarbo del desierto (*Rheum palaestinum*). Y, aunque no hay forma de saber si esta afirmación es cierta, elijo creer. El motivo de mi elección se basa en el estudio realizado por Lev-Yadun y su equipo. El artículo, publicado en la revista *Naturwissenschaften* y titulado *Rheum palaestinum —desert rhubarb—, a self-irrigating desert plant*, puso de manifiesto lo siguiente:

«Las plantas del desierto de Néguev absorben una medida anual de 4,2 litros de agua, frente a los 43 litros que llega a beber este ruibarbo. [...] El secreto de [*Rheum palaestinum*] está en las hojas, grandes y orientadas hacia la base. De este modo, toda la humedad que se concentra en la superficie después de las lluvias o gracias al rocío matutino, resbala por la superficie foliar y la aprovechan las raíces. Además, esta superficie está recubierta de una película de cera que repele el agua y ayuda a que resbale».

Las especies adaptadas al desierto han desarrollado sistemas muy ingeniosos para asegurar su supervivencia. Este es solo uno de los muchos ejemplos que podemos encontrar, aunque, si de calmar la sed se trata, hay una planta que está por encima de todas. ¿Conoce la leyenda del Garoé? Tan famosa es que hasta el mismísimo Fray Bartolomé de las Casas llegó a escribir en su *Historia de las Indias* sobre ella. Así, dijo que «en lo alto de este árbol siempre hay una nubecilla y el Garoé deja caer unas gotas de agua que los hombres encauzan hacia una modesta fuente; gracias a ella, viven, durante los períodos de sequía extrema seres humanos y animales». La historia se entiende mejor si decimos que para los primitivos habitantes de El Hierro era casi una deidad.

Como decía, la leyenda cuenta que cuando los bimbaches vieron llegar a la isla de El Hierro la expedición franco-española capitaneada por Jean IV de Bethencourt (1362-1425), decidieron cubrir las copas del Garoé. Con esta decisión pretendían que el invasor desistiera de su empresa expansionista al no encontrar agua para beber. Recordemos que la geografía de las Islas Canarias carece de ríos entendidos como cursos fluviales, lo más parecido a un curso de agua sería ver «correr los barrancos», es decir, las escorrentías que se producen después de un período de intensas lluvias. De una u otra forma, la estrategia de los bimbaches era matar de sed al enemigo. Y surtió efecto. Al menos hasta que la joven Agarfa se fue de la lengua. Como en toda buena leyenda, la chica se enamoró de un joven y apuesto andaluz. ¡Ilusa y enamoradiza chica! Viéndolo penar por obtener agua, le reveló el valioso secreto del Garoé sin pensar que con su actitud condenaba a su pueblo. Al ver que el Garoé había caído en manos extrañas, sus paisanos decidieron capturar a Agarfa y hacerle pagar la traición con la muerte. Lamentablemente, la orden de Armiche —mencey o rey de El Hierro— no sirvió de mucho, puesto que él también fue apresado y ejecutado por las huestes de Jean IV de Bethencourt.

Por cierto, ¿dije antes que se trataba de una leyenda? La verdad es que existe una endecha que nos habla de Agarfa. Las endechas son unas composiciones poéticas que ganaron notoriedad hacia los siglos XV y XVI en España, escritas en lengua guanche y caracterizadas por ser concisas y tratar de manera melancólica hechos trágicos. Hasta la fecha se han encontrado unas cincuenta composiciones, repartidas en varios manuscritos antiguos. La endecha de Agarfa fue redescubierta por el ingeniero italiano Leonardo Torriani. Así, harto de los continuos ataques, Felipe II —apodado el Prudente— manda rediseñar todo el sistema de defensa de las costas canarias. ¿Y a quién le encomendó esta tarea? Exacto, a su amigo Torriani, que ya había estado en las islas por un encargo similar. Fruto de su ardua tarea, escribió un informe que sirvió de germen para su posterior *Descripción e historia del Reino de las Islas Canarias antes Afortunadas, con el parecer de sus fortificaciones.* En esta obra, además del primer plano de la ciudad de La Laguna —Tenerife— aparecen estos versos en lengua indígena, tan tristes y dolorosos que «los propios canarios lloraban al cantarlos». Dicen así:

«Mimerahanà zinu zinuhà
Ahemen aten haran hua
Zu Agarfù fenere nuzà».
«¿Qué traes? ¿Qué llevas ahí?
¿Qué importa la leche, el agua y el pan
si Agarfa no quiere mirarme?»

No voy a entrar a discutir si realmente estos versos fueron compuestos o no por los antiguos pobladores canarios. Le dejo esa tarea a los historiadores, pero parece que sí existió una joven llamada Agarfa, aunque ¿qué es el Garoé que mencionaba la anterior narración? Sabemos gracias al franciscano andaluz Juan de Abréu Galindo (h. 1535-1596) que «el lugar y término donde está este árbol se llama Tigulahe, el cual es una cañada que va por un valle arriba desde la mar, a dar a un frontón de un risco, donde está nacido en el mismo risco el Árbol Santo». Una descripción bastante precisa, de no ser porque no existe ningún topónimo con el nombre «Tigulahe». Quizá se deba a una incorrecta transcripción de algún nombre nativo, pero lo cierto es que ninguna otra crónica vuelve a citar este enclave. Por documentos del Tribunal del Santo Oficio obrantes en La Palma sabemos que el franciscano Abréu existió y que que no estaba muy bien visto por los habitantes del lugar, así que cabe la posibilidad de que alguno le engañase al decirle el nombre del lugar donde se ubicaba el Garoé.

En 1957 se colocó en la zona de Los Lomos un laurel (*Laurus nobilis*), en el mismo lugar donde antaño existió un tilo de la especie *Ocotea foetens*. Al parecer, este árbol fue arrancado en 1610 después de que un huracán azotase el archipiélago canario. Así, parece que el famoso Garoé no era más que un ejemplar de tilo de la especie *Ocotea foetens*. Y es comprensible que los primitivos moradores canarios lo tuviesen por una divinidad, puesto que se trata de un endemismo macaronésico. ¿Pero es posible que esta planta pudiese hacer de «surtidor de agua»? Recordemos que según fray Bartolomé de las Casas, el Garoé dejaba caer unas gotas de agua que los hombres encauzaban hacia una modesta fuente. Cabría suponer, por tanto, que el flujo de agua, aunque escaso, debía ser más o menos constante.

Para saber cómo es posible que el Garoé pudiese abastecer de agua a los bimbaches, además de mencionar que se trata de una especie perteneciente a la comunidad vegetal conocida como monteverde higrófilo, debemos conocer un par de datos. El primero su ubicación: la región de Los Lomos parece estar cerca de la localidad de Tiñor, al noreste de la isla. El segundo, que el suelo volcánico del lugar es poroso, pero se asienta sobre una capa más antigua de arcillas impermeables, es decir, este terreno permite acumular agua, por lo que los bimbaches podrían excavar albercas para tener acceso a ella. Con toda esta información podemos decir que el fenómeno que los bimbaches vieron y no supieron describir no es más que el de la lluvia horizontal. Así, dado que la ladera nororiental de la isla de El Hierro está constantemente sometida a los vientos alisios, el Garoé recogería las aguas de la niebla matinales asociadas a este viento. Obviamente no basta con que una niebla densa y persistente entre en contacto con la montaña, se requiere una cierta altitud. Por definición, a partir de los quinientos o seiscientos metros de altitud la condensación del vapor de agua es tal que permite su nucleación en pequeñas gotículas de agua. ¿Y a qué altitud se desarrolla *Ocotea foetens*, alias Garoé? Entre los quinientos y los mil metros de altitud, como buen representante de la laurisilva templada. Así, estos tilos hacen su «magia». Y por si se le antojase mucha niebla para una sola isla, le doy otro dato: en Santo Antão —Cabo Verde— se registran de media unos doscientos días neblinosos al año. ¡Y allí también habitan ejemplares de *O. foetens*!

El Garoé no ha sido el único árbol fuente del mundo, de hecho, el reino vegetal ha desarrollado una amplia variedad de adaptaciones a los medios áridos. Una de ellas consiste en colectar y encauzar esas gotículas de agua formadas a partir de la niebla gracias a la nervadura central de la hoja. Así lo hacen, por ejemplo, los agaves o especies de la familia *Bromeliaceae*, como la palma del viajero (*Ravenala madagascariensis*). Y el ser humano, por supuesto, ha hecho uso de esta estrategia para calmar su sed. Lo invito a buscar el caso de Hermógenes Gonçalves, agricultor caboverdiano que bebió agua de niebla en 1942 —en plena Segunda Guerra Mundial— usando un agave de la especie *Furcraea gigantea*. A pesar de todo, esta estrategia solo funciona en monte bajo. ¿Cómo lo hacen especies arbóreas de gran porte? Algunas leguminosas del género *Prosopis* han desarrollado una especie de densa malla formada por hojas finas más o menos pequeñas. De esta forma, la red foliar coronal —la de la copa— actúa a modo de embudo colector del agua de la niebla. Quizá si le digo que las acacias (*Acacia spp.*) también han adoptado la misma estrategia se haga una idea más clara de lo que le he explicado.

En la isla de El Hierro, también es popular el enebro (*Juniperus phoenicea*) de Cruz de los Reyes, aunque a diferencia de este, el Garoé aún perdura en la memoria colectiva herreña. Si tiene curiosidad por el estudio de la vexilología, le haré notar que en el propio escudo de El Hierro aparece una nube coronando un árbol. ¿Adivina de qué árbol se trata?

Aunque parezca una narración mística, lo cierto es que este capítulo guarda una enseñanza más. Quizá haya pasado por alto que las tradiciones culturales, las prácticas ancestrales o indígenas y los valores sociales determinan la manera en que las poblaciones perciben y gestionan los recursos hídricos en las distintas regiones del mundo. El agua es sagrada, no porque los bimbaches pensaran que fluía de un árbol, sino porque constituye un factor esencial. Cada región adopta su particular manera de «consagrar» el agua, pero todas reconocen su valor y el lugar central que desempeña en la vida —no solo humana—. Si como decía Leonardo da Vinci «el agua es la fuerza motriz de la naturaleza», es realmente triste no apreciar su valor hasta que el pozo se seca. Los bimbaches aprendieron la lección a la fuerza. Espero que nosotros no.

PARA SABER MÁS:

· Abreu, J. *Historia de la conquista de las siete islas de Gran Canaria.* Imprenta, Litografía y Librería Isleña, 1848. https://mdc.ulpgc.es/cdm/ref/collection/MDC/id/70784. (Consultado el 1-10-2022).

· Bazo, E. *Con mucho gusto. Un menú cuajado de historias botánicas.* Cálamo, 2021.

· Béthencourt, J. *Le Canarien: livre de la conquête et conversion des Canaries* (1402-1422) (Éd.1874). Hachette Livre, 2012.

· Caro, A. *Diccionario de términos de cerámica y alfarería.* Editorial Agrija, 2008.

· de las Casas, B. http://bdh-rd.bne.es/viewer.vm?id=0000050015. (Consultado el 1-10-2022).

· Gioda, A. et al. «El árbol fuente». *Mundo científico* 132, no. 13 (1993): 126-134.

· Lev-Yadum, S., G. Katzir y G. Neʼeman. «Rheum palaestinum (desert rhubarb), a self-irrigating desert plant». *Naturwissenschaffen* 96 (2009): 393-397.

· Sempere, E. *Historia y arte en la cerámica de España y Portugal: De los orígenes a la Edad Media.* Emili Sampere, 2006.

· Torriani, L. *Descripción e historia del reino de las Islas Canarias: antes Afortunadas, con el parecer de sus fortificaciones.* Ediciones Goya, 1959. https://mdc.ulpgc.es/cdm/ref/collection/MDC/id/44103. (Consultado el 1-10-2022).

· Trapero, M. «La isla mítica del mítico Garoé». *Revista de Literatura y Arte de la Universidad de Las Palmas* 0 (1995): 88-94.

LA MALDICIÓN DE LA HIGUERA

«Quien en vida echa maldiciones,
en la muerte no reza oraciones»
Refrán popular

«Las maldiciones no van nunca más allá
de los labios que las profieren»
William Shakespeare

No hay cultura que no tenga un episodio protagonizado por una higuera. Después de muchas conversaciones con colegas botánicos, filósofos, teólogos o historiadores, hemos llegado a la conclusión de que la higuera (*Ficus carica*) ha sido un árbol ligado a las culturas más importantes del mundo. Es probable que este fruto sea tan venerado en todo el planeta por haber sido uno de los primeros que el ser humano empezó a cultivar, como lo certifican las muestras fósiles encontradas en Jordán (12 000 a. C.). Todo ello ha posibilitado que aparezca en mitos e historias variadas. Por ejemplo, para los griegos la higuera era símbolo de vigorosidad y honor. Sin ir más lejos, parece que en los antiguos Juegos Olímpicos se entregaban higos a los atletas como premio a su esfuerzo. ¡La variante *realfood* de los geles de glucosa ya la inventaron los griegos! Asimismo, Siddharta Gautama se encontraba a la sombra de una higuera cuando tuvo la revelación que le encaminó a fundar el budismo, de ahí que en la India este árbol sagrado represente el conocimiento adquirido tras la meditación. Otra leyenda que transcurre a la sombra de una higuera es la de Rómulo y Remo, ya que según los historiadores romanos, Luperca amamantó a los fundadores de Roma a la sombra de una de ellas.

Sin embargo, para los cristianos la sombra de la higuera es augurio de mala suerte. ¿Jamás le han dicho eso de «quita, que tienes sombra de higuera negra»? Es una forma muy ilustrativa de decirle a alguien que es gafe. Hasta se le dedica una copla en el siglo XIX:

«Anda y vete de mi vera,
que tú pa' mí has tenío
sombra de negra jiguera».

Por desgracia es una expresión que cada vez escucho menos. Hasta hace pocos años existía la creencia de que no era saludable dormir bajo una higuera porque el aire acumulado debajo de su copa era portador de enfermedades. Así, después de una siesta a la sombra de una higuera con la intención de combatir la galbana estival, lo frecuente era levantarse con picor de garganta, dolor de cabeza y un prurito o sarpullido generalizado. Muchos labriegos creían que podían combatir los «paños» —pruritos— provocados por la «sombra negra» recitando el siguiente cántico: «Una, dos y tres, sombra negra no me des». Después de esta oración, arrancaban un trozo de higuera y la quemaban. Huelga decir que esto no servía de nada, pero nuestros abuelos suplían su carencia de conocimientos científicos con supersticiones. Por supuesto, existe una explicación racional para esta situación. Las higueras producen un látex rico en furanocumarinas, un metabolito secundario de carácter fenólico que en contacto con la piel origina fitofotodermatitis. Esta surge cuando nuestra piel, después de ser rociada inconscientemente con el látex que rezuma la higuera, se expone al sol. No es hasta ese momento en que se desencadena esta quemazón e hinchazón de la piel que tan molesta resulta. Tampoco ayuda que el envés de las hojas de la higuera sea densamente pubescente, ya que provoca el picor de garganta. Sobre todo si la higuera presenta ramas decumbentes o está frondosa —mes de junio—. Digamos que dormir a la sombra de una higuera es lo más parecido a dormir con el enemigo…, a menos que lo hagamos adecuadamente equipados. No obstante, créame si le digo que en un colchón se descansa mejor.

Permítame hacer un alto en el camino para descansar a la sombra de otra especie vegetal. Tan buena sombra da que en Sevilla la conocemos como «bellasombra». Se trata del sapote u ombú (*Phytolacca dioica*), una especie oriunda del nordeste argentino, Uruguay y el sur de Brasil que actualmente podemos encontrar en parques y jardines de medio mundo. Este árbol, que en la llanura pampeana sirve de refugio en jornadas calurosas, mantiene la humedad superficial del suelo adyacente creando un ambiente fresco. ¡Y en Sevilla tenemos la suerte de contar con ejemplares desde el siglo XVI! Es más, se cree que los primeros ejemplares plantados en España —y Europa— fueron a petición de Hernando Colón. Así, en 1526, el hijo del «descubridor» de las Nuevas Indias adquiere unas huertas colindantes con la Puerta de Goles, posterior cuesta de San Laureano, donde se dedica a plantar especies traídas del Nuevo Mundo, conformando lo que muchos historiadores consideran el primer jardín botánico de la urbe. Entre esas plantas importadas se encontraba un ombú que contaría actualmente con más de cinco siglos de antigüedad. Lamentablemente, en 1902 unos inconscientes urbanistas arrasaron el plantío e hicieron desaparecer para siempre este grandioso bellasombra. Así es la historia de nuestras especies vegetales: demoledora y poco o nada integrativa.

¿Por qué cuento todo esto? Pues porque existe una leyenda con respecto al ombú que jamás podremos saber si es cierta o no. En la huerta chica del Monasterio de la Cartuja existe un ejemplar de gran porte cuya colocación se atribuye a Hernando Colón, está claro que el árbol es centenario, pero no hay documentación fehaciente que permita asegurarlo.

Es curioso que los libros de la biblioteca del hijo del «Almirante de la Mar Océana» tengan una inscripción que diga «D. Fernando Colón, hijo de D. Cristóbal, primer Almirante de las Indias, dejó sus libros para uso y provecho de sus prójimos, rogad a Dios por él». Pero sobre el tesoro botánico que nos dejó en herencia, nosotros hemos decidido extender el mayor de los desprecios.

Volvamos al análisis de los hechos que han llevado a considerar la higuera una especie maldita. ¿Sabía que existe otra coplilla que ha ayudado a cimentar esta fama? Se la transcribo, porque va a servirnos para ilustrar lo que voy a narrar a continuación:

«A una higuera me subí
y me caí de lo alto.
A las higueras solo suben
los grajos y los lagartos».

De esta forma, caerse de una higuera era signo de desgracia e incluso de tragedia, porque la mayor parte de las veces podía acabar en muerte. Esta leyenda está vinculada con la religión cristiana. Concretamente con la interpretación de las escrituras en las que Judas se ahorca, porque si bien es cierto que ningún texto indica que lo hiciera en una higuera, muchos estudiosos de las Sagradas Escrituras así lo creen. Y es que en la muerte de Judas se entremezcla lo legendario con lo controvertido, existen divergencias según a quién consultemos. Si ha leído la Biblia, entenderá mejor lo que le voy a explicar a continuación. Según el evangelio de Mateo (27:5–8), Judas se ahorcó después de arrojar las treinta piezas de plata en el templo. Los sacerdotes del templo, al enterarse del suceso, consideraron que el fruto de semejante traición no podía formar parte de las ofrendas, de forma que emplearon el dinero en adquirir las tierras de un alfarero con el objeto de dar sepultura a los extranjeros. Veamos ahora la versión de Lucas, que aparece recogida en los *Hechos de los apóstoles* (1:18–19):

> «Este, pues, con el salario de su iniquidad adquirió un campo, y cayendo de cabeza, se reventó por la mitad, y todas sus entrañas se derramaron. Y fue notorio a todos los habitantes de Jerusalén, de tal manera que aquel campo se llama en su propia lengua, Acéldama, que quiere decir, Campo de sangre».

Como ve, la versión de Lucas no coincide con la de Mateo. Ambos son textos sagrados reconocidos por la Iglesia católica como documentos canónicos y, para conciliar la interpretación de ambos textos, la Iglesia sugiere que Judas se colgó, pero que la cuerda se rompió. A poco que uno haya visto *Cometieron dos errores* sabrá que, si alguien se cuelga del cuello y la cuerda se rompe, se libra de la muerte. Si acaso, al caer se puede romper una pierna, pero no se desentraña nadie con el golpe. Para que esto ocurriera, Judas debió colgarse boca abajo, lo que no sería posible sin ayuda de alguien. Es por este motivo por el que no se suele leer el pasaje relatado en los Hechos, para no generar suspicacias entre la feligresía. Y usted, ¿cómo cree que debería morir un traidor de tal magnitud? Para Papías, obispo de Hierápolis en el siglo II, Judas debía ser ajusticiado entre el cielo y la tierra, de esta forma sería rechazado por ambos. Asimismo, la soga que estrangulase su garganta delatora impedirá exhalar por la boca su alma pecadora, por lo que solo podrá salir por el hueco del vientre. Conozco a guionistas de cine gore con menos imaginación.

Si existe la creencia de que Judas se ahorcó de la rama de una higuera es gracias a la maldición que Jesús profirió a este árbol y a sus frutos. Se trata de un relato de difícil comprensión para la feligresía, por lo que tampoco es muy leído en la misa dominical. El primer motivo, sobre el que volveremos después, se basa en el complejo mensaje que pretende transmitir. El segundo, porque la imagen que tenemos de Jesús de Nazaret es la de un señor bonachón y piadoso. Dicho de otra forma, este pasaje pone en tela de juicio la bonhomía del «rey de los judíos». Según el evangelio de Marcos (11:12–26), Jesús salió una mañana de Betania con sus discípulos, al poco tiempo sintió hambre y, al ver a lo lejos una higuera, se acercó a ella. Lamentablemente, Jesús no encontró ningún fruto que llevarse a la boca, por lo que contrariado exclamó: «¡Que nunca jamás coma nadie fruto de ti!» Cuando a la mañana siguiente pasaron de nuevo junto a la higuera, esta se había secado de raíz. ¿Verdad que parece un arrebato de soberbia impropio del hijo de Dios?

La exégesis cristiana afirma que este relato debe entenderse exclusivamente como la demostración de la divinidad de Jesucristo, cuya autoridad está por encima de las leyes que gobiernan la naturaleza. Más allá de simbolismos, interpretaciones reformistas o contrarreformistas, sería interesante conocer en qué momento del año ocurrieron los hechos anteriormente narrados. Pero no hay nada que la Botánica no pueda, así que vamos a profundizar en la biología reproductiva de esta especie, que muestra unas inflorescencias y frutos un tanto especiales. Este último es un fruto múltiple —llamado sicono— en el que la parte superior del pedúnculo se vuelve carnosa y acrescente formando una cavidad con una abertura. De esta forma, las flores femeninas se disponen ocupando la mayor parte de esta cavidad, quedando las masculinas relegadas a las inmediaciones del orificio. Sin embargo, debemos mencionar que la higuera es una planta monoica que ha evolucionado hacia hábitos dioicos. Para entender este punto debemos hablar brevemente de la polinización de *F. carica*.

Existe un grupo de higueras en el que las flores masculinas han desaparecido como consecuencia de su cultivo: por supuesto, las higueras cultivadas. Por otra parte, existen también las silvestres, conocidas como «higueras macho» o cabrahigos, en las que las flores femeninas se han transformado en agallas infértiles por la acción de la popular avispa de los higos (*Blastophaga psenes*). De esta forma, el polen producido por las higueras macho no puede fecundar las flores de las higueras del primer grupo por tener, como hemos visto ya, sus flores femeninas encerradas en un receptáculo cerrado. ¿O debería decir semicerrado? Este dilema se resuelve gracias a B. psenes, que realiza el transporte de polen desde un tipo de higuera a otro facilitando la fecundación —que en este caso recibe el nombre de caprificación—. Sin embargo, hay veces que los agricultores echan una mano a los blastófagos para procurarse la fecundación de sus higueras cultivadas. Así, en las higueras de la variedad 'Esmirna' es común colgar ramos con inflorescencias del cabrahigo para facilitar la polinización, sobre todo si no existen higueras silvestres cerca de nuestras higueras cultivadas. Cultivar nuestras higueras separadas de los cabrahigos tiene además un beneficio añadido, prevenir la endosepsis. Esta enfermedad está provocada por el hongo *Fusarium moniliforme*, cuyas esporas se encuentran en el «prohigo» del cabrahigo y usa como vector de transmisión a *B. psenes*.

Además, también existen existen higueras que no necesitan de la caprificación para producir frutos comestibles. Se trata de higueras partenocárpicas, las cuales presentan flores masculinas y femeninas en la misma inflorescencia. Así, aunque son varietales autofértiles y se produce la polinización de la inflorescencia, no tiene lugar la fecundación. ¡Es el simple contacto del polen sobre el estigma femenino lo que estimula el desarrollo del fruto! El proceso partenocárpico es sin duda una «degeneración» del sistema reproductivo de la planta, pues produce frutos sin semillas, algo que en términos evolutivos es un contrasentido. Empero, este tipo de higueras son las más cultivadas en países como, por ejemplo, España. ¿Sabe por qué? Para no tener que lidiar, en «términos agronómicos», con complejos sistemas reproductivos. Pero aún podemos complicar aún más la reproducción de la higuera, puesto que las partenocárpicas pueden dividirse en comunes y bíferas o reflorecientes.

Las higueras bíferas, también conocidas como brevales, son las más apreciadas. Tanto es así que su cultivo está en auge. En estas higueras, algunos siconos se quedan sin madurar al llegar el otoño y permanecen durante todo el invierno sobre la planta, terminando de madurar a comienzos del verano siguiente. Estas higueras dan asimismo una segunda cosecha al llegar el otoño: los higos. De esta forma, los higos se forman a partir de la brotación del año en curso y son más dulces que las brevas. Si se está preguntando qué es lo que causa la aptitud bífera en las higueras, debo admitir que yo también, ya que aún no lo sabemos con certeza. Sí se conocen dos condicionantes que, de mayor o menor manera, operan sobre esta cualidad: 1) las higueras bíferas forman botones florales tardíos, incluso en la época de caída de las hojas. Estos botones florales, que ocuparían el lugar de las yemas de madera, dan origen a las brevas, 2) la diferenciación tardía de estos botones florales está mediada por factores climáticos muy concretos. Dicho esto, tengo que preguntarle una cosa más: usted, ¿es más de brevas o higos? ¿Qué tipo de higos prefiere, los partenocárpicos o los resultantes de caprificación? Como curiosidad le diré que los higos secos que compramos en semillerías y fruterías provienen de varietales que fructifican gracias a la caprificación. Después de toda esta retahíla reproductora creo que es justo afirmar que el mosqueo de Jesucristo con la higuera se antoja desmedido. Hay varios motivos por los que Jesús pudo no encontrar higos en el frutal. Así, suponiendo que los hechos ocurriesen en primavera, lo normal es que la higuera no tuviera higos: acabamos de ver que en el caso de las higueras bíferas la primera cosecha —brevas— no se recoge hasta principios de verano. Por contra, si la higuera solo proveyera una cosecha anual, esta no se encontraría completamente madura hasta el otoño. En cualquiera de los dos casos, Jesucristo buscó frutos en la higuera fuera de temporada. La otra opción es que se tratase de una higuera cultivada y no hubiese ningún cabrahigo cercano para prestarle su polen para formar siconos. Si este fuera el caso, parece poco probable que la higuera hubiese dado frutos con anterioridad, ¿no? Muy probablemente, el nazareno habría encontrado higos de haber visitado la higuera en otoño. ¿Por qué digo esto? Bueno, estamos de acuerdo en que no parece buena idea pasear por el desierto de Judea en verano con la intención de recoger brevas ¿verdad? Y sinceramente, ir a buscar higos en invierno es un fallo impropio del hijo de Dios. Es este el motivo por el que, tomando los hechos narrados por Marcos como «ciertos», me atrevo a afirmar que tuvieron lugar en primavera, antes de que las brevas estuviesen completamente desarrolladas y maduras. ¿O es que ya se habrían recolectado todos los higos?

Si este fuera el caso, hay una coplilla que cantaba mi abuelo a modo de «chufla» —un palo satírico y chistoso del flamenco— que escenificaría muy bien este episodio. Dice así:

«Solo estoy en mi higuera.
¡Ay! que solo estoy cogiendo higos
y al tiempo de comerlos
se me arriman los amigos».

Como decimos en la profesión: «Con Jesús de jardinero, ¿quién necesita higuera?», y más después de ver la rabieta que se pilló. Por otro lado, me gustaría que la canción anterior sirviese para reivindicar la Botánica, ciencia básica que enraiza en los principios generales y en los conocimientos básicos. Más allá de tener capacidad para desmontar parábolas religiosas, un ciudadano con conocimientos científicos básicos posee los datos suficientes para comprender mejor

el mundo que le rodea. La ciencia también es presa, desgraciadamente, de la cultura de la inmediatez. Todo hallazgo científico, por
minúsculo que resulte, ha de tener una aplicación inmediata, pero
lamentablemente, esto no es siempre posible cuando uno se dedica a
la Botánica. Y lo que es peor, maldiciéndola o considerándola inútil
solo conseguiremos que su raíz se pudra. Me horroriza ver los datos
que arroja el trabajo recientemente publicado por Sebastian Stroud
y sus colaboradores en la revista *Ecology and Evolution*. Así, en su artículo titulado «The botanical education extinction and the fall of
plant awareness» —La extinción de la educación botánica y la caída
de la conciencia vegetal—, afirman que el sistema educativo univer-
sitario está descuidando el estudio de las plantas. ¡Concretamente
en el momento en el que la Botánica podría ayudar a resolver problemas ambientales de carácter global! No obstante, si la cultivamos
adecuadamente y somos pacientes, estoy seguro de que nos otorgará
una sombra donde descansar y afrontar los nuevos retos que se nos
plantean como sociedad. ¿Quién sabe si gracias a esta labor de «jardinería» científica, no obtendremos en el futuro unos dulces frutos
que llevarnos a la boca? Ahora bien, si los botánicos seguimos solos
y olvidados en nuestra labor recolectora… Quizá para entonces no
haya higos que podamos compartir, porque la higuera se secó.

Para saber más:

- Casciaro, J. M. Exégesis bíblica, hermenéutica y teología. Ediciones Universidad de Navarra, S. A., 1983.

- García, M. J. Variedades de higueras españolas. EPSO (UPV), 1997.

- Gómez, J. A. Estudio de las variedades de higueras (Ficus carica L.) y adaptación a la comercialización. EPSO (UPV), 1997.

- Guillén, J. Hernando Colón: humanismo y bibliofilia. Fundación José Manuel Lara, 2004.

- Guillén, J. Historia de las bibliotecas Capitular y Colombina. Fundación José Manuel Lara, 2006.

- Stroud, S. et al. «The botanical education extinction and the fall of plant awareness». Ecology and Evolution 12 (2022), Issue 7. https://onlinelibrary.wiley.com/doi/epdf/10.1002/ece3.9019. (Consultado el 1-10-2022).

- VV. AA. Botánica (2ª ed.). McGraw-Hill Interamericana, 2004.

- VV. AA. Sagrada Biblia. Biblioteca de Autores Cristianos, 2014.

- Westwood, N. H. Fruticultura de zonas templadas. Mundi-Prensa, 1982.

EL MISTERIO DE LA PLANTA QUE DESAPARECIÓ SIN DEJAR RASTRO

«Uno no puede hablar acerca del misterio,
uno debe ser cautivado por él»
René Magritte

«Imaginemos por un instante que cada uno de nosotros
tuviéramos que dedicar meses enteros de nuestra vida
a hacer copias a mano, palabra por palabra,
de nuestros libros más queridos, para evitar su extinción.
¿Cuántos se salvarían?»
El infinito en un junco, de Irene Vallejo

Me reconozco un poco intransigente con las falacias relacionadas con la Botánica. Una de ellas es la estúpida manía que muestran algunos historiadores y compañeros de profesión basada en desmerecer o denostar las aportaciones romanas al conocimiento vegetal. Pueden antojarse menos numerosas o importantes que las de los árabes, de acuerdo, pero los romanos desarrollaron una incipiente inquietud agronómica hasta entonces solo conocida en el Antiguo Egipto, de quienes tomaron muchas ideas. Cada vez que encuentre elaboradas figuras geométricas o siluetas de animales recortadas en jardines como el de Versalles, debe saber que esas formas están elaboradas siguiendo los preceptos del *ars topiarius*, el arte del paisajismo. Y conocemos hasta el nombre de su creador, Cayo Macio (100-40 a. C.), a quien Cicerón calificó de «hombre agradabilísimo y cultísimo». André Le Nôtre solo adaptó el arte topiario a los gustos de Luis XIV de Francia (1638-1715).

Asimismo, instalaron en sus *domi* unos jardines particulares: los *horti* o huertos, que acabaron convirtiéndose en suntuarios jardines. Y es que el Imperio Romano también se vio afectado por la especulación inmobiliaria. No son pocos los textos romanos que describen plantas, ya fuesen usadas con fines medicinales, cosméticos, saborizantes o alimentarios. Asimismo, sabemos por autores como Plinio el Viejo (23-79) que especies como el mirto (*Myrtus communis*) o el laurel (*Laurus nobilis*) debían ser parte sustancial de cualquier *hortus* que se precie. Por supuesto, estos huertos proporcionaban hierbas originarias del Mediterráneo. ¡Pero qué hierbas! Según Ateneo de Náucratis (170-223), una buena despensa romana debía tener una lista de condimentos imprescindibles, conocida también como *artýmata*, ningún romano podía echar en falta «uva pasa, sal, vino cocido, jugo de silfio, queso, ajedrea, sésamo, natrón, comino, zumaque, miel, orégano, finas hierbas, vinagre, aceitunas, verdura para la salsa de hierbas, alcaparras, huevos, pescado salado, mastuerzos y hojas de higuera».

De la lista anterior, hoy día podríamos encontrar —casi— todos los condimentos enumerados. Es cierto que en algunos casos se requiere tener una ligera noción científica para averiguar que detrás del zumaque se encuentra *Rhus coriaria*, un miembro de la familia Anacardiaceae de cuyos frutos los romanos extraían un acidulante que empleaban en vinagretas. Por su parte, la ajedrea (*Satureja hortensis*) es una planta anual que otorga un característico toque picante. Así, junto a la sal y el pimentón conforman la famosa «sal coloreada» que se consume en países del este de Europa como Rumanía o Bulgaria. Y si se pregunta para qué querrían los romanos el natrón —NaCO3—, le diré que añadiéndolo al agua de cocer las verduras, conseguían que se mantuvieran verdes después de cocidas. El aspecto y la presentación lo es todo, incluso antes de la irrupción del fenómeno «Dominus culini». ¿Entonces cuál de todos estos condimentos es el que actualmente resulta imposible encontrar en semillerías? Pues el silfio o laserpicio. Para ponerle en antecedentes: se pagaban auténticos tesoros por él. Era tan preciado por griegos y romanos que Plinio el Viejo llegó a escribir de ella en su *Historia Natural* que «el laserpicio, al que los griegos llaman silfion, originario de Cirenaica, cuyo jugo es llamado laser, es excelente para uso medicinal y es pesado en denarios de plata». Pero toda historia merece ser narrada desde el comienzo.

Según se recoge en diferentes crónicas, hacia el siglo VII a. C. un grupo de colonos griegos partieron de la isla de Thera —actual Santorini— siguiendo las indicaciones del Oráculo de Delfos. Así llegaron a las costas de Libia, donde para el 632 a. C. fundaron la ciudad de Cirene —actual Shahhat—, que pronto se convirtió en el mayor centro de compra/venta de mercancías del Mediterráneo, ganando fama por la calidad de su producto estrella: el silfio o laserpicio. De hecho, Teofrasto, en su *Historia de las plantas* nos dice dónde se desarrollaba:

> «Esta planta se extiende por un área dilatada de Libia: en una extensión de más de cuatro mil estadios. La mayor cantidad se cría en la Sirte, que está cerca de las islas Evespérides».

Atendiendo a lo que nos relata Teofrasto, el área de distribución del silfio se restringiría a una estrecha franja de la costa libia de 200 x 50 kilómetros, limitando con el desierto. La descripción conocida más detallada es también la suya e indica que «el silfio tiene una gran cantidad de raíces gruesas [y] su tallo es como del tamaño de un codo». Asimismo, indica que sus hojas, a las que llaman *maspetum*, son parecidas a las del perejil. De manera similar se pronuncia Plinio el Viejo, quien afirma que se trata de una planta «silvestre e imposible de cultivar, con fuertes y abundantes raíces y tallo similar al de la asafétida». Con estos datos, podemos saber que debería pertenecer a la familia Apiaceae, es más, el propio Plinio indica que llegó un momento donde el silfio comenzó a adulterarse con otros productos, ya que «desde entonces no ha sido importado otro laser que aquel de Persia, Media y Armenia, donde crece en abundancia aunque muy inferior al de la Cirenaica y además es adulterado con goma, sacopenio o alubias molidas». Huelga decir que ese laserpicio traído de Persia, Media y Armenia no era «el silfio original», que crecía únicamente en la costa de Libia, pero se da la circunstancia de que los romanos conocían vulgarmente con este nombre a varias plantas del género *Ferula* que solo tienen en común ser productoras de gomorresinas. Por cierto, el sacopenio es la forma con la que conocían los romanos al eneldo (*Anethum graveolens*), otro miembro de la familia Apiaceae que se parecería tanto al silfio que incluso servía para dar gato por liebre.

Se adulteraba el silfio o laserpicio con plantas como el eneldo o la asafétida (*Ferula assafoetida*) por la multitud de usos que se le daba, como hemos visto. Los tallos de silfio se horneaban, se salteaban o hervían para consumirse como si de una verdura más se tratase. Asimismo, sabemos que de sus brotes se extraía un aromático perfume y que su savia, una gomorresina muy valiosa, se rallaba sobre los manjares más exquisitos y delicados. Y de golpe y porrazo… desapareció de la faz de la Tierra sin dejar rastro. ¡Y eso que su recolección ya estaba regulada en tiempos de Julio César! Eso sí, el emperador romano guardaba como un tesoro más de seiscientos kilos de esta hierba para su «consumo personal». Este hecho nos indica que debía existir un gran mercado negro de este producto, lo que de alguna forma pudo acelerar su extinción. Ecólogos y botánicos no acaban de ponerse de acuerdo con respecto a las causas que propiciaron su declive y desaparición, pero a la presumible sobreexplotación que provocó su alto precio en el mercado y una demanda creciente del producto se unía la estrecha franja donde se desarrollaba y la imposibilidad de cultivarla. Asimismo, parece probado que en esa misma época se produjeron una serie de cambios climáticos que propiciaron que la aridez del norte de África aumentase considerablemente, lo que se juntó también con el gusto de las reses por apacentarse allá donde esta crecía. Todo a la vez propició que desde el siglo I no hayamos tenido más noticias de su existencia. De hecho, el último tallo de silfio se regaló a Nerón, según testimonio de Plinio.

Espero que no duden que el laserpicio o silfio no es —ni será— la única especie que el ser humano ha llevado a la extinción como consecuencia de su sobreexplotación. Ojo, esto no invalida bajo ningún concepto que el resto de factores citados tuvieran un papel destacado a la hora de acelerar —o acentuar— su eliminación del acervo genético.

¿Conoce la historia del sándalo de Juan Fernández (*Santalum fernandezianum*)? Esta especie de la familia Santalaceae era endémica del archipiélago chileno de Juan Fernández, formado por las islas Robinson Crusoe, Alejandro Selkirk y el islote Santa Clara. La madera del sándalo de Juan Fernández se caracterizaba por su aroma, como la de su hermana el sándalo (*Santalum album*). Además de en sahumerios, la madera de *S. fernandezianum* era empleada en la talla de imágenes religiosas. Al menos hasta 1908, cuando el botánico y explorador sueco Carl Skottsberg (1880-1963) fotografió el que presumiblemente fuese el último sándalo de Juan Fernández. Fue visto en un barranco, junto a ejemplares de *Myrceugenia fernandeziana* y para cuando Skottsberg volvió a Juan Fernández en 1916, el ejemplar ya había desaparecido. Algo similar a lo que ocurre con el sándalo en la India, donde ha sido declarado «propiedad nacional» para preservarlo un poco de la deforestación, y digo un poco porque, a pesar de tratarse de una especie catalogada por la UICN como «vulnerable» —VU—, se permite la tala de aquellos ejemplares con más de treinta años de edad. Esto no debería tener mayor importancia si dejásemos que las semillas se desarrollasen convenientemente y dieran lugar a nuevos individuos. Por desgracia, las semillas del sándalo se utilizan para elaborar *malas*, una especie de rosarios con ciento ocho cuentas que budistas e hinduistas usan para recitar sus mantras o cuando oran.

No obstante, si hay un lugar donde el ser humano ha llevado a la extinción a varias especies vegetales en el último milenio, es sin duda la isla de Pascua. El caso más conocido es el de la palmera de Rapa Nui (*Paschalococos disperta*), que desapareció hacia el año 1650, fecha conocida gracias a diferentes estudios del registro fósil palinológico. Sin embargo, hay otro hecho contrastado por los historiadores: entre los años 800 y 1500 la población rapanui creció exponencialmente. Esta explosión demográfica trajo consigo una sobrecarga del ecosistema y provocó, por consiguiente, una intensa deforestación. ¿Y qué obtenían de *P. disperta* los rapanuis? Además de madera con la que construir canoas para salir a pescar, también consumían los palmitos, una delicia sumamente apreciada que solo se obtiene al extraerlo del cogollo tierno situado junto al estípite de la palma. Una vez eliminada la corteza y las capas fibrosas y duras más externas, nos queda un brote blanquecino de textura suave y flexible. Así que simplemente debemos acabar con una palmera para extraer un producto rico en azúcares cuyo peso oscila entre quinientos y mil gramos, ¿no?

Otra especie que los rapanuis llevaron a la extinción es el toromiro (*Sophora toromiro*), un miembro de la familia Fabaceae. Al menos extinto en su estado silvestre, pues sobrevive en jardines botánicos como el de Bonn —Alemania— o el Arboretum de la Universidad Austral de Chile. Y aunque sea una historia menos conocida que la de la palmera de Rapa Nui, es mucho más interesante. Sabemos que la primera descripción del toromiro se la debemos al naturalista Johann Georg Adam Forster (1754-1794), quien pensó que se trataba de una especie arbustiva de *Mimosa*. Su madera tuvo múltiples usos para los habitantes de la isla de Pascua, que la usaron como material de construcción y en la fabricación de enseres domésticos. Sin embargo, no fue hasta los siglos XVIII y XIX cuando la especie entró en declive, justo después de la introducción de animales domésticos. Francisco Fuentes, jefe de la sección de Botánica del Museo de Historia Natural de Chile, envió en 1911 a Carl Skottsberg la ubicación de la última planta. En esta ocasión, el individuo todavía seguía en pie y recolectó semillas y demás muestras con las que describiría la especie correctamente. Posteriormente, con motivo de una expedición a la isla de Pascua en 1955, el etnógrafo noruego Thor Heyerdahl (1914-2002) también recolectó semillas de este mismo ejemplar, enclavado junto al cráter Rano Kau. Estas semillas, correspondientes todas a una misma vaina, se llevaron a Europa y se cultivaron en el Jardín Botánico de Gotemburgo. Curiosamente, sesenta y tres descendientes de esta vaina recolectada por Heyerdahl fueron reintroducidos en 1995 en su hábitat natural con nefastos resultados.

No sé si se ha dado cuenta, pero todos los toromiros existentes en el mundo derivan de semillas de aquel ejemplar de Rano Kau. ¡Todos menos los del Jardín Botánico de Melbourne —Australia—, cuyas semillas se recibieron de Inglaterra!

Actualmente, casi doscientos toromiros injertados en *Sophora cassioides*, una especie congenérica, se desarrollan en la Reserva Nacional Lago Peñuelas —Chile—. Este proyecto es un intento más por producir semillas que permitan investigar en detalle la biología de la especie para, quizá en un futuro cercano, poder reintroducirla en su hábitat natural. Como curiosidad, decirle que los toromiros que pueden apreciarse en el Jardín Botánico de Barcelona son «falsos», Mike Maunder, botánico de la Universidad de Cambridge, catalogó a la línea 'Titze' como toromiros verdaderos sin haber cotejado previamente su procedencia. Actualmente, los análisis genéticos han zanjado el asunto al establecer que se trata de un híbrido y han dejado de utilizarse en planes de conservación. Con todo, no es raro que de vez en cuando salte la noticia de que diferentes instituciones o particulares han llevado a la isla ejemplares híbridos de toromiros.

El problema de colocar toromiros híbridos o «falsos» en la isla de Pascua no es otro que el de incluir una especie exótica en un hábitat que no es el suyo, con las consecuencias que esto podría tener para el ecosistema. De esta forma, si la especie adquiriese un hábito invasor por falta de competencia —o por su capacidad para colonizar más eficazmente nuevos hábitats—, en lugar de rescatar de la extinción a un taxón podríamos estar abocando a la desaparición a otros. Quiero apuntar que si una especie desaparece de un enclave insular, lo hace para siempre. Los romanos solucionaron la pérdida del silfio empleando en sus recetas la asafétida (*Ferula assafoetida*). Cambiaron únicamente el origen de la resina que, una vez desecada, pulverizaban sobre sus platos, pero lo que no pudieron sustituir fue el papel ecológico desempeñado por el silfio. Y lo mismo ocurre en la isla de Pascua con *Sophora toromiro*, *Paschalococos disperta* o *Dianella spp.* Los cambios climáticos, junto con la actividad humana, han modificado el paisaje y la vegetación de la isla durante los dos últimos milenios, originando la extinción de muchas especies. Asimismo, la desaparición de la flora endémica ha dado paso a la introducción de especies exóticas como *Melinis minutiflora*, *Eucalyptus spp*, *Psidium guajava* o *Crotolaria grahamiana*. Y ojo, porque estas dos últimas ya son especies invasoras.

En definitiva, los romanos no pudieron preparar nunca más *pullum laseratum* —pollo al laserpicio—, pero seguimos sin ser conscientes de que la pérdida de especies y, por consiguiente, de biodiversidad, pone en peligro el bienestar del ser humano. ¿Tan grave es que no volvamos a degustar jamás un plato concreto? Lo que sí es grave es el deterioro que sufre el suelo o el agua. Así, la falta de cobertura vegetal aumenta la virulencia de las escorrentías en caso de lluvias torrenciales, porque la vegetación hace que nuestros suelos no pierdan fertilidad, algo fundamental para nuestra alimentación. ¿Estamos de acuerdo? Y eso sin mencionar que los desequilibrios en los ecosistemas pueden impulsar la aparición de plagas que dañen las cosechas. «Reintegrar» la naturaleza en nuestras vidas permitirá que podamos cumplir nuestra función biológica, porque tal y como decía Asimov, «solo hay una guerra que puede permitirse el ser humano: la guerra contra su propia extinción».

PARA SABER MÁS:

· Apicio, M. G. *De re coquinaria*. Antología de recetas de la Roma Imperial. Alba Editorial, 2006.

· Bowdery, D. «An enigma revisited: identification of palm phytoliths extracted from the 1983 Rapa Nui, Rano Kao2 core». *Veget. Hist. Archaeobot* 24 (2015): 455-466.

· Cañellas-Boltà, N et al. «First records and potential paleoecological significance of Dianella (Xanthorrhoeaceae), and extinct representative of the native flora of Rapa Nui (Easter Island)». *Veget. Hist. Archaeobot* 23 (2014): 331-338.

· Forster, G. *A voyage around the world in His Britannic Majesty's sloop Resolution commanded by Capt. James Cook during the years 1772, 3, 4, and 5*. (2 vol.). Gale ECCO Prints Edition, 2018.

· Hendy, J. *A gardener's guide to Topiary: The art of clipping, training and shaping plants*. Lorenz Books, 2018.

· Heródoto. *Historia*. Cátedra, 2006.

· Lobin, W. y W. Barthlott. «Sophora toromiro (Leguminosae): the lost tree of Easter Island». *Botanic Gardens Conservation News* 1, no. 3 (1988): 32-34.

· Plinio, C. *Historia natural de Cayo Plinio Segundo traducida por el licenciado Gerónimo de Huerta y ampliada por el mismo con escolios y anotaciones*. Visor Libros, 1999.

· Teofrasto. *Historia de las plantas*. Gredos, 2008.

· World Conservation Monitoring Centre. Santalum fernandezianum. The UICN Red List of Threatened Species, 1998. https://www.iucnredlist.org/species/30406/9544750. (Consultado el 1-10-2022).

El Prometeo botánico

«La vida, aunque solo sea un cúmulo de angustias,
es muy querida para mí y voy a defenderla».
Frankenstein o el moderno Prometeo,
Mary Shelley

«La fantasía es el único lienzo
lo suficientemente grande como para pintar»
Terry Brooks

C on frecuencia, los estudiantes de biología se quejan de
tener que estudiar algunos principios básicos de taxonomía y sistemática. Yo, que fui cocinero antes que fraile,
comprendo sus quejas —aunque no las comparto—.
Conocer las relaciones evolutivas o filogenéticas de los seres vivos, de
modo que seamos capaces de crear sistema que permita reflejar
su historia, resulta realmente apasionante. La taxonomía y sistemática no se limitan exclusivamente a clasificar y otorgar nombres a los
seres vivos, sino que también ayudan a reconstruir el camino evolu-
tivo identificando a nuestros ancestros. ¿Quién no querría conocer a
sus bisabuelos, tatarabuelos o trastatarabuelos?

En ese «caos» que resulta la biodiversidad, los seres vivos no van
equipados con etiquetas donde aparezca detallada información
como la siguiente: «Tiene ante usted un ejemplar de aguilucho
cenizo, también conocido como *Circus pygargus*. Pertenece al reino
Animalia, filo Chordata, clase Aves, orden Falconiformes, familia
Accipitridae, género Circus. Seguramente también conozcan a su
primo el azor (*Accipiter gentilis*) de pulular por los bosques». De ser
así, los taxónomos y sistemáticos no existirían, lo que supondría
un alivio para más de uno, habida cuenta de que no hacen nada
útil… ¡Qué mundo este, tan cruel! Eso sí, cada vez que surge una
duda ¿a quién se acude? Parafraseando la mítica frase atribuida a
Linneo, «Dios pudo crear, pero son los taxónomos y sistemáticos
quienes ponen orden».

Igual opino así porque he realizado labores de taxonomía y
sistemática en más de una ocasión. En este caso reconozco que

no soy imparcial, pues cuando uno ha hecho —y seguirá haciendo mientras pueda— catálogos florísticos, ya está contribuyendo a dar algo de lustre a esta disciplina. ¿Se imagina los debates que debieron tener los taxónomos y sistemáticos a mediados del siglo XVIII hasta que las pruebas permitieron clasificar correctamente a organismos tan asombrosos como las gorgonias? No lo imagine, que ya se lo cuento. Primero voy a reproducir un fragmento de la carta que Carlos Linneo (1707-1778) remitió en 1761 al naturalista y comerciante irlandés John Ellis (1714-1776):

> «Los zoófitos tienen vida vegetal y crecen cada año bajo su corteza, como los árboles, como demuestran los anillos de crecimiento en el tronco de la corteza. [...] Son por lo tanto vegetales, con flores como animales pequeños. Como los zoófitos están, muchos de ellos, cubiertos con un pelaje pedregoso, el Creador se ha complacido de que recibieran alimento de sus flores desnudas. Por lo tanto, ha provisto a cada uno de un poro, que llamamos boca».

La respuesta de John Ellis a la misiva anterior tampoco ayuda a resolver el problema de cómo y dónde colocar a las gorgonias:

> «[No estoy convencido] de cuál o dónde está el vínculo que divide los reinos animal y vegetal de la naturaleza».

Ellis instó a Linneo, que todavía albergaba serias dudas sobre el origen de estos entes, a que considerase los litófitos animales capaces de construir estructuras pétreas según las conclusiones obtenidas después de más de tres décadas de observaciones. ¡Y así aparecen descritos en la décima edición del *Systema Naturae*! Ante tanta confusión, el planteamiento de Ellis, que hoy sabemos correcto, se recogió en la obra de Daniel Solander titulada *Historia natural de muchos zoófitos curiosos y poco comunes, recopilados por el difunto John Ellis*. Hasta ese momento, los zoófitos eran un enigma biológico por resolver. Y no ha sido el único. De hecho, el ejemplo de las gorgonias me sirve para avanzar qué es un zoófito y los frecuentes quebraderos de cabeza —y mitos— que han originado estos organismos al tener una anatomía que dificultaba su correcta clasificación y catalogación.

Un zoófito es un organismo intermedio entre animales y plantas, un ser vivo que se movería entre los límites del reino animal y vegetal, como podría pensarse de las anémonas o las gorgonias. Actualmente, con el avance de los conocimientos en anatomía comparada, zoología y botánica, este término resulta obsoleto y estos organismos forman parte en su mayoría del reino animal —concepto también anticuado para algunos autores—. Sin embargo, hasta el siglo XIX aún existía en el imaginario colectivo la idea del zoófito para referirse a aquellos seres que hoy conocemos como Cnidarios —medusas y afines— o Ctenóforos —medusas de peines—. Si tiene a bien consultar algún texto médico tradicional chino —solo por curiosidad, no con intenciones terapéuticas—, observará que se considera un zoófito al hongo entomopatógeno *Ophiocordiceps sinensis*, un peculiar ascomiceto oriundo de las regiones montañosas de Nepal y el Tíbet que parasita a larvas de lepidópteros del género *Hepialus*. ¿Y sabe para qué se recomendaba el consumo de estos zoófitos en la medicina tradicional china? ¡Para aumentar el rendimiento sexual! Pero dudo que el consumo de *O. sinensis* haya propiciado que actualmente habiten en China más de mil cien millones de individuos, más aún si tenemos en cuenta los elevados niveles de arsénico —y otros metales pesados— hallados en algunas muestras. Vale que no supieran que niveles elevados de arsénico en la orina están relacionados con menores concentraciones de espermatozoides en semen, pero ahora sí lo saben, igual que usted desde este momento: evite tomar «remedios naturales» que en lo único que han demostrado utilidad es en engrosar la faltriquera de timadores. Este hongo se ha llegado a pagar a más de 125 000 dolares el kilo… alguien se ha tenido que hacer de oro a costa de la desesperación y frustración ajena. Para colmo, debido a la sobreexplotación económica y al cambio climático, el área de distribución de *O. sinensis* se ha reducido drásticamente en los últimos años.

Una confusión taxonómica similar, aunque cargada de un halo de leyenda, ocurrió con el *Agnus scythicus*, planta tartárica barometz o «cordero vegetal de Tartaria». Esta suerte de engendro vegetal originaría tras su fructificación una criatura similar a un borrego que quedaría unido al resto de la planta por un «cordón umbilical» leñoso. Hasta que no llegó a manos de Hans Sloane (1660-1753), naturalista irlandés al que se considera padre del Museo Británico de Historia Natural, el enigmático zoófito permaneció envuelto en las brumas del misticismo. Concluyó que el «cordero vegetal de Tartaria» era un fragmento del rizoma de un helecho, concretamente la cibota (*Cibotium barometz*). En un artículo publicado en el vigésimo volumen de la revista *Philosophical Transactions*, fechado en 1698, dice que «la figura cinco representa lo que comúnmente, pero de manera errónea, en India es llamado cordero vegetal de Tartaria» y continúa afirmando unas líneas más abajo que «en Jamaica hay muchos helechos arborescentes de tamaño escandaloso, provistos de una especie de lanugo». ¡No había criatura fantástica alguna!

Linneo vivió otro gran jaleo taxonómico a la hora de clasificar los infusorios. Tradicionalmente se conocía con esta denominación a todos aquellos microorganismos que presentaban estructuras «motoras», como cilios o flagelos. Su nombre se debe a que van Leeuwenhoek (1632-1723) advirtió la presencia de estos organismos después de observar al microscopio el líquido resultante de infusionar heno (Lolium spp.). En las primeras ediciones de *Systema Naturae* algunos de estos, como *Volvox* —que es un género de algas clorofíceas microscópicas—, formaron parte del reino *Vegetabile*. No obstante, al llegar a la décima edición de la obra, estos pasaron a colocarse en la clase *Vermes*, orden *Zoophyta*. Es decir, se englobaron dentro del reino *Animale*. ¿Por qué este repentino cambio? Porque la forma alargada de algunos infusorios, unida a su falta de apéndices externos y su elevada movilidad, hizo creer a los taxónomos que eran una especie de gusanos. ¡Algunos venían equipados incluso con sus propios cloroplastos! Desde ese momento, los infusorios pasaron a considerarse «animales-plantas» que habitaban en secreciones mucosas o aguas putrefactas. Sin embargo, Linneo era consciente de que algo no cuadraba en su clasificación y en la doceava edición de *Systema Naturae*, junto a la descripción de un infusorio al que denominó *Chaos obscura*, puede leerse lo siguiente: «todavía se ocultan muchísimas moléculas vivas que tal vez deban ser dejadas a la posteridad poder desvelar». Sorprende el hecho de que Linneo no crease un reino intermedio. Muy probablemente se deba a que el sueco fue un firme partidario de la Gran Cadena de los Seres, idea aristotélica que se resume en la frase «Natura non facit saltus». Tuvimos que esperar un siglo más hasta que Ernst Haeckel (1834-1919) propusiera a la comunidad científica el reino intermedio *Protista*, donde se alojaron estos infusorios.

Curiosamente, una de esas «moléculas vivas» que la posteridad intenta colocar correctamente en el juego de la Sistemática son los líquenes. Aunque los estudios genéticos parecen confirmar la polifilesis del grupo, actualmente hay autores que los consideran miembros de las divisiones fúngicas *Ascomycota, Basidiomycota* y *Mucoromycota*. ¿Cómo es posible que se permita esta «burda» clasificación si los líquenes se definen como el resultado de la asociación simbiótica entre un alga y un hongo? Pues porque estos organismos nos traen de cabeza. Hasta el siglo XVII, los botánicos los consideraban vegetales con el aspecto de hepáticas, razón por la que acompañaban a los musgos en las obras destinadas al estudio de la historia natural. Fue Joseph Pitton Tournefort (1656-1708) quien creó el género *Lichen* y los separó definitivamente de los briófitos, y lo creó con una idea muy clara, meter en un mismo saco a todos esas criaturas que parecen «costras». Solo en 1879, Heinrich Anton de Bary (1831-1888) estableció la posibilidad de que las algas fueran «seres dobles» en su obra *Die Erscheinung der Symbios* —La apariencia de los simbiontes—. Sin embargo, seguimos sin saber reconocer estos particulares seres vivos, aunque por motivos diferentes. Ahí va una anécdota de mi ignorancia.

Imagínese que es estudiante de primer año de Biología y decide salir con sus compañeros de senderismo a «inspeccionar el monte». Durante la expedición se topa con un ejemplar atípico de líquen, grupo botánico que ha estudiado hace solo unas semanas. Ante semejante hallazgo, decide llevarse a casa el ejemplar para que los profesores del Departamento de Biología Vegetal complementen la información recogida en su cuaderno de campo. En él ha anotado lo siguiente: «Salida a Moguer. 12/12/2004. En el desvío hacia Dehesa del Estero, sobre encina, aparece ejemplar de líquen con talo ¿aberrante? Aspecto demasiado blanquecino. Preguntar en el Dpto. por Benito Valdés o Salvador Talavera». Con esa información y su tesoro va a ver a Benito Valdés ¿y cuál es el veredicto?, que el hallazgo no era ni aberrante ni novedoso. De esta forma aprendí que los líquenes son entidades vivas muy sensibles a la contaminación atmosférica. Hasta el punto de que en 1866 William Nylander (1822-1899), tras estudiar la flora liquénica del Jardín de Luxemburgo en París, propuso su utilización y estudio como bioindicador de la contaminación atmosférica. Pero en mi caso particular, lo que guardaba con tanto celo no era más que un ejemplar de musgo del roble (*Evernia prunastri*) con alguna lesión en su estructura.

Posteriormente me explicó que el IPA —Índice de Pureza Atmosférica— es una herramienta estadística que permite inferir diferentes grados de contaminación atmosférica a partir del número de especies liquénicas presentes en las parcelas estudiadas y su frecuencia. Así, valores IPA menores a quince indican un alto grado de contaminación atmosférica, mientras que índices superiores a sesenta o sesenta y cinco nos permite inferir que el aire está poco contaminado. Con esta «sencilla» fórmula podemos afirmar que en la atmósfera existen una serie de contaminantes que afectan negativamente al desarrollo de la comunidad liquénica. Al no tener raíces, los líquenes absorben el agua, pero también contaminación, ya que su estructura dificulta filtrar lo que entra en su interior y lo que no. Es más, podemos inferir que muy probablemente sean los siguientes contaminantes: polvo, Cl, Cd, Pb, Zn, SO2, NOx. Como primera aproximación es una herramienta muy utilizada por organismos públicos para conocer la calidad del aire de una zona a la hora de planificar su desarrollo urbano o empresarial. O incluso para determinar a corto plazo el impacto de determinadas actividades industriales sobre la calidad ambiental, caso en que solo habría que tener los datos IPA de la zona anteriores a la implantación de las fábricas.

Sin embargo, no todos los líquenes tienen el mismo poder predictivo. Cada especie está adaptada a unas condiciones ambientales muy concretas y donde un taxón no tolera la contaminación, otro sí puede hacerlo. Por este motivo, los ecólogos usan únicamente como bioindicadores de la contaminación atmosférica aquellos líquenes de cuya biología existe más información. Pero vayamos al grano: ¿eran las diferencias morfológicas observadas en mi liquen debidas a la contaminación atmosférica? Pues resulta que *E. prunastri* es uno de los taxones conocidos más tolerantes a la contaminación urbana —junto con *Scoliciosporum chlorococcum, Phaeophyscia orbicularis* o *Amandinea punctata*—. Pero claro, en aquel entonces pequé de ingenuo. Recuerden, los científicos debemos ser excelentes ¡siempre! ¡Todo el tiempo! En mi caso, pensé que cuanto antes empezase a «investigar» por mi cuenta y riesgo, más sencillo sería mi tránsito por el mundo de la investigación. ¡Bendita inocencia la de mis dieciocho abriles!

. En caso de que usted encuentre alguno de aspecto aparentemente anómalo, antes de sacar conclusiones precipitadas, consulte con algún especialista en la materia. Por ejemplo, se ha comprobado que la exposición a SO2 interfiere el flujo normal de agua y otros nutrientes: daña diferentes proteínas de membrana del liquen alterando el equilibrio osmótico y acabando, por consiguiente, con la relación simbiótica. Curiosamente, uno de los taxones más sensibles al dióxido de azufre es *Lobaria pulmonaria*, del que nuestros abuelos y bisabuelos extraían un tinte de color anaranjado con el que teñían la lana. Otro potente catalizador de la peroxidación de la membrana lipídica liquénica es el O3 troposférico. Además del daño causado a las membranas celulares, Ross y Nash establecieron que *Flavoparmelia caperata* disminuía su tasa fotosintética neta un 50 % después de ser rociada con O3. Zambrano y Nash demostraron posteriormente que *Usnea ceratina* también reducía su tasa de fotosíntesis neta tras ser expuesta a ozono troposférico seis horas diarias durante varias jornadas. Estos datos apoyan la tesis de que este contaminante atmosférico daña el aparato fotoquímico del ficobionte.

La lluvia, las aguas superficiales y la difusión pasiva desde el sustrato son agentes que ponen en contacto el talo liquénico con los metales pesados disueltos en el medio. La cantidad de cada ión metálico que puede acumular cada taxón varía según sus características de absorción y de la cantidad disponible. Numerosos artículos científicos demuestran que los líquenes son bioacumuladores de metales pesados, dado que las concentraciones halladas en sus talos correlacionan positivamente con la presencia del contaminante en el ambiente. Así, la toxicidad causada por la bioacumulación de metales pesados se evidencia en alteraciones de la integridad de clorofilas y membranas plasmáticas, producción de etileno, disminución en la tasa fotosintética... Bosch-Roig y sus colaboradores analizaron en 2013 el contenido de metales como V, Cr, Mn, Co, Ni, Cu, Zn, Cd, Pb, Bi o U, entre otros elementos, y concluyeron que especies como *Candelariella sp.*, *Lecanora sp.* y *Caloplaca sp.* son buenas bioacumuladoras de metales pesados transportados por el aire. También pudieron determinar que la ciudad de Valencia, en comparación con el medio rural, presentaba elevados niveles de Cu y Pb. ¡Todo esto con la ayuda de líquenes!

Hace unos años, Toby Spribille y sus colegas consiguieron redefinir el concepto clásico de líquen, así que quizá, sin ser conscientes de ello, estemos viviendo una nueva etapa dentro de la liquenología. Además del ficobioente —alga— y el micobionte —hongo—, descubrió que muchas de estas asociaciones contaban con levaduras del género *Cyphobasidium*. Unos Frankenstein de tres genomas que, cada vez, son menos frecuentes en los alrededores de grandes núcleos urbanos. Por ejemplo, el área de distribución de *Erioderma* pedicellatum ha disminuido más de un 80 % en las últimas décadas. Por este motivo, la UICN lo ha categorizado como «en peligro crítico» de extinción. Quizá un líquen boreal se le antoje un ejemplo muy lejano. En España, la Sociedad Española de Liquenología ha publicado una decena de volúmenes de la *Flora Liquenológica Ibérica*, pero todavía no contamos con una Lista roja. Aunque queda todavía mucho trabajo por hacer, sí hay algunas propuestas regionales, como la desarrollada en la Comunidad Valenciana por Atienza y Segarra, donde se incluyen sesenta y un especies de las diferentes categorías establecidas por la UICN, dos de las cuales se consideran extintas: *Massalongia* carnosa y *Lobaria* pulmonaria. Son muchas las amenazas que afectan a los líquenes, como la explotación forestal, la fragmentación y pérdida del hábitat, la intensificación del uso del suelo con fines agroganaderos o el cambio climático. Estos no discriminan y afectan por igual a muchos otros grupos de seres vivos. Esperemos que los líquenes, como sí ocurriera en la obra Mary Shelley, no se «quemarán vivos» mientras se abrazan al cadáver de su «creador».

PARA SABER MÁS:

· Ammann, K. et al. «Multivariate correlation of deposition data in small town in Switzerland». *Advances in Aerobiology* 51 (1987): 401-406.

· Atienza, V. y G. Segarra. «Preliminary Red List of the lichens of the Valencian Community (Eastern Spain)». *Forest Snow and Landscape Research* 75 (2000): 391-400.

· Bazo, E. Con mucho gusto. *Un menú cuajado de historias botánicas.* Cálamo, 2021.

· Bazo, E. «La Botánica me pone». *Desgranando Ciencia* 7, 2021. https://www.youtube.com/watch?v=IwkATTPFRkI. (Consultado el 1-10-2022).

· Bosch-Roig, P., D. Barca, G. M. Crisci y C. Lalli. «Lichen as bioindicators of atmospheric heavy metal deposition in Valencia, Spain». *Journal of Atmospheric Chemistry* 70 (2013): 373-388.

· Conti, M. E. y G. Cecchetti. «Biological monitoring: lichens as bioindicators of air pollution assessment. A review». *Environmental Pollution* 114 (2001): 471-492.

· Ellis, C. J. «A risk-based model of climate change threat: hazard, exposure, and vulnerability in the ecology of lichen epiphytes». *Botany* 91 (2013): 1-11.

· Hopping, K. A., S. M. Chignell y E. F. Lambin. «The demise of caterpillar fungus in the Himalayan region due to climate change and overhasting». *PNAS* 115, no. 45 (2018): 1 1489-1 1494.

· Ley 34/2007 de calidad del aire y protección de la atmósfera. Boletín Oficial del Estado, no. 275, 15 de noviembre.

· Linneo, C. *Systema naturae. Tom. I Pars. II. Editio Duodecima Reformata.* 1767. https://bibdigital.rjb.csic.es/en/records/item/10961-systema-naturae-tomus-i-pars-ii-editio-duodecima-regnum-animale. (Consultado el 1-10-2022).

· Nylander, W. *Les liches du Jardin du Luxembourg*. Bulletin de la Société Botanique de France 13 (1866): 364-372.

· Scheidegger, C. *Erioderma pedicellatum. The IUCN Red List of Threatened Species*. 2003.
https://www.iucnredlist.org/species/43995/10839336.
(Consultado el 1-10-2022).

· VV. AA. *Strasburger: Tratado de Botánica*. Omega, 2002.

TERTULIA EN EL BOSQUE

Con una canción homónima al título de este capítulo daba comienzo el álbum *Legado de juglares*, de los folk metaleros Saurom —San Fernando, Cádiz—. Sus letras están inspiradas en leyendas, romances, cuentos tradicionales o conocidas obras literarias como, por ejemplo, *El Señor de los Anillos*. En este mismo trabajo, además de cantar las profecías de Nostradamus también narran la popular leyenda gaditana de la Casa de los Espejos, que tiene lugar frente al monumento del Marqués de Comilla, en la Alameda Apodaca, una de esas construcciones señoriales (siglos XVI-XVII) que guardan tras de sí una luctuosa historia. Los protagonistas de la historia son una feliz familia gaditana formada por un almirante de la marina, su esposa e hija pequeña. El hombre viajaba constantemente, pero el amor que padre e hija sentían era tan inmenso como el océano que los separaba. Después de cada viaje, el marinero la obsequiaba con un espejo, pues le gustaba coleccionarlos y vivía rodeada de ellos: grandes, pequeños, estrechos, anchos… No había habitación que no contase con uno. Como es lógico, el tiempo convirtió a aquella niña en una muchacha hermosa, que pasó a ser el centro de atención no solo del almirante, sino también de sus amigos y compañeros de profesión, lo que acrecentó los celos y envidia de su madre, que no solo tuvo que ver cómo el trabajo le impedía disfrutar de la compañía de su marido, sino que era relegada a un segundo plano. Dispuesta a recuperar la atención de su marido, sirvió a su hija un pescado envenenado y a la mañana siguiente la encontró en el suelo de su habitación, inmóvil. El veneno había surtido efecto.

Lleno de ilusión, el almirante regresó a casa cargado de espejos con los que agasajar a su hija. Su esposa le comunicó la trágica noticia, un desafortunado accidente. Desde ese momento, los viajes se acabaron y el hombre quedó sumido en un pozo de abulia y soledad. Sin embargo, la leyenda cuenta que una madrugada la voz de su hija le despertó y, confundido, se levantó para tomar un poco de agua, creía que todo había sido fruto de un mal sueño. Al pasar por uno de los espejos que custodiaban la casa, el marino distinguió la figura de su hija, que con el dedo índice le hacía señas. Casi sin aliento, la siguió. Atónito, escuchó cómo le narraba los hechos que dieron lugar a su deceso y, atormentado por la revelación, lleno de rabia y dolor, despertó a su mujer para obtener respuestas. Esta se derrumbó y confesó toda la verdad, quizá esperando su perdón, pero el marino, hombre recto, se personó ante las autoridades con ella y consiguió que fuese encarcelada de por vida por el crimen cometido. Destrozada su vida, nadie más volvió a ver al almirante por las calles de Cádiz. ¿Quién sabe si emprendió un viaje para rehacer su vida?

Uno de los motivos por los que contar esta leyenda es que parece que el marino transportaba mercancías —¿de origen vegetal?— desde el Nuevo Mundo. Lamentablemente, no hay documentos que permitan apoyar esta interpretación. El segundo es porque, como ocurre en cualquier leyenda o terrorífico misterio, hay una realidad que no sabemos explicar, por lo que revestimos nuestra ignorancia con interpretaciones fantásticas. Un ejemplo concreto: en muchos territorios de Europa del Este los helechos —o pteridófitas— se asocian con el don de la providencia. Una leyenda tradicional eslava dice que en la víspera de Iván Kupala —7 de agosto, festividad de San Juan Bautista—, un campesino pobre perdió a su vaca y estuvo toda la noche buscándola por el prado, hasta que pasó por encima de un helecho florido. Esta flor se enganchó en uno de sus zapatos y se volvió invisible, pudo localizar inmediatamente a la bestia descarriada pero, además, vio los múltiples tesoros que permanecían enterrados en el suelo. El hombre, asustado, se marchó a casa y, al quitarse los zapatos antes de entrar, el campesino volvió a hacerse visible, por lo que pensó que los zapatos estaban malditos. De repente, un extraño comerciante pasó por su puerta y quiso comprarle sus zapatos. El humilde agricultor no dudó en vender su calzado, perdiendo así la fuente de una fortuna que le habría hecho salir de su ajustada situación económica. La leyenda termina insinuando que el comerciante era la encarnación del diablo.

¿No encuentra algo realmente extraño? Si recuerda sus clases de biología, los helechos se reproducen por esporas, ¡no tienen flores! Por cierto, el término *Pteridophyta* está en desuso después de que diferentes análisis de ADN hayan puesto de manifiesto que se trata de un grupo parafilético, es decir, incluye al ancestro común, pero no a todos sus descendientes.

Entonces, si los helechos se reproducen por esporas, ¿a qué se puede deber tan burda confusión? Como decía, la humanidad trata de conocer el mundo que le rodea y si no se sabe dar explicación, se acude a interpretaciones mágicas o supersticiosas. Por ejemplo, yo cuando era un crío, no sabía cómo era posible que los nefrolepis (*Nephrolepis exaltata*) que había en casa de mi abuela nunca dieran flores, ¿no eran iguales que las gitanillas (*Pelargonium peltatum*)? Pues la leyenda eslava no va muy desencaminada. Hay especies de helechos, como *Osmunda regalis*, donde los esporangios se disponen sobre el raquis, a modo de panículas, aunque lo común es que presenten sus estructuras reproductoras en el envés de sus frondas: no todos los helechos son iguales. Un ojo inexperto no distinguiría estas estructuras reproductoras que sobresalen de entre las hojas del helecho de simples espigas de gramíneas. Máxime si tenemos en cuenta que, según la leyenda, los acontecimientos transcurren en un prado, donde predominan las gramíneas. Si a esto añadimos el hecho de que algunas de estas especies se desarrollan en zonas húmedas como ríos o vaguadas, podemos pensar sin riesgo a equivocarnos que el campesino se tropezó con uno de estos helechos, muy probablemente con un ejemplar de *Osmunda regalis*, un taxón cosmopolita que únicamente está ausente en Australia.

Y no es el único mito donde los helechos —y su biología— son protagonistas. Aunque a decir verdad, las protagonistas del siguiente mito son las plantas ornamentales. Imagino que habrá escuchado en más de una ocasión que hablar a las plantas hace que estén más sanas y tengan una floración más vigorosa, sin embargo, no existen fundamentos científicos para validar una afirmación como esta. Sin duda, el contacto del ser humano con las plantas, ya sea visitando parques o paseando por zonas arboladas, resulta saludable, pues es, por ejemplo, una experiencia sensorial placentera entre el bullicio de los grandes urboecosistemas.

Desde un punto de vista biológico, los sonidos son especialmente importantes en la comunicación de determinados grupos. Parece que existe una determinada capacidad de detección bioacústica ligada al «sistema sensorial vegetal» y a las interacciones de este con el medio ambiente. Así, existen estudios que correlacionan una ganancia fotosintética en «nometoques» africanos (*Impatiens walleriana*) con la exposición al sonido de cigarras gigantes (*Quesada gigas*), no obstante, cuando el sonido de las cigarras se muestra de forma desorganizada, el fenómeno anterior no se manifiesta. La respuesta fisiológica a la percepción de un sonido ambiental depende, según Cypriano y sus colaboradores, del estado de desarrollo de la planta y la organización sonora de la fuente emisora. Siguiendo esta premisa, ¡*Arabidopsis thaliana* puede distinguir las vibraciones que producen las orugas de *Pieris rapae* al masticar sus hojas de otros sonidos ambientales! Para algunos autores, los hechos anteriormente relatados demuestran la inteligencia de las plantas. Está claro que una circunstancia como el ataque de una oruga a la estructura foliar de una planta se traduce en la transmisión y recepción de moléculas. Poco más. ¿Sirve esto para afirmar que las plantas son inteligentes? Yo no me atrevo a definir un concepto tan complejo. Además, estos sonidos no tienen nada que ver con los que emitimos gracias a nuestro aparato fonador, presuntos responsables de los beneficios sobre la salud de nuestras plantas.

Siendo sensatos, lo que mantiene lozanas a nuestras plantas son nuestros cuidados. Se desarrollan en un ambiente bastante menos agresivo y les proporcionamos riego, la luminosidad adecuada... Sería lo más parecido a estar alojado en un spa con todo incluido. De la misma forma, si sufre daños por plagas, además de los mecanismos de defensa vegetal, nos tiene a nosotros, aunque los ataques a las plantas de interior son menos severos que en el medio natural. En los prados españoles no hay nadie que trate a los geranios silvestres con jabón potásico, ¿no es cierto?

¿Ha tenido bastante? Pues agárrese que vienen curvas. En algunos foros de Internet se dice que espirar cerca de nuestras plantas mejora su tasa fotosintética. Hay quienes afirman que aumentar la concentración de CO_2 en las inmediaciones de la cámara subestomática pondrá a funcionar a plena potencia la maquinaria fotosintética. ¡Menudo mito! Suponiendo que la concentración de dióxido de carbono producido por la respiración humana fuese significativa, esta acumulación provocaría una menor eficiencia de la enzima ribulosa 1,5-bifosfato carboxilasa oxigenasa —RuBisCO—. Recordemos que el correcto funcionamiento de esta enzima es indispensable para que, por medio del ciclo de Calvin/Benson, los organismos fotosintéticos sinteticen compuestos orgánicos a partir de CO_2, agua y sales minerales. Vaya, que tiene el efecto fisiológico contrario al que esta práctica buscaba.

Los beneficios que, como humanidad, podemos brindar a las plantas en el ámbito doméstico se restringen a técnicas empíricas. Así, por muy básicos o rudimentarios que nos resulten estos procedimientos, las condiciones difieren diametralmente de la «buena voluntad» de nuestras palabras. Multitud de antropólogos afirman que las comunidades cuya subsistencia depende directamente de la actividad agrícola muestran una mayor predisposición a creer en mitos agroforestales. ¡Qué demonios, podría suponer la diferencia entre comer y pasar hambre! Si estos mitos y leyendas han perdurado es porque somos herederos de aquellas sociedades. Y también porque a algún agente externo debemos achacar nuestra evidente falta de conocimientos botánicos. Nuestros antepasados tenían excusa, pero viviendo en la era de la información… Resulta irónico pensar que haya dado origen y difusión a otros nuevos.

Para saber más:

· Appel, H. M. y R. B. Cocroft. «Plants respond to leaf vibrations caused by insect herbivore chewing». *Oecologia* 175, no. 4 (2014): 1257–1266.

· Cypriano, R. J. *Reconhecimento de padrões sonoros por plantas: um estudo da resposta de Impatiens walleriana ao canto de Quesada gigas.* Tesis doctoral, 2013. https://www.locus.ufv.br/bitstream/123456789/3225/1/texto%20completo.pdf. (Consultado el 1-10-2022).

· Gagliano, M., S. Mancuso y D. Robert. «Towards understanding plant bioacoustics». *Trends in plant science* 17 (2012): 323-325.

· Galmés, J., S. Capó-Bauçà, Ü. Niinemets y C. Íniguez. «Potential improvement of photosynthetic CO_2 assimilation in crops by exploiting the natural variation in the temperature response of Rubisco catalytic traits». *Current Opinion in Plant Biology* 49 (2019): 60-67.

· García, J. M. *Cádiz misteriosa.* Almuzara, 2017.

· Sokolova, L. V. y R. Guzmán. *El folclore de los pueblos eslavos.* Ed. Universidad de Granada, 2004.

· Taiz, L., E. Zeiger, I. M. Møller y A. Murphy. *Plant physiology and development.* Sinauer, 2014.

· Taiz, L. et al. «Plants neither possess nor require consciousness». *Trends in plant science* 24, no. 8 (2019): 677687.

· VV. AA. «Neurobiological View of Plants and Their Body Plan». *En Communications in Plants: Neuronal aspects of plant life,* 19-35. Springer: Berlin, 2006.

· Whitehead, J., C. J. Macleod y H. Campbell. «Improving the adoption of agricultural sustainability tools: A comparative analysis». *Ecological indicators* 111 (2020): 106034. https://www.sciencedirect.com/science/article/abs/pii/S1470160X19310301. (Consultado el 1-10-2022).

· Zhang, X. y A. Ghorbani. «An overview of online fake news: Characterization, detection, and discussion». *Information processing & management* 57, no. 2 (2020): 102025. https://www.sciencedirect.com/science/article/abs/pii/S0306457318306794. (Consultado el 1-10-2022).

Culturistas veganos y deidades

«El culturismo es en un 80% la alimentación»
Vince Gironda

«Siendo atleta, uno intenta conseguir proteína»
Ronda Rousey

C itius, altius, fortius». Esta fue la frase que pronunció Pierre de Coubertin (1863-1937) en la inauguración de los primeros Juegos Olímpicos de la Edad Moderna, celebrados en Atenas en 1896. Más rápido, más alto, más fuerte. Siempre más. Buscando esta «grandiosidad» son muchos los que se quedan en el camino: unos por no poder batir a suscompetidores, otros por llevar su cuerpo hasta la extenuación. Los deportistas son conscientes de que, si les pillan violando las normas, los comités y organismos internacionales los suspenderán. Jugar implica aceptar un reglamento. Si recuerda, el 22 de agosto de 2006 la USADA — Agencia Antidopaje de los Estados Unidos— declaró que el atleta estadounidense Justin Gatlin, campeón de los cien metros lisos en los JJ. OO. de Atenas 2004, dio positivo en testosterona. Después de su positivo en 2001, esta era la segunda ocasión en la que pillaban a Gatlin «flirteando» con esta sustancia...

Viendo la que se le venía encima, Gatlin decidió cooperar con la justicia. Gracias a esta situación y a que la USADA consideró su primer positivo «una circunstancia excepcional», su castigo pasó de ocho a cuatro años de inhabilitación. Aunque su retorno se produjo en 2010, el Gatlin que vimos en el mitin de Rakvere —Estonia— estaba a años luz de aquel que, semanas antes de su sanción, casi consigue igualar el récord de los cien metros lisos. Poco a poco fue mejorando hasta que, en 2012, ganó el Campeonato del Mundo en Pista Cubierta celebrado en Estambul y se hizo con el bronce en los JJ. OO. celebrados en Londres. Sin embargo, la temporada más competitiva la firmó en 2015. El 2 de mayo,

Gatlin y sus compañeros consiguieron el oro para el combinado estadounidense en Nasau —Bahamas—, todo un hito si tenemos en cuenta que el equipo jamaicano contaba con el plusmarquista Usain Bolt... ¡y que no perdían una prueba de 4x100 desde 2007! Asimismo, su desempeño en la Diamond League hizo que muchos analistas deportivos consideraran que, si alguien tenía que poner fin al reinado del «hombre más veloz del planeta», ese sería Gatlin. Pero Bolt venció a Gatlin por 0.01 segundos de diferencia. De todos modos, creo que bajo ningún concepto debería reconocerse una victoria de Gatlin. Todos cometemos errores, qué duda cabe, pero ocnsidero que tanto la IAAF —Federación Internacional de Asociaciones de Atletismo— como la USADA fueron demasiado benévolas con él. ¡Y además dopado con testosterona!

La testosterona es una hormona esteroidea del grupo andrógeno que deriva del ciclopenatoperhidrofenantreno o esterano. Las glándulas suprarrenales secretan la principal hormona sexual masculina, que juega un papel fundamental en el desarrollo de los testículos o la próstata y está vinculada al desarrollo de la masa muscular y la densidad ósea. ¿Y saben qué? Un mayor desarrollo muscular incrementa no solo la fuerza, sino también la resistencia del deportista. Además de volverse más grandes, las fibras musculares de las personas que suplementan su preparación con testosterona se reparan más rápidamente después de un ejercicio extenuante.

Después de una serie de escándalos de dopaje en la década de los ochenta del siglo pasado, el Congreso de los Estados Unidos desarrolló la Ley de Control de Esteroides Anabólicos. Para ello empezaron a poner a punto toda una batería de métodos con los que detectar la testosterona, la mayoría de ellos a través de sencillas pruebas de orina. Mediante el análisis del ratio testosterona/hormona luteinizante o la proporción Carbono-13/Carbono-12 se puede saber si un deportista, sin importar su sexo, ha recibido suplementos de testosterona. ¿Cómo? Le doy una pista: la testosterona de síntesis contiene una mayor cantidad de Carbono-13 que la producida por nuestro organismo. ¡Se trata de una simple discriminación entre isótopos! No obstante, existe un pequeño contratiempo: si el consumo se prolonga en el tiempo, los esteroides de síntesis no actúan como al principio. Este fenómeno se debe al cese en la producción endógena de testosterona, unido a una regulación a la baja a nivel de los receptores androgénicos. Asimismo, si el atleta desea seguir experimentando mejoras en su rendimiento físico, se verá obligado a elevar de manera continuada su administración. Esta dinámica comporta múltiples riesgos debido a la estrecha interrelación entre la testosterona y otras muchas hormonas. Dicho de otra forma, desajustar los niveles de esta hormona en un organismo afecta a otros procesos fisiológicos, provocando la salida de su estado homeostático. Este es el verdadero motivo detrás de la persecución del dopaje: preservar la salud del deportista. A poco que uno busque se dará cuenta de que la lista de fallecidos es interminable: Mike Mentzer, Claudia Bianchi, Rich Piana, Nasser el Sonbaty... y en 2022 la lista no ha hecho más que aumentar. En apenas doce meses son casi una treintena los deportistas que han fallecido, algunos de ellos a escasas horas de salir a competir. Todo este asunto ha llevado a preguntarse por qué mueren tantos y a edades tan tempranas, y se ha originado un movimiento conocido como culturismo natural.

Como imaginará, uno de los deportes más salpicados y sobre el que más pesa la sombra de la duda es, sin ninguna duda, el fisicoculturismo. Aun sin saber demasiado de esta disciplina, reconozco que siento respeto y me fascina el estricto estilo de vida que llevan estos atletas.A diferencia del fisicoculturismo clásico, el natural prohíbe taxativamente el consumo de sustancias como insulina, esteroides, hormonas de crecimiento o diuréticos, que se consideran productos dopantes. Incluso hay atletas vegetarianos que han decidido competir bajo el reglamento de la Federación Española de Culturismo Natural —WNBF—.

Natalia, una antigua compañera, conoce de los efectos secundarios del uso de esteroides anabólicos: hipertensión arterial, daño hepático, aumento del riesgo de sufrir trombos, problemas psicológicos... Además, un estudio titulado «Free testosterone and risk for Alzheimer disease in older men», publicado en 2004 en la revista *Neurology*, vinculaba el deterioro de las funciones cognitivas con el abuso de esteroides. Considero que estos motivos son suficientes para que personas con afición al ejercicio y que quieren mantener unos hábitos de vida saludables, hayan decidido apostar por esta nueva propuesta deportiva. Natalia es, además, vegetariana y, según me contaba hace unas semanas, se estaba preparando para un evento en Italia donde se dan cita anualmente las mejores atletas europeas de la categoría *wellness*. Por lo que me contó, su preparación estaba siendo algo complicada porque todo el mundo se empeñaba en que necesitaba incluir proteínas animales, que son «proteínas completas». Preocupada, se preguntaba por qué esa insistencia en recalcar que las proteínas animales eran «de mayor calidad» que las de origen vegetal.

Antes de proseguir, es pertinente explicar la definición de «proteína completa». Se considera proteína entera —o completa— aquella que contiene una proporción adecuada de cada uno de los nueve aminoácidos esenciales en la dieta humana, que no podemos sintetizar nosotros mismos, por lo que debemos obtenerlos de los alimentos. Son los siguientes: triptófano, treonina, isoleucina, leucina, lisina, metionina, fenilalanina, valina e histidina. Hasta hace poco tiempo se pensaba que la única fuente de proteínas que cumplía estos requerimientos nutricionales era la animal, sin embargo, la posición actual de la Academia de Nutrición y Dietética es contraria a la concepción anterior. En primer lugar, las proteínas de origen vegetal, consumidas de manera variada y a lo largo de todo un día, suministran cantidades suficientes de aminoácidos esenciales siempre y cuando se cumplan los requisitos calóricos establecidos por la Organización Mundial de la Salud. En otras palabras, no es necesario incluir los nueve aminoácidos anteriores en cada una de nuestras comidas, si se puede racionar su administración a lo largo de todas las del día. No obstante, hay otro motivo por el que la Academia de Nutrición y Dietética cambió de opinión: porque sí existen proteínas completas de origen vegetal. ¡Es un bulo decir que ningún alimento de origen vegetal contiene aminoácidos esenciales en cantidades suficientes para el normal desarrollo humano! Sin ir más lejos, conocemos alimentos como los pistachos (*Pistacia vera*), la soja (*Glycine max*) o la quinoa (*Chenopodium quinoa*) que sí tienen estas proteínas completas. También las espinacas (*Spinacia oleracea*), aunque parece que su contenido es bastante bajo. ¿Y saben qué otro alimento, muy de moda últimamente, también es muy rico en proteínas completas? La espirulina (*Arthrospira platensis* y *A. maxima*).

Sobre los beneficios del consumo de espirulina se ha escrito mucho. La mayor parte de estos «artículos» carecen de veracidad y parecen emplazamientos publicitarios de marcas comerciales de suplementos dietéticos. En un foro llegaban a afirmar incluso que el consumo de espirulina era el sustituto perfecto de la ternera y el pollo en la dieta de varios fisicoculturistas de élite de origen asiático. Curiosamente, el consumo de este suplemento puede enmascarar deficiencias de vitamina B12 en personas que han adoptado un estilo de vida vegano o vegetariano. ¿Y saben dónde se encuentra naturalmente esa vitamina? ¡Correcto, en la carne de aves como el pollo! También es muy rico en B12 el hígado de ternera, los huevos, el marisco, los peces... Pero además, en este sitio web se aseguraba que el consumo de algas servía como mecanismo detoxificante o depurador después de sus preparaciones. Todo un auténtico despropósito. Para empezar, que la dieta de los culturistas sea limitada no implica que solo coman pollo a la plancha, huevos cocidos y arroz hervido. En segundo lugar, el ser humano cuenta con una potente maquinaria depuradora y detoxificante: el hígado y los riñones. Salvo patologías, estos órganos son autónomos y realizan siempre su trabajo. Imagínese que después de tomar un analgésico tuviésemos que llevar a cabo todo un ritual «depurativo» de nuestro cuerpo. Por último, aunque no menos importante, ¡los japoneses no comen algas todos los días! Cualquiera que conozca un poco la dieta nipona sabrá que no se alimentan solamente de *makis* y *wakame*, lo común es que acompañen el arroz con pollo, salmón, pargo o bonito, por citar las principales fuentes de proteína animal. ¿Y saben qué más usan para acompañar el arroz? Multitud de hortalizas preparadas de las más variadas formas. Rábanos blancos, ñame japonés (*Dioscorea polystachya*, al que llaman *naga-imo*), cebolletas encurtidas (*Allium fistulosum*), kabocha... La *kabocha* es un tipo de calabaza que hervida en salsa de soja y azúcar, la guarnición perfecta de muchos menús escolares.

Por tanto, lo correcto es afirmar que los japoneses utilizan las algas como acompañamiento ocasional de sus platos. Con el consumo de pescado, pan o sal, suelen cubrir la demanda diaria de yodo. Debemos partir de la premisa de que el consumo de cualquier alimento tiene riesgos y limitaciones. A la posible alergenicidad se suman otras advertencias, como la propiedad innata de estos habitantes marinos para acumular metales pesados. Asimismo, por su elevado contenido en yodo, un consumo continuado puede desajustar los niveles de hormona tiroidea y desencadenar desórdenes en el metabolismo de lípidos, proteínas o glucosa. Según la Agencia de Seguridad Alimentaria de Australia y Nueva Zelanda —FSANZ—, dos simples *maki sushis* ya sobrepasan los ciento cincuenta microgramos diarios de yodo, cantidad máxima recomendada por este organismo. Eso sin contar que a los europeos nos resulta más complejo digerir estos productos, pues nuestra flora intestinal carece de un aliado microscópico: la bacteria *Phocaeicola plebeius*, que alberga la enzima porfirinasa, encargada de degradar el porfirano, un azúcar muy abundante en las algas del género *Porphyra* —a la que pertenece el *nori*—. A poco que investigue, sabrá que las especies que recubren los deliciosos *maki sushis* son *Porphyra yezoensis* y *P. tenera*. ¿Sorprendido?

¿Quiere esto decir que no debemos comer algas? En absoluto. Confieso que soy un enamorado del *sushi* y las ensaladas de algas, pero debemos ser conscientes de que no podemos abusar de su consumo. Más aún, no debemos sustituir ningún alimento por otro sin justificación médica, tal y como proponen estos mensajes destinados a fisicoculturistas y deportistas de alto nivel. Estas empresas, por supuesto, saben a quién y cómo dirigir su mensaje. En el caso de los culturistas, no es llamativo el hecho de que la competición mundial más prestigiosa lleve por nombre Mr. Olympia, aunque parece que para convertirse en una versión moderna de las deidades clásicas hay que realizar el viaje del héroe. Así, además del sufrimiento, al héroe se le presupone una pizca de suerte y, para estas marcas comerciales, la suerte se vende en comprimidos y a un módico precio. ¿Qué suponen unos cuantos euros cuando aspiramos a alcanzar la gloria?

Con esto solo pretendo decir que hay que ser cautos y no caer en falsos mitos. El consumo de suplementos o fármacos no les convertirán en esos héroes que aparecen representados periódicamente en las gacetillas ilustradas de Marvel o DC. Nadie consigue su meta sin esfuerzo, por más que las frases optimistas se empeñen en vendernos lo contrario. Salvo en el caso de Roy Sullivan (1912-1983), que sobrevivió a múltiples impactos de rayo, cuando un ser humano recibe tal impacto... no se convierte en Flash. Siguiendo la misma lógica, no va a convertirse en Nanaue por mucha carne que ingiera. ¿Cómo? ¿Que no conoce a Nanaue? ¿Ha visto *Escuadrón Suicida 2*? Si la recuerda, en ella aparece un tiburón hipermusculado que, en la versión original, interpreta Sylvester Stallone. ¡Ese es Nanaue!

En la mitología hawaiana, Nanaue se conoce como el rey tiburón. Cuenta la leyenda que hace muchos siglos una joven llamada Kalei iba a la costa a recoger *opihi*, unos moluscos marinos de sabor delicioso. Durante una de esas jornadas, Kalei se adentró en una gruta que terminaba en una poza llena de *opihi*. En un descuido, una ola la derribó y acabó en el fondo del océano. En las profundas aguas de Maui habitaba Kamohoali'i, dios con forma de tiburón, que quedó prendado de la belleza de la mujer y le salvó la vida. Tras este acontecimiento, Kamohoali'i, metamorfoseado en humano, visitó a su amada cada noche. Fruto de esta relación nació Nanaue, ¡un hombre con boca de escualo en su espalda! Viendo la deformidad de su vástago, Kamohoali'i advirtió a la mujer de que jamás lo dejara probar la carne. Y así ocurrió hasta que el chico aprovechó para acercarse a la costa y zamparse a varias personas. Tan sabrosa le debió resultar la carne humana que sus ataques se hicieron más continuos y, cuando los habitantes de Hawaii descubrieron que estos ataques eran obra de Nanaue, lo buscaron hasta darle muerte. Su sangre, derramada en las aguas del Pacífico, acabó convirtiéndose en un reguero de algas rojas, como la citada *Porphyra*.

Esta narración es el punto de partida para construir todos los mitos relacionados con el consumo de algas y el poder depurador y detoxificante de estas. Según cuentan estas «voces autorizadas», los hawaianos consumen *limu kohu* (Asparagopsis taxiformis), *limu manauea* (*Gracilaria coronopifolia*) o *limu aki' aki* (*Ahnfeltiopsis concinna*) para evitar los efectos «nocivos» de las carnes rojas en su organismo… Cuando llegaron los colonos al archipiélago (1778), los nativos hawaianos tan solo disponían de dos fuentes aseguradas de proteínas de origen animal: pollo y cerdo. El resto de productos cárnicos debían pescarse o cazarse. Asimismo, los cronistas de James Cook (1728-1779) afirman que los aborígenes de Hawaii consumían muchas bananas, cocos, piñas, caña de azúcar, batatas, taros y *kawa* (*Piper methysticum*, una planta estrechamente relacionada con los pimenteros). Ojo, estos testimonios no permiten afirmar que los hawaianos no explotaran las algas como un recurso alimenticio más, simplemente su inclusión en la dieta no debía ser tan frecuente como nos invitan a creer. Es más, dado que su dieta estaba compuesta principalmente por alimentos de origen vegetal, no parece muy probable que los habitantes de estas islas se diesen atracones de carne roja. De hecho, es muy probable que antes del siglo XVIII, aunque contasen con un pequeño sector ganadero, su principal fuente de proteína animal fuese de origen marino —ballenas, pescado, marisco, etcétera—. ¿Qué tendrían que «depurar» entonces?

Ya ve que los mitos perduran a lo largo del tiempo, cambian su aspecto exterior y se modernizan pero, como los Rolling Stones, siempre vuelven. Desde Nanaue a los japoneses, muchas culturas han considerado las algas como un alimento depurativo —o detoxificante— frente a los excesos de la carne. Ahora, con el auge de la cultura del *fitness*, la leyenda se ha adaptado. Podría decirse incluso que ha ganado protagonismo y difusión. Estas casas comerciales pretenden engatusar a culturistas, presumiblemente vegetarianos o veganos, y hacerles creer que el consumo de algas para sustituir la carne era algo común en la especie humana. Pero estas eran, sencillamente, un recurso más a explotar. Si algo nos enseñaron nuestros mayores, que de necesidad sabían un rato, es que «donde hay hambre huelgan las salsas». Si lo piensa un poco, la propia disponibilidad del recurso ya es un factor que obliga a practicar un consumo responsable.

Por otro lado, que los suplementos nutricionales a base de *Chlorella* y espirulina se usen como tratamiento frente a la desnutrición severa no implica que ninguna persona, atleta o no, deba restringir su dieta al consumo de estos preparados. Las llamadas «leches verdes» están pensadas para alimentar a niños en edad lactante donde no hay acceso a leches de continuación.

Las algas, *per se*, no son buenas ni malas. Es el consumo que hacemos de ella lo que determina los efectos sobre nuestro organismo. Ni es un superalimento ni conseguirá que movamos más peso o consigamos un cuerpo escultural sin esfuerzo. Y si me permite un consejo, diré que el mejor suplemento es una dieta variada y equilibrada.

Para saber más:

· Achar, S., A. Rostamian y S. M. Narayan. «Cardiac and metabolic effects of anabolic-androgenic steroid abuse on lipids, blood pressure, left ventricular dimensions, and rhythm». *The American Journal of Cardiology* 106, no. 6 (2010): 893–901.

· Akçakoyun, M., E. Alizade, R. Gündoğdu et al. *Long-term anabolic androgenic steroid use is associated with increased atrial electromechanical delay in male bodybuilders.* 2014. https://downloads.hindawi.com/journals/bmri/2014/451520. pdf. (Consultado el 1-10-2022).

· Bazo, E. *Con mucho gusto. Un menú cuajado de historias botánicas.* Cálamo, 2021.

· Beckwith, M. *Hawaiian mythology.* University of Hawaii Press, 1982.

· Cook, J., J. Hawkesworth, G. Forster y J. King. *The voyages of Captain James Cook: The illustrated accounts of three epic Pacific voyages.* Voyageur Press, 2016.

· Hehemann, J. H., G. Correc, T. Barbeyron, W. Helbert, M. Czjzek y G. Michel. «Transfer of carbohydrate-active enzymes from marine bacteria to Japanese gut microbiota». *Nature* 464 (2010): 908–912.

· Hehemann, J. H., A. G. Kelly, N. A. Pudlo, E. C. Martens y A. B. Boraston. «Bacteria of the human gut microbiome catabolize red seaweed glycans with carbohydrate-active enzyme updates from extrinsic microbes». *Proc. Natl. Acad. Sci. USA* 109, no. 48 (2012): 19786–19791.

· Johnson, R. K. *El rey escualo.* Fulgencio Pimentel, 2016.

· Kitahara, M., M. Sakamoto, M. Ike, S. Sakata e Y. Benno. «Bacteroides plebeius sp. nov. and Bacteroides coprocola sp. nov., isolated from human faeces». *International Journal of Systematic and Evolutionary Microbiology* 55 (2005): 2143–2147.

· Men's Health. *Los esteroides, detrás de la muerte del culturista George Peterson*. 2022.
https://www.menshealth.com/es/noticias-deportivas-masculinas/a37891270/muerte-culturista-george-peterson-mister-olympia/. (Consultado el 1-10-2022).

· Moffat, S. D., A. B. Zonderman, E. J. Metter et al. «Free testosterone and risk for Alzheimer disease in older men». *Neurology* 62, no. 2 (2004): 188–193.

· Toharia, M. *Confieso que he comido. Mis memorias metabólicas*. Le Pourquoi Pas, 2008.

Aquellos mitos que se perdieron en nuestra memoria

«Recuerdo incluso lo que no quiero.
Olvidar no puedo lo que quiero»
Cicerón

«Que los días se van, río son.
Ahora quiero sentir, caminar,
Ahora quiero pintar, percibir,
el color de esa flor que se marchitará»
Lápiz y tinta, El último de la fila

Me encontraba releyendo al escritor británico Robert Graves (1895−1985) cuando me llamó la atención una de sus reflexiones: los mitos actuarían como «unidades de difusión del conocimiento antiguo». Con esta sencilla aseveración, el autor de *Yo, Claudio* reafirma la importancia de la mitología en el avance del pensamiento crítico humano. Podría parecer que en la actualidad no existen mitos, pero lo cierto es que hay versiones más modernas, como la incorporación de chips de control mental en las vacunas frente a la COVID-19, el VIH creado por la CIA en un laboratorio secreto, Stanley Kubrick grabando desde un estudio en Hollywood la llegada del Apolo XI a la Luna… ¿Les suenan estas leyendas? Ahora las llamamos «teorías de la conspiración», pero son igual de fantásticas que las aventuras de Odiseo.

Quienes conocen mi trayectoria divulgadora saben que *La Odisea* es uno de mis libros favoritos. De hecho, en *Con mucho gusto: Un menú cuajado de historias botánicas*, ya analicé un pasaje. Si recuerda sus andanzas, Odiseo llega a la isla de Eea, hogar de la hechicera Circe, y los intrépidos tripulantes se lanzan a inspeccionar la isla, desoyendo las indicaciones de Odiseo. Su descuidada gallardía acaba convirtiéndolos en presas de las artimañas de Circe, que les recibe con diferentes viandas de las que dieron buena cuenta, ignorando que todo estaba envenenado. Aprovechando la ocasión, Circe transforma a los compañeros de Odiseo en cerdos, a la espera de que este último acuda en su auxilio.

No podemos determinar con certeza qué veneno usó Circe para «adormecer» a la tripulación de Odiseo, no obstante, se ha estrechado el cerco hasta reducirlo a dos posibilidades: la hierba de la bruja (*Circaea lutetiana*) o alguna especie de la familia Solanaceae, dentro de la cual las apuestas están en el estramonio (*Datura stramonium*). Sobre esta polémica, el botánico flamenco Matthias de L'Obel nos informa de que el asunto suscitó numerosos debates entre los eruditos de la escuela de Montpellier y de París. Lo que llama «escuela» son, en realidad, Jardines Botánicos y se refiera a ellos como tal porque eran dos de las instituciones botánicas más importantes del siglo XVII. Así, parece que los botánicos de Montpellier, defensores de que Circe usó alguna solanácea como droga, ganaron la discusión. Sin embargo, su argumento no es muy robusto, pues alegaban que Circe enmascaró el amargor de los alcaloides tropánicos en el caldero y la narración de Homero tampoco nos sirve de ayuda, pues solo indica que esta mezcla era similar a la que en *La Ilíada* preparó Hecamede. Preste atención:

«Ante ellos mezcló queso, harina, amarilla miel
con vino de Pramnio, pero añadió al alimento
pócimas funestas para que se olvidaran
por completo de la tierra patria».

Resulta más sencillo inferir la droga que se usó si acudimos al obsequio que le hace Hermes a Odiseo antes de que este se adentre en la isla en busca de sus compañeros. Hermes le advierte del riesgo que supone enfrentarse a Circe y, después de darle unas claras indicaciones sobre cómo actuar cuando se encontrase con ella, le otorga un remedio para prevenir el envenenamiento. La planta tendría el siguiente aspecto:

«Cuando así hubo dicho, el Argicida me dio el remedio, arrancando una planta cuya naturaleza me enseñó. Tenía negra la raíz y era blanca como la leche su flor. Llámanla *moly* los dioses, y es muy difícil de arrancar para un mortal, pero las deidades lo pueden todo».

Antes de hablar de la hierba conocida como *moly* —y de la droga usada para provocar amnesia en los compañeros de Odiseo—, vamos a localizar geográficamente la isla de Eea, ya que tiene una correspondencia real. Así, por más que Eea parezca un místico lugar de retiro para brujas y hechiceras, existen dos posibles enclaves italianos que se asemejarían al descrito en la epopeya. El primero de ellos, propuesto por escritores romanos clásicos, se ubicaría en las inmediaciones del monte Circeo. El segundo lugar es la isla de Ponza, la mayor del archipiélago de las Pontinas, al sur del Cabo Circeo. Lo curioso de este lugar es que está plagado de grutas, una de las cuales es llamada Grotta dell Maga Circe, a la que se puede llegar en bote. Por tanto, no es descabellado pensar que Circe habitase, supuestamente, allí. Además del jardín botánico Ponziano, se pueden visitar las ruinas del Palazzo Giula: Julia Livila, hermana de Nerón César, exiliada junto a Agripina la Menor como castigo por ser cómplices del intento de derrocar a Calígula. Un lugar con mucha historia, ¿verdad?

Como ya sabemos que nos encontramos en las inmediaciones de la costa occidental de Italia, junto al mar Tirreno, podemos pasar a identificar a *moly*. El primero que intentó asociar la mística planta con una especie conocida fue Teofrasto, que creyó que se trataba de *Allium nigrum*. Dioscórides, por su parte, pensó que se trataba de *Leucojum bulbosum*. Sin embargo, no fue hasta 1983 cuando Andreas Plaitakis y Roger C. Duvoisin dedujeron que *moly* era la campanilla de invierno (*Galanthus nivalis*). *G.nivalis* es natural de Europa y Asia occidental, donde crece de manera espontánea en bosques húmedos, así que está claro que Hermes pudo recolectarla, ¿pero contra qué querría proteger a Odiseo? Recordemos que le advirtió de que Circe conocía numerosas drogas, aunque ¿qué drogas usó con la tripulación de nuestro héroe? Actualmente sabemos que la campanilla de invierno presenta un principio activo —galantamina— que muestra actividad anticolinesterasa, es decir, Hermes pensaría que Odiseo podría ser drogado con algún tipo de alcaloide con actividad anticolinérgica. Recuerde que los anticolinérgicos son antagonistas competitivos de los receptores de acetilcolina del sistema nervioso, a los que bloquea. Un ejemplo de drogas con actividad anticolinérgica son los alcaloides tropánicos presentes en algunos miembros de la ¡familia Solanáceas! ¿Verdad que ya vamos viendo un poco de luz en todo este asunto? Sobre todo si le digo que entre sus efectos se encuentra el aumento de la frecuencia cardíaca, la midriasis, la broncodilatación, la aparición de mareos… En este punto diré que la teoría de Dioscórides era errónea, pero no anduvo mal encaminada. ¿Sabe por qué? ¡Porque la galantamina está presente en otros miembros de la familia Amaryllidaceae como, por ejemplo, en los géneros *Hemerocallis*, *Narcissus*, *Lycoris*, *Hippeastrum* o *Ungeria*! ¿Y sabe lo más interesante? Que es un fármaco utilizado en el tratamiento contra el Alzheimer. Aunque hay que decir que, con anterioridad,

Mashkovskii describió que este principio activo contrarrestaba la parálisis muscular provocada por los curare.

Alois Alzheimer (1864–1915) es, muy probablemente, la personalidad más reconocida en la historia de la neuropatología moderna. Además de describir la popular —y homónima— enfermedad neurodegenerativa, publicó junto a su amigo y colaborador Nissl un tratado en seis volúmenes titulado *Estudios histológicos e histopatológicos de la corteza cerebral*. El episodio más conocido en la vida de Alzheimer ocurrió en 1906, cuando describe las características clínicas y neuropatológicas de una mujer de cincuenta y un años —Auguste Deter— a la que estuvo siguiendo durante cinco años. A la depresión y las alucinaciones que mostró la paciente en el curso de su enfermedad se unió una demencia sobrevenida. Asimismo, la «tinción» con plata, que podríamos considerar una etapa más de la autopsia, reveló la presencia de unos ovillos neurofibrilares muy característicos. Advirtió además que, «algunas veces, el núcleo y el citoplasma desaparecían, y solo un conjunto de haces de fibrillas indicaba el lugar donde había existido una neurona». ¿Y saben que otra característica acompaña a los depósitos amiloides y la neurodegeneración? ¡Una grave reducción de los transmisores cerebrales, en particular de la acetilcolina!

Si la enfermedad de Alzheimer reduce los niveles de acetilcolina, un remedio para restaurar la transmisión colinérgica sería aumentar los niveles de este neurotransmisor en el espacio sináptico…, o bien inhibir la actividad de la enzima encargada de su degradación —acetilcolinesterasa—. Inicialmente, se probó con la administración de fisostigmina, un alcaloide presente en el haba de Calabar (*Physostigma venenosum*). Su uso se desechó porque, además de ser de muy corta acción, era demasiado tóxico. Para que se haga una idea, es el famoso «veneno de ordalía» que se menciona en algunos rituales de brujería africana. Posteriormente, la industria farmacéutica probó a administrar a los pacientes tetrahidroaminoacridina —tacrina—, pero resultó ser hepatotóxico. Y, a pesar de lo que algunos conspiranoicos afirman, ni la industria farmacéutica ni los médicos quieren resolver un problema creando uno mayor. Esta situación dio origen, hace aproximadamente dos décadas, a una «segunda generación» de fármacos. En esta etapa vio la luz el donezepilo, que ralentizaba la progresión de la enfermedad de manera muy eficaz —hasta un 40 %, según algunos estudios—, sin embargo, entre sus efectos secundarios se incluye el posible bloqueo auriculoventricular. Los estudios siguen intentando encontrar fármacos que mejoren la calidad de vida de los enfermos —y sus parientes—.

Precisamente a esta segunda generación de fármacos también pertenece la galantamina. En un primer momento, los ensayos lograron una inhibición de la enzima acetilcolinesterasa del 40 % al 70 %. En Viena y Berlín se llevaron a cabo estudios piloto en los que parecía haber un efecto positivo, pero entre los efectos secundarios se encontraron las crisis convulsivas, la disnea —respiración entrecortada— y un enlentecimiento de la frecuencia cardíaca, lo que ha llevado a la comunidad médica a plantearse si el tratamiento tiene un balance coste-beneficio aceptable. Es cierto que estos fármacos no actúan sobre las posibles causas de la enfermedad, solo mejoran su sintomatología —que no es poco—. De esta forma, la comunidad científica todavía ignora si es la acumulación de proteína amiloide y la hiperfosforilación de las proteínas tau —que forman parte del citoesqueleto neuronal— las que originan el cuadro clínico o si, por contra, son resultado de esta. Algunos científicos opinan que, mientras no conozcamos más —y mejor— la enfermedad, el uso de fármacos es una «solución» al problema, aunque se antoje incompleta o parcial. Otro grupo aboga por el uso de un fármaco particular durante doce semanas y observar su evolución, habida cuenta de que el efecto de estas drogas varía mucho entre unos pacientes y otros. ¿Quién tiene razón? Probablemente todos y ninguno. Pero este debate solo puede abordarse desde el sosiego, la calma y la suficiente financiación de las líneas de investigación, por supuesto.

El historiador Thomas Carlyle dice que «todo conocimiento es, también, producto de experiencias e historias registradas». El de *moly* es un mito griego como, por ejemplo, el del icor nórdico, pero nos enseña algo: con los conocimientos precisos, podremos vencer las adversidades. El camino de la ciencia está lleno de contratiempos y tormentas, pero esta particular odisea nos llevará a aguas más calmas. ¿Sabe por qué? Porque no podemos permitirnos el lujo de que la cura contra el Alzheimer quede únicamente en un mito.

PARA SABER MÁS:

· Alonso, J. R. *Historia del cerebro*. Guadalmazán, 2018.

· Cozanitis, D. A. «Experiences with galanthamine hydrobromide as curare antagonist». *Der Anaesthesist* 20 (1971): 226–229.

· Graves, R. *The Greek myths: The complete and definitive edition*. Penguin, 2011.

· Harvey, A. L. «The pharmacology of galanthamine and its analogues». *Pharmacology and therapeutics* 68, no. 1 (1995): 113–128.

· Homero. *La Odisea*. Gredos, 2014.

· Plaitakis, A. y R. C. Duvoisin. «Homer's Moly identified as Galanthus nivalis L: physiologic antidote to Stramonium poisoning». *Clinical Neuropharmacology* 6 (1983): 1–5.

· Rainer, M. «Clinical studies with galanthamine». *Drugs Today* 33 (1997): 273–279.

· Rodríguez, J. M. *Neurofisiología esencial*. Universidad de Granada, 2021.

· Thomsen, T., U. Bickel, J. P. Fischer y H. Kewitz. «Galanthamine hydrobromide in a long term treatment of Alzheimer's disease». *Dementia* 1 (1990): 46–51.

· Vergara, A. *Galantamina y enfermedad del Alzheimer*. Trabajo Final de Grado. Facultad de Farmacia. Universidad de Sevilla, 2017. https://idus.us.es/bitstream/handle/11441/64911/Galantamina%20y%20enfermedad%20del%20Alzheimer.pdf?sequence=1&isAllowed=y. (Consultado el 1-10-2022).

HOLLYWOOD Y EL MITO DEL CONSUMO DEL CEREBRO DE MONO

«Las ilusiones pueden ser muy poderosas»
Lawrence de Arabia

«A pesar de que yo me hago viejo,
lo que desarrollo nunca se hace viejo.
Creo que eso es lo que me mantiene hambriento»
Steven Spielberg

Me declaro un gran cinéfilo. Creo que, de haber tenido la posibilidad, habría estudiado algo relacionado con la industria del séptimo arte. Lo que más me fascina es todo lo relacionado con los efectos especiales, y eso que no tengo ni idea de trabajar con ordenadores, pero desde muy niño me atraía la idea de crear escenarios imposibles, sobre todo con los procedimientos de antaño. ¿Por qué? ¡Son toda una lección de química! Suponga que quisiéramos crear sangre. Hasta la llegada del technicolor y la entrada en vigor del código Hays —consigna censora hollywoodiense que penalizaba las escenas de sexo o sangre en las películas— la técnica era «sencilla». En una película de culto del cine en blanco y negro como *Psicosis*, Alfred Hitchcock (1899–1980) utilizó sirope de chocolate Shasta en la famosa escena del asesinato en la ducha. Pero esta «trampa» no se puede usar en el cine a color. En ese caso deberíamos usar la popular fórmula Smith, para lo que necesitaríamos los siguientes ingredientes:

- 25 cl de jarabe de maíz blanco.
- 1 cc de metilparabeno, un compuesto químico bactericida utilizado en la industria alimentaria bajo las siglas E-218.
- 60 g de colorante alimentario rojo.
- 60 g de solución humectadora Kodak Photoflo. Ojo, dado que este producto es tóxico, podría reemplazarse por lecitina. El efecto será el mismo y correremos menos peligro.
- 60 g de agua.
- Unas gotas de colorante alimentario amarillo, para ajustar la tonalidad.

Esta es la fórmula universal de la sangre… para los cineastas. Aunque existen variantes, tal y como demostró Tom Savini, el apodado «rey de la sangre y la casquería». Ahora sabemos que durante el rodaje de *Kill Bill 1*, para la famosa escena en La casa de las hojas azules, necesitó nueve tipos diferentes de «sangre». ¿La sangre está reseca? ¿Fluye lentamente o sale a chorro? Pues así hasta conseguir nueve variantes. Especialito que es Quentin Tarantino.

¿Recuerda la escena de *Los diez mandamientos* en la que Moisés —interpretado por Charlton Heston— convierte las aguas del río en un caudal de sangre ante la atónita mirada de Ramsés —Yul Brynner—? En este caso, Cecil B. DeMille parece que pudo hacer uso de la química. De esta forma, el amarillento río que aparece en escena podría contener $FeCl_3$ y, si se impregna el bastón de Moisés con sulfocianuro de potasio —KSCN—, la reacción resultante formaría un compuesto de coordinación, $[Fe(SCN)(H_2O)_5]^{2+}$, que otorgaría a las aguas del Nilo el aspecto sanguinolento deseado en la escena. Como puede apreciar en la reacción, $[Fe(H_2O)_6]^{3+} + SCN^- = [Fe(SCN)(H_2O)_5]^{2+} + H_2O$, una vez disueltos ambos reactivos lo que ocurre es una sustitución de H_2O por SCN^- en el acuocomplejo de hierro.

También se puede nombrar el famoso banquete de *Indiana Jones y el templo maldito*, donde Steven Spielberg sentó a Harrison Ford, Kate Capshaw y Jonathan Ke Quan a degustar serpientes, escarabajos, sopa con ojos como tropezones… ¡y sorbete de sesos de mono para el postre! La escena, además de su valor por el «choque entre culturas», funciona a modo de *tropo* cinematográfico para vulgarizar todo aquello que provenga del Lejano Oriente. Sin embargo, es muy probable que representase esta escena porque conocía la leyenda de que este peculiar «manjar» formó parte del banquete imperial Manchú-Han, del imperio Qing (siglo XVII). Menos legendario resulta el testimonio recogido en *The Gorilla Journal*, donde se relata una práctica ceremonial típica del pueblo Anyang, que habita las lindes que separan Nigeria y Camerún, y que obligaría al nuevo jefe tribal a consumir el cerebro de un gorila; un peligroso ritual que, debido a la férrea estructura social anyang, se mantuvo escondido a ojos de turistas curiosos y antropólogos hasta los años sesenta del siglo pasado.

Como imagino que sabrá, el consumo del cerebro de algunos animales es peligroso para la salud humana porque puede provocar encefalopatías espongiformes transmisibles —EET— como el kuru, el síndrome de Gerstmann-Sträussler-Scheinker o la enfermedad de Creutzfeldt-Jakob. Todas ellas se conocen también con el nombre de enfermedades priónicas, aunque hay autores que sugieren que algunas bacterias del género *Spiroplasma* podrían también estar implicadas en su desarrollo. De una u otra forma, estas aumentan el deterioro de las capacidades físicas y mentales del individuo, fruto del deterioro de la corteza cerebral. Así, la autopsia del cerebro revela multitud de pequeños agujeros que le otorgan el aspecto de una esponja —de ahí el nombre—. A diferencia de otras enfermedades infecciosas causadas por microorganismos, se cree que el agente es un tipo de proteína conocida con el nombre de prión. Estas proteínas, descritas en 1982 por Stanley Prusiner, tienen la particularidad de estar mal plegadas y transmitir esta característica a otras.

De la EET que probablemente tengamos más información es del kuru, gracias a los trabajos del médico Daniel Carleton Gajdusek, que observó que entre los nativos de la tribu Fore —Papúa Nueva Guinea— existía la costumbre de consumir, en rituales funerarios, los restos de los difuntos como forma de simbolizar el duelo y el respeto por los seres queridos. Observó que las mujeres y niños que consumían el cerebro del fallecido mostraban problemas de coordinación, temblores y disartria —dificultad para pronunciar palabras—. La enfermedad se desarrollaba tan rápidamente que en un período de tiempo de entre tres y veinticuatro meses después de la manifestación de los primeros síntomas el paciente perecía. Posteriormente, Alpers y Lindenbaum realizaron un extenso estudio de campo donde establecieron que la epidemia de kuru pudo haberse originado hacia el año 1900, momento donde de manera espontánea apareció en la población la variante priónica PrPSC —*scrappy*, desencadenante de la enfermedad—. Como consecuencia de sus prácticas caníbales, esta se propagó rápidamente entre los integrantes de esta tribu. Afortunadamente, las leyes coloniales australianas prohibieron el canibalismo y esta práctica entró en declive. Pero claro, ¿qué tiene que ver todo esto con la botánica y la mitología? Todo a su debido tiempo, estimado lector.

Le hablé de los efectos especiales y de cómo en *Indiana Jones y el templo maldito* Spielberg nos hizo creer que los protagonistas degustaban sesos de mono. Me suena haber leído en algún especial de la revista *Cinemanía* que, en este caso, los técnicos usaron sesada de cordero para recrear la escena. Si no estoy en lo cierto, que me disculpe

Carlos Marañón, su director. Donde usaron vegetales para recrear el cerebro de mono fue en la película mondo *Faces of Death* (1978), dirigida por Alan Schwartz. En este falso documental o «documental sensacionalista», unos turistas solicitan comer «la especialidad de la casa». ¿Que cuál es? Pues a estas alturas de la película —nunca mejor dicho— ya debería saberlo: ¡los sesos de mono! Fabricados a base de coliflor, gelatina y colorante rojo. Un menú apto para vegetarianos, como el que da origen a toda esta leyenda culinaria. Porque los sesos de mono pueden consumirse, pero tienen un origen botánico. ¿No me cree? Atento.

El consumo de sesos de monos, con la excepción del caso de la tribu Anyang, es una leyenda urbana y todas tienen un origen común: confundir la traducción del término chino *hóu tóu gū*, que podríamos traducir como hongo cabeza de mono. Este hongo, que se corresponde con la especie *Hericium* erinaceus, tiene un cierto parecido con ciertos primates asiáticos, más concretamente macacos —género *Macaca*—. Conocido en Japón con el nombre de yamabushitake, el popular hongo «melena de león» se considera un alimento exquisito cuando todavía no está maduro. Los *gourmets* más populares aseguran que, una vez cocinado, tiene la consistencia y el sabor del marisco. A este respecto cabe decir que, afortunadamente, estos hongos pueden cultivarse sobre aserrín esterilizado o troncos viejos de haya (*Fagus sylvatica*). De esta forma, la correcta identificación de los ejemplares inmaduros es muy compleja, pues desarrolla unas características «barbas» a medida que envejecen, cuando empieza a perder interés comercial y gastronómico. Cierto portal online vende al módico precio de sesenta euros bolsas de este hongo seco —a razón de doscientos cincuenta gramos cada una—. ¿Se atreve a cocinar en casa las famosas empanadas de sesos de mono elaboradas por el prestigioso chef Qu Hao? En palabras del propio Hao, fiel defensor de la cocina china imperial, «la cocina local debe absorber las experiencias de otros países, pero nunca debe olvidar la esencia de su propia gastronomía». Quizá este sea el motivo por el que ha fusionado una de las elaboraciones más populares de Galicia con un producto típicamente asiático. ¿A usted le llama la atención? Yo debo reconocer que estoy deseando hincarle el diente a una de ellas.

Como ve, los mitos y leyendas urbanas no respetan ni lo más sagrado: la comida. En la actualidad, existe un gran interés por tener una vida larga y sana, lo que ha generado toda una suerte de recomendaciones culinarias basadas en mitos y creencias irracionales.

Además de las dietas milagrosas, que tan de cabeza traen a los nutricionistas y profesionales de la salud, vemos cómo se crean y difunden —gracias a la ayuda de las redes sociales— bulos relacionados con la gastronomía.

Todos conocemos el famoso vídeo de la sopa de murciélago, ¿no? Sí, ese grabado por un bloguero en Palau allá por el año 2016 y que creímos que fue el responsable de la pandemia de COVID-19. Es cierto que la tradición culinaria china usa múltiples y variados ingredientes despreciados en otros países, pero antes de hacer aseveraciones tan drásticas, debemos «abrir nuestros ojos». Nuestro conocimiento científico debe hacernos sospechar de todos los nombres rimbombantes. ¿Qué cree que son las «tiras de pulmón del marido y la mujer»? ¡No es más que lengua de ternera muy especiada! ¿Y los camarones salteados con hojas de té del pozo del dragón? Pues sencillamente, gambas aromatizadas con hojas de té (*Camellia sinensis*) de la variedad 'Longjing', un plato delicioso a la par que caro… el kilo de hojas de esta variedad de té ronda los doscientos setenta y cinco euros —a fecha de julio de 2022—. Como con los famosos sesos de mono, los chinos nos han «engañado» una y mil veces con sus estrategias de mercadotecnia.

Para saber más:

- Arjana, S. R. *Muslims in the Western Imagination*. Oxford University Press, 2015.

- Bastian, F. O., D. E. Sanders, W. A. Forbes et al. «Spiroplasma spp. from transmissible spongiform encephalopathy brains or ticks induce spongiform encephalopathy in ruminants». *Journal of Medical Microbiology* 56 (2007): 1235–1242. https://www.microbiologyresearch.org/docserver/fulltext/jmm/56/9/1235.pdf?expires=1661078031&id=id&accname=guest&checksum=62F52E331F7923C7006B175EFC7FAD22. (Consultado el 1-10-2022).

- Cline, J. y R. G. Wiener. *From the Arthouse to the Grindhouse: Highbow and lowbrow transgression in cinema's first century*. Scarecrow Press, 2010.

- Cohen, F. E., K. Pan, Z. Huang et al. «Structural clues to prion replication». *Science* 264 (1994): 530–531.

- Collinge, J. «Prion diseases of humans and animals: Their causes and molecular basis». *Annual Reviews of Neuroscience* 24 (2001): 519–550.

- Gajdusek, D. C., C. J. Gibbs y M. Alpers. «Experimental transmission of a kuru-like syndrome to chimpanzees». *Nature* 209 (1966): 794.

- Ingram, J. *Fatal flaws: How a misfolded protein baffled scientists and changed the way we look at the brain*. Yale University Press, 2013.

- Krakauer, D. C.; P. M. de Zanotto y M. Pagel. «Prion's progress: Patterns and rates of molecular evolution in relation to spongiform disease». *Journal of Molecular Evolution* 47 (1998): 133–145.

- Meder, A. «Gorillas in African culture and medicine». *Gorilla Journal* 18 (1999): 11–15. https://www.berggorilla.org/fileadmin/user_upload/pdf/journal/journal_en/gorilla-journal-18-english.pdf. (Consultado el 1-10-2022).

- Pinto, G., M. L. Prolongo y J. V. Alonso. «Química y física de algunos efectos especiales en cinematografía: Una propuesta educativa y para la divulgación». *Revista Eureka sobre enseñanza y divulgación de las Ciencias* 14, no. 2 (2017): 427–441.

- Prusiner, S. B. «Prion diseases». *Scientific American* 272, no. 1 (1995): 48–56.

La biotecnología vegetal y el mito de no comer como antes

«Aquí la malanga crece,
rico manjar suculento
y al rumor del blando viento
la rica caña se mece»
La malanga, guajira popular.

«Cualquier tecnología suficientemente avanzada
es indistinguible de la magia»
Arthur C. Clarke

S ea sincero, cuántas veces ha escuchado «ya no comemos como antes». Otra variante muy común, sobre todo en las fruterías, es que «los tomates de ahora no saben a nada». ¿Qué tontería es esa de que ya no comemos como antes? Mi abuela contaba que en Utrera, hasta la construcción del mercado de abastos a comienzos del siglo XX, la comida se colocaba en el suelo sobre mantas o sobre puestos improvisados de madera. Como ve, las medidas de higiene y sanidad brillaban por su ausencia. Y también repetía insistentemente otra frase: «Hijos míos, vivís como marajás. Anda que antes íbamos a comernos un tomate fuera de temporada». Una mujer sabia que, nacida en 1904, apreciaba disfrutar del progreso científico-tecnológico, aunque no lograse comprenderlo en su plenitud.¿A usted no le pasa que le cuesta cada vez más entender qué dicen los jóvenes de hoy? Pues lo mismo le ocurre a nuestros ancianos con la biotecnología vegetal.

A pesar del irracional miedo que despierta en nosotros, la biotecnología vegetal reúne todo un conjunto de técnicas que utilizan organismos vivos —o partes de ellos— para obtener nuevos productos o modificar los ya existentes. De esta forma, se obtienen bienes y servicios para la comunidad, como puede ser la consecución de variedades resistentes a la sequía o a la salinidad, e incluso aumentar el valor nutricional de un cultivo. Por ejemplo, las cerezas (*Prunus avium*) tienen un tiempo de maduración estimado de entre ciento diez y ciento treinta días y las variedades tempranas de este frutal son de otro cultivar, el cerezo 'Burlat', que suele completar la maduración de sus frutos en la segunda quincena del mes de mayo.

255

Siguiendo este patrón podemos definir variedades ultratempranas de cerezo, como ocurre con el cultivar 'Cristobalina' —conocida popularmente como «cereza corazón de pichón»—, que madura de quince a veinte días antes que 'Burlat'. ¿Asombroso?

A decir verdad, la biotecnología vegetal no tiene nada de novedosa, ya que se puede considerar un proceso íntimamente ligado a la especie humana. En el año 6000 a. C. los sumerios fabricaban cerveza, el primer exponente de lo que muchos autores han venido a considerar «biotecnología tradicional». Por rudimentarios que resulten, nuestros ancestros siempre han buscado métodos para mejorar sus cultivares, cruzando genomas completos de individuos que se seleccionaban atendiendo una o varias características deseadas. Por ejemplo, debemos a los romanos la mejora y difusión del cultivo del peral (*Pyrus communis*). Todos hemos comido peras: de agua (variedad 'Blanquilla'), limonera (variedad 'Docteur Jules Guyot'), 'Ercolini', etcétera. Hay muchas, pero ¿alguien conoce cuál es el fruto original? Los piruétanos, que así se conocen a las peras silvestres, son frutos de pequeño calibre —no más de veinticinco milímetros de diámetro— de aspecto leñoso. Algunos pastores los utilizaban como improvisados proyectiles para sus hondas… Fueron los romanos quienes, cruzando aquellos ejemplares de frutos más grandes y menos leñosos, desarrollaron algunas de las estirpes de perales actuales. Sin ir más lejos, en tiempos de Plinio el Viejo (23-79) los romanos ya reconocían unas cuatro decenas de peras, entre las que se hallaría la variedad 'Ercolini', a la que se cree que llamaban *Coscia pirum*.

Con la tecnología del ADN recombinante y los cada vez más avanzados conocimientos sobre genética, la biotecnología moderna se fue imponiendo sobre la clásica. ¡Pero no la desplaza por completo! Poco se reivindica que ambas herramientas son complementarias e igualmente válidas y útiles. Parece una especie de tiranía de los biólogos moleculares, empeñados en desprestigiar los logros de los clásicos. De un modo u otro, mientras la biotecnología clásica permite seleccionar rasgos que tienen una expresión poligénica —en la que varios genes están implicados—, la moderna ofrece mejores prestaciones en el caso de que esos caracteres estén codificados por uno o dos genes. Así, es común que la biotecnología moderna silencie los genes que no son de nuestro interés… o, mediante la transgénesis, incorpore material genético proveniente de otras especies —más o menos cercanas filogenéticamente—.

Para muchos, la idea del organismo modificado genéticamente —OMG— es la de ese Frankenstein moderno que presagia el apocalipsis de una época idílica donde todo era «más sano» y «mejor». No debemos confundir los OMG con los organismos transgénicos, puesto que no todos los organismos genéticamente modificados son transgénicos. Sin ir más lejos, los romanos modificaron genéticamente el piruétano mediante técnicas de selección artificial, sin transferir genes de un organismo a otro. Alrededor de los organismos transgénicos se ha generado un debate sumamente interesante que por desgracia no compete a esta obra, solo me gustaría hacer un apunte: no podemos analizar de manera tendenciosa o pretenciosa este tipo de asuntos. Y esto no va dirigido exclusivamente a los medios de comunicación o las organizaciones ecologistas, pues dentro del colectivo científico también hay quienes parecen estar predicando desde una atalaya de marfil, instaurados en el inmovilismo que otorga su «modesta omnisciencia». Como me decía cierto profesor, «los debates científicos se tergiversan, ganándolos con frecuencia los facinerosos. A ellos se les da mejor retorcer las palabras». Lamentablemente, hay quienes se prestan a participar de este juego. Si ese es el camino... mal vamos.

Decíamos que ya no comemos como antes. Esto es así, en buena parte, gracias a los hallazgos y descubrimientos en biotecnología vegetal. Porque lo natural no siempre es mejor. La cicuta (*Conium maculatum*) o el regaliz americano (*Abrus precatorius*) son naturales y también dos de las diez plantas más venenosas conocidas por el ser humano. Siguiendo esta lógica, permítame que le haga una pregunta: ¿consideraría una abominación que los científicos consiguiesen, mediante el uso de la biotecnología, un cultivar con más proteínas, vitaminas A y E, hierro, zinc y otros nutrientes? Añado más, ¿y que su consumo fuera más seguro?

La dieta de aproximadamente una octava parte de la humanidad no está sujeta a la producción de trigo (*Triticum spp.*), el maíz (*Zea mays*), el arroz (*Oryza sativa* y *O. glaberrima*) o el sorgo (*Sorghum spp.*). De esta forma, son varios los países en los que raíces ricas en almidón como el taro (*Colocasia esculenta*) o la mandioca (*Manihot esculenta*) constituyen el alimento básico. De hecho, gracias a las calorías que aportan, son casi irremplazables contra el hambre, aunque tengan un escaso valor nutritivo como consecuencia de su bajo contenido en proteínas y vitaminas A y E. Asimismo, si no se cocina adecuadamente, puede provocar envenenamiento por cianuro: konzo —o *mantakassa*, como se conoce en Mozambique—.

La domesticación de la yuca, originaria de Brasil, ocurrió de manos de los indígenas, pero no fue hasta la llegada de los portugueses (siglo XVI) cuando su cultivo se extendió a África, desde donde daría el salto hasta Asia tropical e Indonesia. En este contexto, quizá logremos entender que la yuca supone para muchos de estos países algo más que una apuesta alimentaria: es una de sus mayores fuentes de ingresos. El continente africano produce más de la mitad de los doscientos millones de toneladas métricas que se recolectan al año en el mundo, siendo Nigeria el primer productor mundial. En este mismo ranking, países como Ghana, Tanzania o Mozambique se encuentran en el *top ten* de prosumidores, es decir, productores y consumidores. Como la dieta de muchos países depende estrechamente de la yuca, la convierte en una apuesta segura para muchos países debido a la escasa inversión de capital y mano de obra que exige su cultivo. Se trata de una especie que tolera la sequía, los suelos ácidos e infértiles y que se recupera muy rápidamente de los daños causados por las plagas y enfermedades. Algunos consideran que se trata de una de las factorías más eficientes conocidas por el ser humano a la hora de convertir energía solar en carbohidratos. Mientras que la parte comestible de los cereales alcanza como máximo un 35 % del peso total seco de la planta, en el caso de *M. esculenta* ese valor se eleva al 80 % . Asimismo, gracias a que puede sembrarse en casi cualquier época del año y que su cosecha puede aplazarse varios meses —o incluso un año—, no es de extrañar que los agricultores hayan hecho de ella un elemento nutricional de subsistencia.

No obstante, el cultivo de yuca o mandioca también presenta ciertas desventajas: si las raíces no se procesan rápidamente una vez recolectadas, se echan a perder en cuestión de horas. A esto se añade que los ejemplares de *M. esculenta* de una determinada región tienden a la uniformidad: apenas hay variabilidad genética, lo que los hace más vulnerables a enfermedades o plagas. Teniendo en cuenta todos estos factores y habida cuenta del papel alimentario casi irreemplazable que juega en determinadas zonas del mundo, ¿es necesario crear variedades o razas de mandioca con mejores características nutricionales, resistentes a plagas y enfermedades y que no acumulen cantidades mortales de cianuro que provoquen konzo a quienes las consumen? La respuesta creo que es evidente. E imagino que

Nagib Nassar y Rodomiro Ortiz también lo pensaron al intentar dar solución a semejantes cuestiones.

Nassar, natural de El Cairo, lleva desde 1975 investigando la genética de la yuca en la Universidad de Brasilia —Brasil—. No es casual que un egipcio se interesase por el estudio de esta especie vegetal si tenemos en cuenta que el África subsahariana estaba sumida en hambrunas constantes. Así, lo que en un principio parecía una visita para estudiar la planta en su hábitat natural acabó por convertirse en su lugar de residencia. Gracias a una pequeña subvención ofrecida por el Centro Internacional de Investigaciones para el Desarrollo —IDRC—, comenzó a reunir una colección de especies silvestres del género *Manihot* con intención de mejorar la yuca. Esta ardua labor le valió que lograse cultivar, junto a su grupo de investigación, treinta y cinco especies diferentes del citado género botánico. En otras palabras, estaba creando un reservorio de biodiversidad. La labor se antoja más titánica si le digo que actualmente el género *Manihot* está formado por poco más de un centenar de especies. ¡Había conseguido cultivar casi un tercio de todos los integrantes de este género de euforbiáceas!

Los primeros resultados no tardaron en llegar y, en 1982, consiguieron obtener un híbrido con mayor contenido proteico. La raíz de yuca solo alcanza un 1.5 % de proteínas, frente al 7 % del trigo. Este híbrido, obtenido por técnicas de fitomejora clásicas, elevó la concentración de proteínas hasta el 5 %. Asimismo, el equipo de la Universidad de Brasilia estableció que otras especies del género *Manihot* eran más ricas en aminoácidos esenciales, hierro, zinc y carotenoides —luteína, betacarotenos, licopeno, etcétera— que la yuca. De esta forma, Nassar y Ortiz establecieron la necesidad de aumentar el contenido de betacarotenos, puesto que constituyen una importante fuente de vitamina A —una dieta deficiente en esta vitamina provoca una degeneración progresiva de la vista, trastorno muy generalizado en las regiones tropicales de África, Asia y Latinoamérica—. Fruto del cruce con otros parientes cercanos obtuvieron cultivares de yuca con un contenido en betacarotenos casi cincuenta veces superior al de la yuca tipo. Esta variedad se puso en fase de prueba con la colaboración de los agricultores locales a finales de los años noventa y sus resultados, hasta el momento, han sido satisfactorios.

Además, observaron que los híbridos producidos del cruce entre *M. esculenta* y *M. glaziovii* exhiben dos tipos diferentes de raíces: unas, similares a las de la yuca, que aumentan de volumen al acumular almidón en su interior y otras que se hunden en el suelo en busca de aguas más profundas. Estas características hacen de este híbrido una variedad óptima para cultivarse en regiones semiáridas de la Tierra, como el noroeste de Brasil o la sabana del África subsahariana. En la actualidad, este híbrido ha demostrado su tolerancia a la sequía en los campos de prueba que la Universidad de Brasilia tiene en Petrolina —estado de Pernambuco—. Ahora la tarea está orientada en intentar reunir en un único cultivar de *M. esculenta* el alto rendimiento y la tolerancia a la sequía.

Por otro lado, diferentes líneas de investigación han centrado sus esfuerzos en buscar razas resistentes a enfermedades y plagas. Recordemos que estos cultivos muestran una diversidad genética muy reducida y que los cultivares susceptibles de padecer enfermedades o ser atacados por plagas son menos productivos. De esta forma, la obtención de variedades resistentes al virus del mosaico de la yuca —un Potexvirus denominado CsCMV— constituye uno de los hitos más importantes en la investigación de este cultivo. Sin ir más lejos, esta enfermedad vírica desencadenó en Tanzania una de las hambrunas más duras que se recuerdan. A pesar de los esfuerzos iniciales, el virus arrasó vastas áreas de Nigeria y la actual República Democrática del Congo. Gracias a los trabajos desarrollados por los investigadores del Instituto Internacional de Agricultura Tropical —IITA— de Nigeria, se acabó obteniendo un híbrido que, actualmente, es el parental de toda una ristra de cultivares. También es muy peligroso el virus del rayado marrón —CBSD—, una de las principales amenazas a la seguridad —y soberanía— alimentaria de África oriental y para la que aún se sigue buscando solución.

A pesar de todo lo expuesto, solo unos cuantos laboratorios en todo el mundo han decidido estudiar el cultivo de esta planta y muchos de ellos han empezado ha hacerlo en las tres últimas décadas. Creo que a nadie se sorprenderá de que estos grupos de investigación se hayan visto obligados a financiar sus trabajos con capital privado o por medio de las aportaciones de fundaciones —como la de Bill & Melinda Gates—.

Gracias a la secuenciación del genoma de la yuca se ha impulsado el desarrollo de nuevos cultivares, entre los que se encuentra la yuca linamarasa antisentido. Así, el gen que codifica para la actividad linamarasa se coloca en sentido contrario al patrón normal de lectura, con lo que el promotor no es capaz de reconocerlo y sintetizar la proteína. Asimismo, programas como NextGen o BioCassavaPlus han dado a luz nuevos cultivares que regulan la producción de glucósidos cianogénicos a través de ARNs interferentes, es decir, moléculas de ARN que suprimen la expresión de genes concretos mediante mecanismos de ribointerferencia. De esta forma, se ha conseguido que el consumo de yuca sea más seguro evitando que los consumidores enfermen de konzo. ¿Cómo es posible? Preste atención.

La linamarasa es una enzima presente en la yuca que convierte la linamarina —un glucósido cianogénico que deriva química y estructuralmente de aminoácidos como la L-leucina, L-isoleucina, L-valina, L-tirosina o L-fenilalanina— en glucosa y acetona cianohidrina. Esta última, a temperaturas superiores a 30° C y valores de pH superiores a seis, se descompone espontáneamente en acetona y cianuro de hidrógeno —ácido cianhídrico o HCN—. Considerando que nuestro pH extracelular es de 7.4 y que nuestro organismo termorregula para que estemos en la franja de los 36.5 °C -37 °C... Mal negocio, ¿verdad? Este mecanismo de defensa frente a la herbivoría es el motivo por el que alimentos provenientes de plantas que presentan cantidades significativas de linamarina —como es el caso de *M. esculenta* y sus parientes— requieran de un exhaustivo proceso de preparación. Por consiguiente, antes de consumir la raíz debemos someterla a un proceso de lavado abundante, hecho que supone un problema en muchas partes de África —donde este recurso escasea— y, posteriormente, debe ser cocerse correctamente: si el agua no se lleva a ebullición, los glucósidos cianogénicos no se degradan. Si esto no se realiza de manera rigurosa, pueden presentarse cuadros toxicológicos como el descrito por Trolli en 1938. Curiosamente, muchos enfermos de konzo sufren de ceguera, lo que se debe al daño tisular que provoca el cianuro de hidrógeno, al que tampoco es ajeno la retina.

Decía Carl Sagan que «la primera gran virtud del hombre fue la duda y el primer gran defecto fue la fe». Hemos llegado a aborrecer y dudar de la mayor virtud del hombre, su capacidad para mejorar la calidad de vida. La biotecnología vegetal ha supuesto un fuerte avance en la producción agrícola, más aún en las últimas décadas, gracias a la secuenciación del ADN y la obtención de cultivos más nutritivos, resistentes a plagas y seguros para su consumo. Pocas cosas hay peores que dejar a una persona morir de hambre. Renunciar sistemáticamente a la técnica alegando motivos ecológicos o falacias *ad antiquitatem* es, sencillamente, pueril. La alimentación es un derecho fundamental y se pretende que sea suficiente, accesible, estable, duradera y salubre. ¿Todavía nos atrevemos a decir que la comida de antes era mejor? Recuerde que hay a quien comer le cuesta la vida. Si para vivir más y mejor solo hemos tenido que sacrificar el sabor de algunos alimentos, creo que es un tributo justo.

PARA SABER MÁS:

· Benítez, A. *Avances recientes en biotecnología vegetal e ingeniería genética de plantas*. Reverte, 2005.

· del Caño, G. *Ya no comemos como antes, ¡y menos mal!* Paidós, 2020.

· García, L. F. *Biotecnología vegetal: Fundamentos y aplicaciones*. Universidad de Granada, 2021.

· Nassar, N. M. A. y R. Ortiz. «Cassava improvement: challenges and impacts». *Journal of Agricultural Science* 145, no. 2 (2007): 163–171.

· Nassar, N. M. A. y R. Ortiz. «Breeding cassava to feed the poor». *Scientific American* 302 (2010): 78–84.

· Ospina, B. y H. Ceballos. (coord.) *La yuca en el Tercer Milenio: sistemas modernos de producción, procesamiento, utilización y comercialización*. Cali: Centro Internacional de Agricultura Tropical, 2002.

· Padmaja, G. «Cyanide detoxification in cassava for food and feed uses». *Crit Rev Food Sci Nutr* 35, no. 4 (1995): 299–339.

· Siritunga, D. y R. Sayre. «Generation of cyanogen-free transgenic cassava». *Planta* 217, no. 3 (2003): 367–373.

· Soto-Blanco, B., P. C. Marioka y S. L. Górniak. «Effects of long-term low-dose cyanide administration to rats». *Ecotoxicology and Environmental Safety* 53, no. 1 (2002): 37–41.

EPÍLOGO

«Hasta aquí,
se me acaba el tiempo
y el hechizo que me une a ti»
Los muñecos de Cádiz

«Y la historia termina,
dijo la locura con frialdad
esperando todavía la oportunidad»
And the story ends, de Blind Guardian.

Espero que la lectura le haya resultado amena. Ya se habrá dado cuenta de que el ser humano es muy crédulo, pero si aún no está seguro, le recomiendo que busque información sobre el ataque de las bananas comedoras de carne, cuando incluso el Centro de Control de Enfermedades de los Estados Unidos tuvo que negar públicamente los rumores y *fake news* que culpabilizaban el consumo de bananas importadas de casos de fascitis necrotizante . A algunos, esta leyenda urbana les sonará ya muy lejana, sin embargo, la cadena de mails se viralizó a principios de este siglo. Ayer, como aquel que dice.

¿Por qué tenemos esa tendencia a creer en mitos, leyendas, bulos e historias fantásticas? Los psicólogos lo achacan a un fenómeno que denominan «ilusión de Moisés». Según este planteamiento, solemos dejamos pasar detalles importantes de una afirmación en favor de la impresión general que el relato nos genera, es decir, en lugar de prestar atención a los hechos y la evidencia, nos dejamos llevar por los sentimientos que estos nos provocan y nos asimos a ellos con fuerza.

265

Si a esto le añadimos que las leyendas o mitos eran, en un primer momento, narraciones orales, tenemos el combinado perfecto para que las interpretaciones del mundo se perpetúen en el tiempo.

Este fenómeno también responde a nuestra tendencia a confiar en personas cuyos rostros nos resultan familiares o en aquellas que presuponemos que buscan lo mejor para nosotros. De esta forma, si el jefe tribal afirma que los truenos son consecuencia directa del enfado de una determinada deidad, se acata su interpretación a pies juntillas.. De ahí el fuerte vínculo de «pertenencia a la tribu» que estas historias generan en el seno de las comunidades humanas. Otro ejemplo podría ser cuando un presentador aparece con regularidad en diferentes cadenas de televisión repitiendo un mismo argumento. En lugar de preguntarnos si está en lo cierto, creemos que su opinión es más popular y correcta de lo que realmente es, pero además, como repite el argumento innumerables veces, su cara pasará a resultarnos familiar y comenzaremos a dar presunción de veracidad a cada cosa que diga o haga, sin importar el análisis racional de los hechos.

Con esto pretendo decir que, aunque aquí recojo veintitrés casos —más o menos— anecdóticos donde diferentes integrantes del reino vegetal son los protagonistas de mitos, leyendas y bulos, seguramente usted conozca muchos más. Le invito a que intente alcanzar el núcleo sobre el que se sostienen esas afirmaciones y analizar su grado de veracidad. Confío en que, a pesar del desprestigio que sufre la botánica, no le resulte demasiado complejo encontrar un cabo del que empezar a tirar. Si la labor propuesta se le atraganta, «deme un silbidito».

AGRADECIMIENTOS

«La gratitud es la menor de las virtudes,
pero la ingratitud es el peor de los vicios»
Thomas Fuller.

En primer lugar, es justo reconocer la implicación, el apoyo y la apuesta por este proyecto a Eugenio Manuel Fernández Aguilar. Sabe, porque se lo he dicho varias veces, que sin su implicación esto no habría sido posible. ¡Gracias infinitas!

Mis padres y familiares también han jugado un papel importante en el desarrollo de esta obra, aguantando mi cháchara y leyendo los manuscritos hasta captar la esencia del mensaje. Dolores, Eduardo… soy lo que soy gracias a vosotros. José Ángel, qué sería de la vida sin las pullitas entre hermanos. Lydia, Angelita, María, Juan, Clara, Carmen, Susana, Consuelo, Francisco, Juan —siempre en mi memoria—, Pepe… No podría enumeraros a todos. Espero que me lo sepáis perdonar.

A mis amigos, por supuesto. Esa familia que elegimos. En primer lugar a Thuban Rodríguez y a Ginesa Blanco, que han buscado de erratas o fallos que depurar. Con la carga que les doy y la guasa que —les— gasto, todavía no sé cómo siguen teniendo el valor de hablarme. Por supuesto, no pueden faltar los «Utreranos

Ilustres», esos con los que cambio el mundo por Whatsapp o cena mediante: Arias, Boza, Ruchi y Juan —la Física siempre molará menos que la Biología, te pongas como te pongas—.

Gracias a los «cacharreros» y astroaficinados por aguantar mis constantes ausencias: Manuel Oropesa, Antonio Jesús Zapata, Lola Escobar, Inma Carballo, Antonio Castro, Faly y Laura, Mari O, Nacho… Prometo recompensaros tan pronto me sea posible.

A Laura Morán, por revisar que no metiese la pata al hablar de género. A Alicia Lozano, Sara Robisco y José María Madiedo por echarme un cable con la parte astronómica. A Daniel Ursúa, por asesorarme en una materia tan nutritiva para el cuerpo y la mente como la Dietética. A Elisa Fernández, por haberse prestado a leer aquellos capítulos más peliagudos y reivindicativos. A José Ángel Morales-García, por revisar los aspectos neurocientíficos abordados en estas páginas —te sigo debiendo una caña, pero este pago me parecía más justo—.

Y por supuesto, a ti, que has decidido darle una oportunidad al libro.